Gawain's Leave-Taking

This is a transl. simple of the first 3 & last stanzas of a poem in Vernon MS. CB. RL XIV c p134.

Now Lords and Ladies blithe and bold,
  To bless you here now am I bound:
I thank you all a thousand-fold
  And pray God save you whole and sound;
Wherever you go on grass or ground,
  May He you guide that nought you grieve,
For friendship that I here have found
  Against my will I take my leave.

For friendship and for favours good,
  For meat and drink you heaped on me,
The Lord that raised was on the Rood
  Now keep your comely company.
On sea or land where'er you be,
  May He you guide that nought you grieve.
Such fair delight you laid on me
  Against my will I take my leave.

Against my will although I wend,
  I may not always tarry here;
For everything must have an end,
  And even friends must part, I fear
Be we beloved how ever dear
  Out of this world death will us reave,
And when we brought are to our bier
  Against our will we take our leave.

Las tres primeras estrofas del manuscrito de
«La despedida de Gawain».

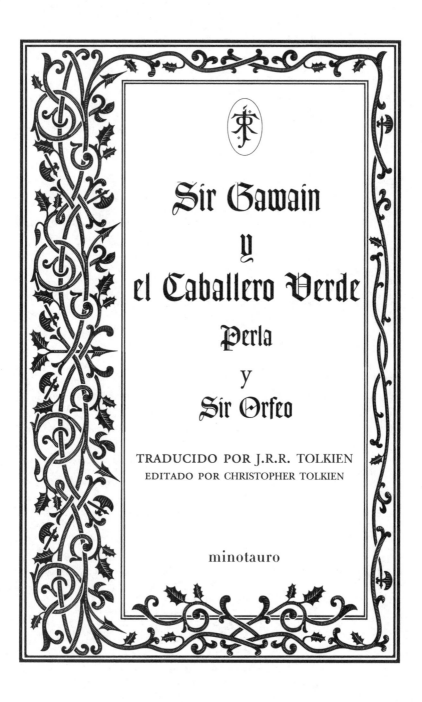

Sir Gawain
y
el Caballero Verde
Perla
y
Sir Orfeo

TRADUCIDO POR J.R.R. TOLKIEN

EDITADO POR CHRISTOPHER TOLKIEN

minotauro

Sir Gawain y el Caballero Verde junto con *Perla* y *Sir Orfeo*
J.R.R. Tolkien

Publicado en lengua inglesa por primera vez por George Allen & Unwin
(Publishers) Ltd 1975
Edición revisada de HarperCollins*Publishers* 2020

© The Tolkien Estate Limited 1975, 1983, 2020

Cubiertas de interior: 'La despedida de Gawain' © The Tolkien Trust 2020
Prólogo © Christopher Tolkien 1975, 1983, 2020
Ilustraciones © Bill Sanderson 2020
Motivo decorativo © Liane Payne 2020

® y 'Tolkien' ® son marcas registradas de
The Tolkien Estate Limited

The Tolkien Estate Limited y the estate of C. R. Tolkien reconocen
respectivamente sus derechos morales como autores de esta obra
Chris Smith reconoce su derecho moral de ser identificado como autor de la Nota del Editor
Traducción: © Jorge Luis Bueno Alonso
Imagen de cubierta: © Shutterstock.com
Diseño de cubierta: Mike Topping © HarperCollins*Publishers* Ltd 2021
Adaptación de cubierta: Cover Kitchen

Publicación de Editorial Planeta, SA. Diagonal, 662-664, 08034 Barcelona.
Copyright © 2024 Editorial Planeta, SA, sobre la presente edición.
Reservados todos los derechos.
www.planetadelibros.com
www.sociedadtolkien.org

ISBN: 978-84-450-0980-2
Depósito legal: B. 1.969-2021
Printed in EU / Impreso en UE.

El papel utilizado para la impresión de este libro está calificado como papel ecológico y procede de
bosques gestionados de manera sostenible

Inscríbete en nuestra newsletter en: www.edicionesminotauro.com
Facebook/Instagram: @EdicionesMinotauro

ÍNDICE

PREFACIO

Cuando mi padre, el profesor J. R. R. Tolkien, murió en 1973, dejó inéditas sus traducciones de los poemas medievales ingleses *Sir Gawain y el Caballero Verde, Perla* y *Sir Orfeo*. Ya existía una versión de su traducción de *Perla* hace más de treinta años, aunque fue muy revisada posteriormente; y la de *Sir Gawain* poco después de 1950, que se emitió por radio en el tercer canal de la BBC en 1953. Su versión de *Sir Orfeo* también fue compuesta hace muchos años, y pienso que la había dejado a un lado durante mucho tiempo; mas estoy seguro de que deseaba verla publicada.

Deseaba ofrecer tanto una introducción general como un comentario; y fue en gran parte porque no pudo decidir la forma que debían adoptar, que las traducciones permanecieron inéditas. Por una parte, buscaba sin duda un público que no conociera los poemas originales; sobre su traducción de *Perla* dejó escrito: «La Perla merece ciertamente ser escuchada por los amantes de la poesía inglesa que no tienen la oportunidad o el deseo de dominar su difícil lenguaje. A esos lectores les ofrezco esta traducción». Pero también escribió: «Una traducción puede ser una forma útil de comentario; y esta versión puede ser aceptable incluso para aquellos que ya conocen el original y poseen ediciones con todo su aparato crítico». Quiso, pues, explicar el fundamento de su versión en pasajes discutibles; y, en efecto, una gran cantidad de trabajo editorial no mostrado se esconde tras sus traducciones que no sólo reflejan su vasto estudio de la lengua y la métrica de los originales, sino que también fueron en cierta medida su inspiración. Como él mismo escribió: «Estas traducciones se hicieron por primera vez hace mucho tiempo para mi propia instrucción, ya que un traductor debe primero tratar de descubrir con la mayor precisión posible lo que su original significa, y por medio de una atención cada vez más estrecha puede ser conducido a entenderlo mejor por sí mismo. Desde que empecé, he estudiado muy de cerca el lenguaje de estos textos y, ciertamente, he aprendido más sobre ellos de lo que sabía cuando empecé a traducirlos».

Pero el comentario nunca se escribió, y la introducción no pasó del punto de partida tentativo. Mi preocupación al preparar este libro ha sido que siguiera siendo suyo; y no he proporcionado ningún comentario. Aquellos lectores a los que más deseaba llegar sabrán que en los pasajes de duda o dificultad estas traducciones son el producto de un largo escrutinio de los originales, y de un gran esfuerzo por plasmar sus conclusiones en una interpretación a la vez precisa y métrica; y para las explicaciones y discusiones de detalle hay que remitirse a las ediciones de los originales. Pero los lectores que desconocen por completo estos poemas desearán saber algo sobre ellos; y me pareció que, si fuera posible, las traducciones deberían presentarse con las palabras del propio traductor, que dedicó tanto tiempo y reflexión a estas obras. Por lo tanto, he compuesto las partes introductorias y explicativas del libro de la siguiente manera.

La primera parte de la Introducción, sobre el autor de *Sir Gawain* y *Perla*, procede de las notas de mi padre. La segunda sección, sobre *Sir Gawain*, es (en forma ligeramente reducida) una charla radiofónica que dio tras las emisiones de su traducción. Para la tercera sección, el único escrito suyo sobre *Perla* que he podido encontrar adecuado a mi propósito era el borrador original de un ensayo que se publicó posteriormente en forma revisada. Después de que mi padre y el profesor E. V. Gordon colaboraran en la edición de

Sir Gawain, que se publicó en 1925, empezaron a trabajar en una edición de *Perla*.[1] Ese libro fue casi enteramente obra del profesor Gordon, pero mi padre contribuyó a él con una pequeña parte de la Introducción, y el ensayo se reproduce aquí en la forma que finalmente adoptó como resultado de su colaboración. Su aparición aquí ha sido posible gracias a la generosidad de la Sra. I. L. Gordon. También deseo agradecer a los delegados de Clarendon Press su permiso para utilizarlo.

No he encontrado ningún escrito de mi padre sobre *Sir Orfeo*. Por lo tanto, de acuerdo con mis intenciones generales para el libro, me he limitado a añadir una breve nota factual sobre el texto.

Dado que uno de los principales objetivos de estas traducciones era preservar fielmente la métrica de los originales, pensé que el libro debía contener, para quienes lo desearan, una descripción de la versificación de *Sir Gawain* y *Perla*. La sección sobre *Sir Gawain* se compone de borradores hechos para la charla introductoria a las emisiones radiofónicas de la traducción, pero nunca utilizados en ella; y la de *Perla* se compone de otras notas inéditas. Hay muy poco en estas descripciones (y nada que sea cuestión de opinión) que no esté en las propias palabras de mi padre.

Es inevitable que, al utilizar materiales escritos en épocas y con fines diferentes, el resultado no sea totalmente homogéneo; pero me pareció mejor aceptar esta consecuencia que no utilizarlos en absoluto.

A su muerte, mi padre aún no había decidido la forma que debía tomar cada verso en las traducciones. Al elegir entre versiones opuestas, he intentado determinar su última intención, que en la mayoría de los casos he podido descubrir con bastante certeza.

---

1. *Perla,* editado por E. V. Gordon, Oxford 1953, páginas xi-xix: «Forma y finalidad».

En esta edición se incluye *Sir Gawain y el Caballero Verde,* la conferencia en memoria de W. P. Ker pronunciada por mi padre el 15 de abril de 1953 en la Universidad de Glasgow. De ella parece que ahora sólo existe un único texto, una copia mecanografiada realizada después de la conferencia (lo que posiblemente sugiere una intención de publicarlo), como se desprende de lo señalado en la p. 232: «Aquí se leyeron en voz alta traducidas las escenas de las tentaciones». La traducción de mi padre de *Sir Gawain* en verso aliterativo en inglés moderno había sido terminada muy recientemente. Esta traducción fue emitida en forma dramatizada por la BBC en diciembre de 1953 (repetida al año siguiente), y la introducción al poema que incluyo aquí (p. 17) está tomada de la charla radiofónica que siguió a las emisiones: ésta, aunque muy breve, está estrechamente relacionada con la conferencia aquí impresa.

Hay algunas cuestiones menores relativas a su presentación que deben mencionarse. A pesar de que mi padre afirma (p. 217) que «cuando sea imprescindible citar algo, utilizaré una traducción que acabo de terminar», en realidad no lo hizo así, ya que varias citas importantes aparecen en el original. Sin embargo, esto no parece tener ninguna importancia, por lo que las he remplazado por la traducción en dichos casos. Además, la traducción de entonces difería en muchos detalles de redacción de la versión revisada publicada en 1975; en todas esas diferencias he utilizado esta última versión. No he insertado las «escenas de las tentaciones» en el momento en que mi padre las recitó al pronunciar la conferencia, porque si se recogen íntegramente ocupan unos 350 versos, y no hay ninguna indicación en el texto de cómo las redujo. Por último, dado que algunos lectores prefieren remitirse a la traducción antes que al poema original (editado por J. R. R. Tolkien y E. V. Gordon, segunda edición revisada por N. Davis, Oxford 1967), ya que aquélla sólo da números de estrofa y ésta sólo números de verso, he optado por dar ambos: así, 40.970 significa que el verso 970 se encuentra en la estrofa 40.

Al final del libro he incluido un breve glosario. En la última página figuran unos versos traducidos por mi padre de un poema inglés medieval. Los tituló «La despedida de Gawain», en clara referencia al pasaje de Sir Gawain en el que Gawain abandona el castillo de Sir Bertilak para ir a la cita en la Capilla Verde. El poema original no tiene relación con Sir Gawain; los versos traducidos son, de hecho, las tres primeras estrofas y la última de un poema algo más largo que se encuentra en un grupo poemas líricos con estribillos, del siglo XIV, contenidos en el manuscrito Vernon de la Biblioteca Bodleiana de Oxford.

Christopher Tolkien

Nota del editor

Como señala Christopher Tolkien en su prefacio, *Sir Gawain y el Caballero Verde, Perla y Sir Orfeo* fue el primer libro de J.R.R. Tolkien editado por él mismo para su publicación póstuma. De hecho, el trabajo editorial comenzó poco después de la muerte de su padre. Entre los papeles de Christopher se encuentra una carta que escribió a Rayner Unwin, mientras trabajaba en la edición en 1974, en la que menciona haber encontrado el fragmento de un poema totalmente diferente traducido por su padre y titulado por él, «La despedida de Gawain», y sugiere que podría incluirse, a lo que Rayner accedió con entusiasmo. El hecho de que Christopher haya colocado este «descubrimiento» discretamente al final del libro, con escasas explicaciones, es una muestra de la cuidadosa administración de la obra de su padre.

Durante la preparación de esta nueva edición, Christopher se percató de un rasgo notable presente en el manuscrito de su padre de «La despedida de Gawain» (reproducido en las cubiertas interiores de esta edición). Inmediatamente después de la estrofa final aparece un borrador de parte del Canto inicial de la «Gesta de Beren y Lúthien». El borrador sigue muy de cerca el texto A reproducido en *Las Baladas de Beleriand* (p.157), aunque lo precede, ya que contiene un pareado alternativo después del verso 12:

> From England unto Eglamar
> o'er folk and field and lands afar.[2]

Christopher señaló que la prueba de que ambos textos fueron compuestos no más tarde de 1929 puede verse en la crítica que C.S. Lewis hizo a J.R.R. Tolkien tras leer el poema la noche del 6 de diciembre de 1929, en la que Lewis citó la frase «dulces eran las carnes» (*Las Baladas de Beleriand*, p. 315). Estas palabras desaparecieron de las versiones posteriores a medida que Tolkien reescribía el texto, muy probablemente como consecuencia directa de las críticas de Lewis. Christopher llegó a la conclusión de que, por lo tanto, se puede afirmar con razonable certeza que J. R. R. Tolkien tenía en mente a *Sir Gawain* incluso cuando trabajaba en el poema que se convertiría en *La Balada de Leithian*.

Cuando Christopher y yo empezamos a trabajar en esta nueva edición, se pretendía que el propio Christopher revisara su introducción para compartir dicho descubrimiento, pero finalmente no pudo hacerlo, pues había puesto su pluma a descansar por última vez: murió el 16 de enero de 2020. Es apropiado que, al recordar

---

2. [*N. del T.*] «Hasta Eglamar desde Inglaterra / Sobre gentes, campos y lejanas tierras».

cuarenta y cinco años de dedicado servicio al legado de su padre, y gracias al incesante amor de Christopher por los escritos de su padre, podamos encontrar un renovado placer y aprecio por la obra de J.R.R. Tolkien. Y, en «La despedida de Gawain», una adecuada coda a la obra de padre e hijo.

'For now at last I take my leave...'

«Al fin ya sí que me consigo despedir...»

Chris Smith

INTRODUCCIÓN

I

Sir Gawain y el Caballero Verde y *Perla* se encuentran en el mismo manuscrito único, hoy conservado en el Museo Británico. Ninguno de los dos poemas lleva título. Junto a ellos hay otros dos poemas, también sin título, que ahora se conocen como *Pureza* (o *Limpieza*) y *Paciencia*. Los cuatro están escritos con la misma caligrafía, que podemos fechar en números redondos hacia 1400; es pequeña, angulosa, irregular y a menudo difícil de leer, aparte de la decoloración de la tinta con el paso del tiempo. Pero se trata de la escritura manuscrita del copista, no del autor. En efecto, nada permite afirmar que los cuatro poemas sean obra del mismo poeta, pero tras un estudio comparativo muy minucioso se ha llegado a la convicción general de que lo son.

Nada se sabe de este autor. Pero fue uno de los principales poetas de su época, y pensar que su nombre haya caído en el olvido es algo solemne, como un recordatorio de las grandes lagunas de ignorancia sobre las que ahora tejemos las finas redes de nuestra historia literaria. Pero todavía se puede aprender algo de este escritor a través de sus obras. Era un hombre de mente seria y devota, aunque no exento de humor; le interesaba la teología y tenía algunos conocimientos sobre ella, aunque tal vez más como aficionado que como profesional; tenía conocimientos de latín y francés y era un buen lector de libros franceses, tanto románticos como instructivos; pero su hogar estaba en las *Midlands* occidentales[3] de Inglaterra: así lo demuestra su lengua, su métrica y su paisaje.

Su vida activa debió de transcurrir en la segunda mitad del siglo XIV, por lo que fue contemporáneo de Chaucer; pero mientras que Chaucer nunca se ha convertido en un libro cerrado, y se ha seguido leyendo con placer desde el siglo XV, *Sir Gawain y el Caballero Verde* y *Perla* son prácticamente ininteligibles para los lectores modernos. De hecho, en su época, los adjetivos «oscuro» y «duro» probablemente habrían sido aplicados a estos poemas por la mayoría de las personas que disfrutaban con las obras de Chaucer. Chaucer era oriundo de Londres y del populoso sudeste de Inglaterra, y la lengua que utilizó con naturalidad ha demostrado ser la base del inglés estándar y del inglés literario de épocas posteriores; el tipo de verso que compuso fue el que los poetas ingleses utilizaron mayoritariamente durante los quinientos años siguientes. Pero la lengua de este autor desconocido de las *Midlands* occidentales, mucho menos pobladas y más conservadoras, su gramática, su estilo y su vocabulario eran, en muchos aspectos, distintos de los de Londres y estaban fuera de la vía principal del desarrollo lingüístico inevitable; y en *Sir Gawain y el Caballero Verde* utilizó la antigua métrica inglesa que había llegado de la antigüedad, ese tipo de verso que ahora se denomina «aliterativo». Su objetivo era lograr efectos muy diferentes de los que se conseguían con los metros rimados y silábicos derivados de Francia e Italia; a quienes no estaban acostumbrados a ellos les parecía duro, rígido y áspero. Aparte del carácter dialectal de la lengua (desde el punto de vista londinense), este verso «aliterativo»

---

3. [*N. del T.*] Se denomina *Midlands* occidentales a la región oficial del centro de Inglaterra que comprende la conurbación de Birmingham y Wolverhampton, así como los condados rurales de Herefordshire, Shropshire, Staffordshire, Warwickshire y Worcestershire.

incluía en su tradición una serie de palabras especiales para el verso, que nunca se utilizaban en el lenguaje corriente ni en la prosa, y que resultaban «oscuras» para los ajenos a la tradición.

En resumen, este poeta se adhirió a lo que ahora se conoce como el Renacimiento Aliterativo del siglo XIV, el intento de utilizar la antigua métrica nativa y el estilo considerado durante mucho tiempo rústico para la escritura elevada y seria; mas pagó una dura sanción con su fracaso, ya que el verso aliterativo no se revivió. Las mareas del tiempo, del gusto, del lenguaje, por no mencionar el poder político, el comercio y la riqueza, estaban en su contra; y todo lo que queda del principal artista del «Renacimiento» es un manuscrito, del que ahora no se sabe nada antes de que encontrara un lugar en la biblioteca de Henry Savile de Bank en Yorkshire, que vivió de 1568 a 1617.

Y éstas son, pues, las razones de la traducción: es necesaria para que estos poemas no sigan siendo el placer literario sólo de los especialistas en el medievo. Y son textos difíciles de traducir. El principal objetivo de las traducciones aquí ofrecidas es preservar las formas métricas, que son esenciales para los poemas en su conjunto; y presentar el lenguaje y el estilo, sin embargo, no como pueden parecer a primera vista, arcaicos, raros, extravagantes y rústicos, sino como eran para la gente a la que iban dirigidos: si bien ingleses y conservadores, también cortesanos, sabios y bien educados; cultos, de hecho, eruditos.

II
Sir Gawain y el Caballero Verde

Si lo más seguro que se sabe del autor es que también escribió *Paciencia*, *Pureza* y *Perla,* entonces tenemos en *Sir Gawain* la obra de un hombre capaz de entretejer elementos tomados de diversas fuentes en una textura propia; y un hombre que tendría en esa labor un

propósito serio. Yo mismo diría que es precisamente ese propósito
el que, con su dureza, ha demostrado ser la herramienta moldeado-
ra que ha dado forma al material, otorgándole la calidad de un
buen cuento en la superficie, porque es más que eso, si miramos
más de cerca.

La historia es suficientemente buena en sí misma. Es un romance, un cuento de hadas para adultos, lleno de vida y color; y tiene
virtudes que se perderían en un resumen, aunque pueden percibir-
se cuando se lee detenidamente: buenos decorados, diálogos sofis-
ticados o humorísticos, y una narración hábilmente ordenada. El
ejemplo más notable es la larga tercera parte, en la que se entrelazan
las escenas de caza y las tentaciones. Mediante este recurso, los tres
personajes principales se mantienen vívidamente a la vista durante
los tres días cruciales, mientras que las escenas en casa y en el campo están vinculadas por el Intercambio de Ganancias, y vemos
cómo las ganancias de la caza disminuyen a medida que las ganancias de Sir Gawain aumentan y el peligro de su prueba llega a un
momento crítico.

Pero todo este cuidado en la construcción formal sirve también
para hacer del cuento un mejor vehículo de la «moraleja» que el
autor ha impuesto a su material antiguo. Ha redibujado según su
propia fe su ideal de caballería, convirtiéndolo en caballería cristiana, mostrando que la gracia y la belleza de su cortesía (que él admi-
ra) derivan de la generosidad y la gracia divinas, la Cortesía Celestial,
de la que María es la creación suprema: la Reina de la Cortesía,
como la llama en *Perla*. Esto lo exhibe simbólicamente en perfección matemática en el Pentáculo, que pone en el escudo de Gawain
en lugar del león heráldico o el águila que se encuentran en otros
romances. Pero mientras que en *Perla* amplió su visión de su hija
muerta entre los bienaventurados hasta convertirla en una alegoría
de la generosidad divina, en *Sir Gawain* ha dado vida a su ideal

mostrándolo encarnado en una persona viva, modificado por su carácter individual, de modo que podemos ver a un hombre tratando de llevar a cabo el ideal, podemos ver sus debilidades (o las debilidades del hombre en general).

Pero ha hecho más. Su punto principal es el rechazo de la infidelidad y el amor adúltero, parte esencial de la tradición original del *amour courtois* o «amor cortés»; pero lo ha complicado de nuevo, a la manera de la moral en la vida real, involucrándolo en varios problemas menores de conducta, de comportamiento cortés con las mujeres y fidelidad a los hombres, de lo que podríamos llamar deportividad o juego. Sobre estos problemas ha sido menos explícito y ha dejado que sus oyentes se formaran más o menos su propia opinión sobre la escala de sus valores y su relación con el valor rector del pecado y la virtud.

Así que este poema está hecho para ser, por así decirlo, todo sobre Gawain. El resto es una red de circunstancias en las que se ve envuelto para revelar su carácter y su código. Lo «fantástico»[4] puede, con su extrañeza y peligro, expandir la aventura, haciendo la prueba más tensa y potente, pero Gawain es presentado como una persona creíble, viva; y todo lo que piensa, o dice, o hace, debe ser considerado seriamente, como del mundo real. Su carácter se dibuja de tal manera que le hace especialmente apto para sufrir agudamente en la aventura a la que está destinado.

Vemos su casi exagerada cortesía al hablar, su modestia al comportarse, que sin embargo va acompañada de una sutil forma de

---

4. [*N. del T.*] En el original, «Faerie», es decir, el mundo de lo maravilloso o de las hadas como Tolkien lo entiende y describe en diversas obras a lo largo de su *legendarium* y de sus trabajos académicos. En este contexto Christopher Tolkien se refiere a que *Sir Gawain* tiene un elevado componente de cuento de hadas, de historia fantástica y sobrenatural, pero que no por ello hace al personaje de Gawain menos creíble. Es un héroe humano que accede a un mundo fantástico.

orgullo: un profundo sentido de su propio honor, por no mencionar, podríamos decir, un placer en su propia reputación como «padre de perfecta progenie» (estrofa 38). Se nos muestra su deleite en compañía de las mujeres, su sensibilidad ante su belleza, su placer en el «pulcro juego de la conversación» con ellas, y al mismo tiempo su ferviente piedad, su devoción a la Santísima Virgen. Lo vemos en la crisis de sus actos, obligado a distinguir en una escala de valor los elementos de su código, preservando su castidad, y su lealtad en el plano más elevado a su anfitrión; rechazando finalmente de hecho (si no con palabras vacías) la «cortesía» mundana absoluta, es decir, la obediencia completa a la voluntad de la soberana dama, rechazándola en favor de la virtud.

Sin embargo, más tarde lo vemos, en la última escena con el Caballero Verde, tan abrumado por la vergüenza de haber sido descubierto incumpliendo su palabra risible, dada en un juego navideño, que el honor que ha ganado en la gran prueba le sirve de poco consuelo. Con exceso característico, jura llevar una insignia de deshonra durante el resto de su vida. En un arrebato de remordimiento, tan violento que sólo sería apropiado para un pecado grave, se acusa a sí mismo de avaricia, cobardía y traición. De las dos primeras está libre de culpa, salvo por una casuística de la vergüenza. Pero qué fiel a la vida, a la imagen de un hombre de honor tal vez no muy reflexivo, es esta vergüenza de ser descubierto (especialmente al ser descubierto) en algo considerado bastante bajo, cualquiera que sea la importancia real que le podamos atribuir si lo consideramos de modo solemne. Cuán cierta es también esta igualdad en la emoción suscitada por todas las partes de un código personal de conducta, por muy diversa que sea la importancia o las sanciones finales de cada elemento.

De la última acusación: deslealtad, quebrantamiento de la fidelidad, traición, todas las cosas duras descritas por él mismo, Gawain era culpable sólo en la medida en que había roto las reglas de un juego absurdo que le había impuesto su anfitrión (después de haber prometido precipitadamente hacer cualquier cosa que su anfitrión le pidiera); e incluso eso fue a petición de una dama, hecha (podemos notar) después de que él hubiese aceptado su regalo, y encontrándose por lo tanto entre la espada y la pared. Ciertamente, esto es una imperfección en algún plano; pero ¿en qué plano y de qué importancia? La risa de la Corte de Camelot —¿y a qué corte más alta en cuestiones de honor se podría acudir?— es probablemente una respuesta suficiente.

Pero en términos literarios, sin duda esta ruptura de la perfección matemática de una criatura ideal, inhumana en su impecabilidad, es una gran mejora. La credibilidad de Gawain aumenta enormemente gracias a ella. De hecho, podemos reflexionar seriamente sobre los movimientos del pensamiento inglés en el siglo XIV, que él representa, y de los que se han derivado gran parte de nuestros sentimientos e ideales de conducta. Vemos el intento de preservar las gracias de la «caballería» y lo cortés, al tiempo que las empareja, o las casa, con la moral cristiana, con la fidelidad conyugal y, de hecho, con el amor conyugal. El más noble caballero de la más alta orden de Caballería rechaza el adulterio, antepone el odio al pecado en última instancia sobre todos los demás motivos, y escapa de una tentación que le ataca bajo la apariencia de la cortesía gracias a la merced obtenida mediante la oración. En eso pensaba principalmente el autor de *Sir Gawain y el Caballero Verde,* y con ese pensamiento dio forma al poema tal como lo tenemos.

Era un asunto de interés contemporáneo, para los ingleses. *Sir Gawain* presenta a su manera, más explícitamente moral y religiosa, una faceta de este movimiento de pensamiento del que también surgió el más grande poema de Chaucer, *Troilo y Criseida.* Es probable

que quienes lean *Sir Gawain* lean las últimas estrofas de la obra de
Chaucer con un interés renovado.

Pero si el poema de Chaucer se encuentra muy alterado en tono e
importancia desde su fuente inmediata en el *Filostrato* de Boccaccio,
también está completamente alejado de los sentimientos o ideas de
los poemas griegos homéricos sobre la caída de Troya, y aún más
alejado (podemos suponer) de los del antiguo mundo egeo. La investigación de estas cosas tiene muy poco que ver con Chaucer. Lo
mismo puede decirse de *Sir Gawain y el Caballero Verde,* para el que
no se ha descubierto ninguna fuente inmediata. Por esa razón, puesto que estoy hablando de este poema y de este autor, y no de rituales
antiguos, ni de divinidades paganas del Sol, ni de la Fertilidad, ni de
las Tinieblas y el Inframundo, en la antigüedad casi totalmente per-
dida del Norte y de estas Islas Occidentales —tan alejadas de Sir
Gawain de Camelot como los dioses del Egeo lo están de Troilo y
Pándaro en Chaucer—, por esa razón no he dicho nada sobre la
historia, o historias, que el autor utilizó. La investigación académica
ha descubierto mucho sobre todo ello, especialmente sobre los dos
temas principales, el Desafío de la Decapitación y la Prueba. En *Sir
Gawain y el Caballero Verde* están claramente combinados, pero en
otros lugares se encuentran por separado en formas variadas, en ir-
landés, en galés o en francés. Las investigaciones de este tipo interesan mucho a los hombres de hoy; a mí me interesan; pero interesaban
muy poco a los hombres cultos del siglo XIV. Eran propensos a leer
poemas por lo que podían sacar de ellos de sentencia, como ellos
decían, de instrucción para ellos mismos, y sus tiempos; y eran es-
candalosamente incrédulos acerca de los autores como personas, o
deberíamos haber sabido mucho más acerca de Geoffrey Chaucer, y
el nombre al menos del autor de *Sir Gawain.* Pero no hay tiempo
para todo. Agradezcamos lo que tenemos, conservado por casuali-
dad: otra vidriera multicolor que se remonta a la Edad Media y nos

ofrece otra visión. Chaucer fue un gran poeta, y por el poder de su poesía tiende a dominar la visión de su tiempo que tienen los lectores de literatura. Pero el suyo no era el único estado de ánimo o temperamento de aquellos días. Había otros como este autor que, si bien podían carecer de la sutileza y la flexibilidad de Chaucer, tenían, ¿cómo decirlo?, una nobleza a la que Chaucer apenas llegaba.

III
Ediciones

Sir Gawain and the Green Knight, editado por J. R. R. Tolkien y E. V. Gordon, Oxford 1925. Esta obra ha sido ampliamente revisada, en una segunda edición, por Norman Davis, Oxford 1967.

Pearl, editado por E. V. Gordon, Oxford 1953.

Sir Orfeo, editado por A. J. Bliss, segunda edición Oxford 1966. Esta edición contiene los tres textos del poema, así como una discusión de los orígenes de este tratamiento de la leyenda de Orfeo y Eurídice.

El texto de Auchinleck, con las mismas inserciones que en la traducción, figura en *Fourteenth Century Verse and Prose,* editado por Kenneth Sisam, con un glosario de J. R. R. Tolkien (Oxford University Press).

IV
Nota sobre el texto de las traducciones

Los detalles de presentación (sobre todo, la ausencia de números de verso en *Sir Gawain* y *Perla,* y el uso de comillas en las citas interiores en *Perla*) se ajustan a los deseos de mi padre.

El verso cuarto de la estrofa 42 y el decimoctavo de la estrofa 98 de la traducción de *Sir Gawain* no figuran en el original; se introdujeron en la traducción suponiendo que en esos puntos se habían perdido versos del poema original, y se basan en sugerencias de Sir

Israel Gollancz (edición de *Sir Gawain and the Green Knight,* Early English Text Society, 1940).[5]

---

5. [*N. del T.*] La traducción al español de los tres poemas mantiene tanto la selección léxica como la complejidad sintáctica del texto de Tolkien, que en ocasiones retuerce y juega con la sintaxis para acomodar el contenido a la forma. Hemos reproducido dicha complejidad y mantenido la estructura formal de *Sir Gawain* (versos aliterados y estructura rimada final *ababa*), de *Perla* (rima *abababbcbc* y aliteración ocasional), y de *Sir Orfeo* (versos pareados). Tolkien explica muchos de estos juegos formales en el apéndice final sobre versificación, muchos de los cuales hemos conseguido mantener en la traducción española, siendo fieles a los deseos del autor que siempre dio en estos poemas primacía a la forma poética de cada texto.

Sir awain y el Caballero Verde

Sir Gawain and the Green Knight

I

When the siege and the assault had ceased at Troy,
and the fortress fell in flame to firebrands and ashes,
the traitor who the contrivance of treason there
fashioned was tried for his treachery, the most true upon
earth – it was Æneas the noble and his renowned kindred
who then laid under them lands, and lords became of
well-nigh all the wealth in the Western Isles. When royal
Romulus to Rome his road had taken, in great pomp
and pride he peopled it first, and named it with his own name
that yet now it bears; Tirius went to Tuscany and towns founded,
Langaberde in Lombardy uplifted halls, and far
over the French flood Felix Brutus on many a broad bank and

brae Britain

established full fair,
where strange things, strife and sadness,
at whiles in the land did fare,
and each other grief and gladness
oft fast have followed there.

2   And when fair Britain was founded by this famous lord,
bold men were bred there who in battle rejoiced,
and many a time that betid they troubles aroused.
In this domain more marvels have by men been seen
than in any other that I know of since that olden time;
but of all that here abode in Britain as kings
ever was Arthur most honoured, as I have heard men tell.
Wherefore a marvel among men I mean to recall,

Sir Gawain y el Caballero Verde

I

Cuando el asedio y el asalto cesaron en Troya,
y el fuego redujo la fortaleza a llamas y cenizas,
el traidor que había tramado la traición
fue juzgado por su felonía, la más verdadera en la faz
de la tierra – fue Eneas el noble y su notoria parentela
quienes entonces pusieron tierras a sus pies, y señores fueron
de casi toda la riqueza de las Islas de Poniente. Cuando el real
Rómulo se dirigió a Roma, raudo con gran pompa
y orgullo, la pobló primero y la bautizó con su propio nombre,
que aún hoy lleva; Tirio fue a Toscana y ciudades fundó,
Longobardo en Lombardía levantó salones, y bien lejos
del mar francés Félix Bruto en amplias riberas y laderas

fundó Britania

bien hermosa,
donde conflicto y pesar,
y otras extrañas cosas,
allí pudieron alternar
con pena y horas gozosas.

2 Y cuando la bella Britania fue fundada por este famoso señor,
allí se criaron hombres bravos que en la batalla se regocijaban,
y muchas veces aconteció que causaron conflictos.
En este dominio los hombres han visto más maravillas
que en ningún otro que yo tenga conocimiento desde

tiempos antiguos;

pero de todos los que como monarcas moraron aquí en Britania
siempre fue Arturo el más honrado, como cuentan todos.

a sight strange to see some men have held it,

one of the wildest adventures of the wonders of Arthur.
If you will listen to this lay but a little while now,
I will tell it at once as in town I have heard
    it told,
  as it is fixed and fettered
  in story brave and bold,
  thus linked and truly lettered,
  as was loved in this land of old.

3   This king lay at Camelot at Christmas-tide
with many a lovely lord, lieges most noble,
indeed of the Table Round all those tried brethren,
amid merriment unmatched and mirth without care.
There tourneyed many a time the trusty knights,
and jousted full joyously these gentle lords;
then to the court they came at carols to play.
For there the feast was unfailing full fifteen days,
with all meats and all mirth that men could devise,
such gladness and gaiety as was glorious to hear,
din of voices by day, and dancing by night;
all happiness at the highest in halls and in bowers
had the lords and the ladies, such as they loved most dearly.
With all the bliss of this world they abode together,
the knights most renowned after the name of Christ,
and the ladies most lovely that ever life enjoyed,
and he, king most courteous, who that court possessed.
For all that folk so fair did in their first estate abide,
    Under heaven the first in fame,

Por eso, quiero sacar de mi memoria una maravilla que entre ellos

sucedió,

una visión extraña de ver que algunos allí tuvieron,

una de las más salvajes aventuras de las maravillas de Arturo.

Si atención prestáis ahora a esta historia tan sólo un momento,

os la contaré como en la ciudad yo mismo

la he escuchado.

Es cuento valiente y audaz,

bien dispuesto y contado,

así escrito de modo veraz,

como siempre aquí ha gustado.

3   Este rey se encontraba en Camelot cuando era

Navidad con muchos señores, nobilísimos y encantadores,

todos probados camaradas, pertenecientes a la Mesa Redonda,

en medio de una algarabía sin igual, una alegría despreocupada.

Muchos torneos tuvieron allí los fieles caballeros,

y celebraron justas bien alegres estos gentiles señores;

a la corte viajaban a tocar y bailar festivas carolas,

pues la fiesta duraba quince días sin descanso,

con toda cuanta comida y contento se podía pergeñar;

era glorioso oír tanta alegría, tal regocijo y escandalera

de voces durante el día y de danzas por la noche;

en los salones sublimes y en las alcobas

toda la dicha tenían los señores y las damas, a quienes más amaban.

Con todo el gozo de este mundo moraban juntos,

los caballeros más notorios según el nombre de Cristo,

y las damas más hermosas que de la vida hayan disfrutado,

y él, el rey más cortés que la corte poseía.

Pues toda aquella gente tan hermosa en plenitud moraba;

Bajo el cielo, su rey sin par,

their king most high in pride;
it would now be hard to name
a troop in war so tried.

4   While New Year was yet young that yestereve had arrived,
     that day double dainties on the dais were served,
     when the king was there come with his courtiers to the hall,
     and the chanting of the choir in the chapel had ended.
     With loud clamour and cries both clerks and laymen
     Noel announced anew, and named it full often;
     then nobles ran anon with New Year gifts,
     Handsels, handsels they shouted, and handed them out,
     Competed for those presents in playful debate;
     ladies laughed loudly, though they lost the game,
     and he that won was not woeful, as may well be believed.
     All this merriment they made, till their meat was served;
     then they washed, and mannerly went to their seats,
     ever the highest for the worthiest, as was held to be best.

     Queen Guinevere the gay was with grace in the midst
     of the adorned dais set. Dearly was it arrayed:
     finest sendal at her sides, a ceiling above her
     of true tissue of Tolouse, and tapestries of Tharsia
     that were embroidered and bound with the brightest gems
     one might prove and appraise to purchase for coin
              any day.

el mejor, de fama bien ganada;
sería difícil mencionar
una tropa en guerra tan probada.

4 Joven era aún el Año Nuevo, justo acababa de llegar,
y en ese día se sirvió doble ración en las mesas,
cuando el rey allí llegó con sus cortesanos a la sala,
y el canto del coro en la capilla había concluido.
Con fuertes clamores y gritos, tanto clérigos como laicos
anunciaron la Navidad de nuevo, nombrándola a menudo;
entonces los nobles corrieron raudos con regalos de Año Nuevo,
y gritaban «¡amuletos, regalos de buenaventura!»,[6] y los repartían,
compitiendo por esos regalos con debates retozones;
las damas se partían de risa, aunque perdiesen el juego,
y el que ganaba no sentía pena, como bien puede pensarse.
Así de bien lo pasaron, hasta que se sirvieron los platos principales;
entonces se lavaron, y cortésmente se sentaron en sus sitios,
siempre el sitio más elevado para el más digno, pues se consideraba el
mejor.
La alegre reina Ginebra se sentaba con gracia en medio
del bello y adornado estrado. Estaba muy bien decorado:
fino cendal colgaba de sus lados, un dosel tenía
de auténtico tejido de Toulouse, y tapices de Tarso,
con encajes y bordados con las gemas más brillantes
que el dinero pudiese comprar, tras mirarlas y tasarlas,
cualquier día.

---

6. [*N. del T.*] En el original, «handsels». Christopher Tolkien en el glosario final describe este término arcáico como «regalos de año nuevo». Estos regalos tenían
también un componente supersticioso para traer la buena suerte en el año que
empieza, de ahí la tradución ofrecida.

That loveliest lady there
on them glanced with eyes of grey;
that he found ever one more
in sooth might no man say.

5   But Arthur would not eat until all were served;
his youth made him so merry with the moods of a boy,
he liked lighthearted life, so loved he the less
either long to be lying or long to be seated
so worked on him his young blood and wayward brain.
And another rule moreover was his reason besides
that in pride he had appointed: it pleased him not to eat
upon festival so fair, ere he first were apprised
of some strange story or stirring adventure,
or some moving marvel that he might believe in
of noble men, knighthood, or new adventures;
or a challenger should come a champion seeking
to join with him in jousting, in jeopardy to set
his life against life, each allowing the other
the favour of fortune, were she fairer to him.
This was the king's custom, wherever his court was holden,
at each famous feast among his fair company
        in hall
So his face doth proud appear,
and he stands up stout and tall,
all young in the New Year;
much mirth he makes with all.

6   Thus there stands up straight the stern king himself,
talking before the high table of trifles courtly.
There good Gawain was set at Guinevere's side,

La más hermosa de aquéllas
con su gris mirar los veía;
que alguien vio cosas más bellas
en verdad nadie lo diría.

5 Mas Arturo no comía hasta que cada uno estaba servido;
su juventud le hacía muy jovial y alegre como un muchacho,
le gustaba la vida liviana, así que no amaba demasiado
ni estar acostado ni estar sentado por mucho tiempo;
así mandaba en él su sangre joven y su mente caprichosa.
Y otra regla a seguir a rajatabla más allá de la razón
había señalado con orgullo: no le satisfacía comer
en fiestas tan destacadas, sin que antes le diesen noticia
de algún extraño cuento, conmovedora aventura,
o emotiva maravilla que pudiera creer posible,
de hombres nobles, caballeros o nuevas aventuras;
o de un retador que viniera buscando un buen campeón
para unirse a él en una justa, y ponerse ambos en peligro,
vida contra vida, permitiéndose el uno al otro
el favor de la fortuna, fuese cual fuese su justicia.
Esta era la costumbre del rey, dondequiera que su corte se celebrase,
en cada famosa fiesta en el salón rodeado de bella
        compañía.
    Su rostro luce orgulloso,
    robusto y alto se erguía;
    Año Nuevo primoroso,
    todos llenos de alegría.

6 Allí se hallaba bien erguido y enhiesto el mismísimo monarca,
hablando en la mesa del estrado de minucias cortesanas.
Allí estaba el buen Gawain, al lado de Ginebra,

with Agravain a la Dure Main on the other side seated,
both their lord's sister-sons, loyal-hearted knights.
Bishop Baldwin had the honour of the board's service,
and Iwain Urien's son ate beside him.
These dined on the dais and daintily fared,
and many a loyal lord below at the long tables.
Then forth came the first course with fanfare of trumpets,
on which many bright banners bravely were hanging;
noise of drums then anew and the noble pipes,
warbling wild and keen, wakened their music,
so that many hearts rose high hearing their playing.
Then forth was brought a feast, fare of the noblest,
multitude of fresh meats on so many dishes
that free places were few in front of the people
to set the silver things full of soups on cloth
    so white.
  Each lord of his liking there
  without lack took with delight:
  twelve plates to every pair,
  good beer and wine all bright.

7   Now of their service I will say nothing more,
for you are all well aware that no want would there be.
Another noise that was new drew near on a sudden,
so that their lord might have leave at last to take food.
For hardly had the music but a moment ended,
and the first course in the court as was custom been served,

con Agravain *a la Dure Main*[7] sentado al otro lado,

ambos hijos de la hermana de su señor, caballeros de leal corazón.

El obispo Balduino tuvo el honor de presidir la mesa principal,

e Iwain hijo de Urien, comió a su lado.

Todos ellos cenaron en el estrado y tuvieron gran contento,

y muchos otros leales señores también, en las largas mesas de abajo.

Entonces llegó el primer plato con fanfarria de trompetas,

de las que colgaban bien bellas muchas banderolas;

tamboriles y nobles flautas sonaron ruidosas con fuerza y vigor;

surgía de ellos una música que elevó muchísimo el ánimo

de todos los que escuchaban a los que tocaban aquellas melodías.

Luego tuvo lugar un festín, comida de la más noble,

con multitud de carnes frescas en tantos platos que en la mesa

poco espacio quedaba delante de la gente para poner

las cosas de plata llenas de sopas y caldos sobre aquellos manteles

     de tan blanca color.

    Nada faltaba, a su parecer

    de todo tomaba cada señor;

    doce platos por par, y de beber

    buena cerveza y vino del mejor.

7   De cómo se sirvió el resto no diré nada más, pues sabéis

todos muy bien que nada faltaría allí ni pasarían necesidad.

Un ruido nuevo surgió de repente,

quizás para que su señor pudiera por fin tomar alimento.

Mas apenas había terminado la música hacía un momento

y se había servido el primer plato en la corte, como era costumbre,

---

7. [*N. del. T.*] En francés medieval en el original, «el de dura mano». Epíteto atribuido a este personaje, Agravain, hermano de Gawain, en varios romances de tema artúrico tanto de la tradición francesa como de la germánica.

when there passed through the portals a perilous horseman,
the mightiest on middle-earth in measure of height,
from his gorge to his girdle so great and so square,
and his loins and his limbs so long and so huge,
that half a troll upon earth I trow that he was,
but the largest man alive at least I declare him;
and yet the seemliest for his size that could sit on a horse,
for though in back and in breast his body was grim,
both his paunch and his waist were properly slight,
and all his features followed his fashion so gay
　　　in mode;
　　for at the hue men gaped aghast
　　in his face and form that showed;
　　as a fay-man fell he passed,
　　and green all over glowed.

8　　All of green were they made, both garments and man:
a coat tight and close that clung to his sides;
a rich robe above it all arrayed within
with fur finely trimmed, shewing fair fringes
of handsome ermine gay, as his hood was also,
that was lifted from his locks and laid on his shoulders;
and trim hose tight-drawn of tincture alike
that clung to his calves; and clear spurs below
of bright gold on silk broideries banded most richly,
though unshod were his shanks, for shoeless he rode.
And verily all this vesture was of verdure clear,
both the bars on his belt, and bright stones besides
that were richly arranged in his array so fair,
set on himself and on his saddle upon silk fabrics:
it would be too hard to rehearse one half of the trifles

cuando atravesó los portales un peligroso jinete,
el más poderoso de la Tierra Media en cuanto a altura,
desde su garganta hasta su cintura, tan grande y macizo,
de miembros y espalda tan largos y enormes
que, si en esta tierra no se le tiene por medio trol,
al menos yo le declaro el hombre vivo más grande;
mas para ser tan grande montaba a caballo con gran finura,
pues, aunque tenía espalda y pecho en cuerpo poderoso,
su barriga y su cintura eran bastante delgadas,
y toda su figura se componía de la misma forma
    y aspecto elegante;
   se pasmaron por el color
   de aquel cuerpo allí delante;
   era raro aquel señor,
   y de un tono verde brillante.

8   Todo era verde, tanto la vestimenta como el hombre:
el brial bien ajustado y ceñido a sus costados;
tenía por encima un rico manto, todo forrado por dentro
de piel bien fina, con ribetes de bellos flecos
de hermoso y vivo armiño, como lo era también su capucha,
que no le cubría los cabellos, pues colocada iba sobre sus hombros;
también llevaba calzas bien ajustadas del mismo tinte
que se ceñían a sus pantorrillas; y preciosas espuelas
de oro brillante con bandas de bello brocado,
aunque sus piernas iban descalzas, pues cabalgaba sin zapatos.
Y en verdad toda esta vestimenta era de un verdor claro,
tanto los galones del cinto, como las piedras preciosas
que estaban ricamente dispuestas sobre sus bellos ropajes,
sobre sí mismo y sobre la gualdrapa de seda de su silla:
sería demasiado difícil describir tan sólo la mitad de los detalles

that were embroidered upon them, what with birds and with flies
in a gay glory of green, and ever gold in the midst.
The pendants of his poitrel, his proud crupper,
his molains, and all the metal to say more, were enamelled,
even the stirrups that he stood in were stained of the same;
and his saddlebows in suit, and their sumptuous skirts,
which ever glimmered and glinted all with green jewels;
even the horse that upheld him in hue was the same,
  I tell:
 a green horse great and thick,
 a stallion stiff to quell,
 in broidered bridle quick:
 he matched his master well.

9 Very gay was this great man guised all in green,
and the hair of his head with his horse's accorded:
fair flapping locks enfolding his shoulders,
a big beard like a bush over his breast hanging
that with the handsome hair from his head falling
was sharp shorn to an edge just short of his elbows,
so that half his arms under it were hid, as it were
in a king's capadoce that encloses his neck.
The mane of that mighty horse was of much the same sort,
well curled and all combed, with many curious knots
woven in with gold wire about the wondrous green,
ever a strand of the hair and a string of the gold;
the tail and the top-lock were twined all to match
and both bound with a band of a brilliant green:
with dear jewels bedight to the dock's ending,
and twisted then on top was a tight-knitted knot
on which many burnished bells of bright gold jingled.

que llevaba bordados, con bellos pájaros y mariposas
de un vivo y glorioso verde, y oro por el medio.
Los colgantes de la barda, la orgullosa baticola,
el bocado de la brida, todo de metal esmaltado,
y también tenía los estribos teñidos de lo mismo;
y el arzón y sus suntuosos faldones, siempre
brillaban y relucían con reflejos de verdes joyas;
incluso el caballo que lo sostenía era del mismo color,
      tal como lo he contado:
   un caballo verde enorme,
   un semental bien plantado,
   con brida de bello porte:
   con su amo bien combinado.

9 Muy alegre era este gran hombre vestido todo de verde,
   y el pelo de su cabeza con el de su caballo concordaba:
   maravillosos mechones rizados que ondeaban envolviéndole los hombros,
   una gran barba como un arbusto que colgaba de su pecho,
   que junto con la hermosa cabellera que le caía de la cabeza
   le llegaba todo bien hasta el borde de los codos,
   de modo que la mitad de sus brazos quedaban ocultos
   como si llevase una capa real cubriéndole el cuello.
   La crin de aquel poderoso caballo era del mismo tipo,
   bien rizada y mejor peinada, con muchos nudos curiosos
   entretejidos con hilo de oro alrededor del maravilloso verde,
   siempre un mechón de pelo y una hebra de oro;
   la cola y el mechón de la cabeza iban a juego,
   ambos atados con una banda de un verde brillante:
   con joyas delicadas que lo iban decorando todo
   y en la parte superior de la testa había entrelazado un nudo muy prieto
   del que tintineaban muchas campanillas bien bruñidas de oro brillante.

Such a mount on middle-earth, or man to ride him,
was never beheld in that hall with eyes ere that time;
> for there
>> his glance was as lightning bright,
>> so did all that saw him swear;
>> no man would have the might,
>> they thought, his blows to bear.

10   And yet he had not a helm, nor a hauberk either,
not a pisane, not a plate that was proper to arms;
not a shield, not a shaft, for shock or for blow,
but in his one hand he held a holly-bundle,
that is greatest in greenery when groves are leafless,
and an axe in the other, ugly and monstrous,
a ruthless weapon aright for one in rhyme to describe:
the head was as large and as long as an ellwand,
a branch of green steel and of beaten gold;
the bit, burnished bright and broad at the edge,
as well shaped for shearing as sharp razors;
the stem was a stout staff, by which sternly he gripped it,
all bound with iron about to the base of the handle,
and engraven in green in graceful patterns,
lapped round with a lanyard that was lashed to the head
and down the length of the haft was looped many times;
and tassels of price were tied there in plenty
to bosses of the bright green, braided most richly.
Such was he that now hastened in, the hall entering,
pressing forward to the dais – no peril he feared.
To none gave he greeting, gazing above them,
and the first word that he winged: 'Now where is', he said,
'the governor of this gathering? For gladly I would

Tal montura en la Tierra Media, o un jinete tal que la montase,
nunca fue vista por nadie en esa sala sublime antes de este tiempo;
     pues allí
     su mirada relampagueaba,
     todos lo juraron así:
     ningún hombre pensaba
     sus golpes aguantar, sí.

10 Y sin embargo no tenía yelmo, ni tampoco cota,
   ni malla pisana, ni peto apropiado para combatir;
   ni escudo, ni asta, para choque o golpe,
   mas en una mano sostenía un manojo de acebo,
   que es lo más verde cuando las arboledas carecen de fronda,
   y un hacha en la otra, muy fea y monstruosa,
   un arma despiadada digna de ser descrita en versos:
   la cabeza era tan grande y tan larga como una vara de ana,
   una hoja como una rama forjada en acero verde y oro batido;
   el filo, bruñido, brillante y ancho en el extremo,
   tan bien preparado para dar cortes precisos como las afiladas navajas;
   el mango, que sujetaba con fiereza, era una vara fuerte
   toda bien cubierta de hierro hasta la base,
   grabada en verde con gráciles motivos,
   y con una cuerda de cuero sujeta en la cabeza
   y que a lo largo de la empuñadura iba enlazándose;
   llevaba borlas preciosas puestas en abundancia
   y flecos de verde brillante, bellamente trenzados.
   Tal era el que ahora, sin temer peligro alguno, en la sala
   se apresuraba a entrar, avanzando hacia el estrado.
   A nadie saludó, mas los miró muy por encima,
   y lo primero que pronunció fue: «¿Dónde está
   el que gobierna este grupo? Porque de buena gana

on the same set my sight, and with himself now talk
    in town.'
  On the courtiers he cast his eye,
  and rolled it up and down;
  he stopped, and stared to espy
  who there had most renown.

11 Then they looked for a long while, on that lord gazing;
for every man marvelled what it could mean indeed
that horseman and horse such a hue should come by
as to grow green as the grass, and greener it seemed,
than green enamel on gold glowing far brighter.
All stared that stood there and stole up nearer,
watching him and wondering what in the world he would do.
For many marvels they had seen, but to match this nothing;
wherefore a phantom and fay-magic folk there thought it,
and so to answer little eager was any of those knights,
and astounded at his stern voice stone-still they sat there
in a swooning silence through that solemn chamber,

as if all had dropped into a dream, so died their voices
    away.
  Not only, I deem, for dread;
  but of some 'twas their courtly way
  to allow their lord and head
  to the guest his word to say.

12 Then Arthur before the high dais beheld this wonder,
and freely with fair words, for fearless was he ever,
saluted him, saying: 'Lord, to this lodging thou'rt welcome!
The head of this household Arthur my name is.

en él mismo quiero fijar mi vista, y con él hablar ahora
    adecuadamente».
    Con su mirada recorrió
    la corte completamente;
    en el de más renombre se paró
    y lo miró fijamente.

11 Luego se quedaron mirando largo rato a aquel señor que les observaba;
    pues todos se mostraban maravillados de lo que podía significar
    que jinete y caballo compartiesen tal tono y color
    como para verse tan verdes como la hierba, y más verde aún
    que el esmalte verde sobre el oro de resplandeciente refulgir.
    Todos los que estaban allí se quedaron mirando y se acercaron,
    observándolo y preguntándose qué iba a hacer allí plantado.
    Habían visto muchas maravillas, pero ninguna comparable a ésta,
    por lo que pensaron que era un fantasma, un mago de fantasía,
    y pocas ganas de proveer respuesta tenían aquellos caballeros
    que, sorprendidos por su severa voz, allí seguían como petrificados,
    sentados en un silencio extático que se extendía por aquella solemne
                                                     sala,
    como si todos hubiesen caído en un sueño, que hizo que sus voces
        se hubiesen apagado.
    No sólo, creo, por temor;
    era la forma cortés, bien mirado,
    de permitir a su líder y señor
    que respondiese al invitado.

12 Entonces Arturo, desde el alto estrado, contempló esta maravilla,
    y sin reservas, con palabras bien pronunciadas, tan intrépido
    como siempre, le saludó diciendo: «¡Señor, bienvenido
    a esta morada! Mi nombre es Arturo, líder de esta casa.

Alight, as thou lovest me, and linger, I pray thee;
and what may thy wish be in a while we shall learn.'
'Nay, so help me,' quoth the horseman, 'He that on high is throned,
to pass any time in this place was no part of my errand.
But since thy praises, prince, so proud are uplifted,
and thy castle and courtiers are accounted the best,
the stoutest in steel-gear that on steeds may ride,
most eager and honourable of the earth's people,

valiant to vie with in other virtuous sports,
and here is knighthood renowned, as is noised in my ears:
'tis that has fetched me hither, by my faith, at this time.
You may believe by this branch that I am bearing here
that I pass as one in peace, no peril seeking.
For had I set forth to fight in fashion of war,
I have a hauberk at home, and a helm also,
a shield, and a sharp spear shining brightly,
and other weapons to wield too, as well I believe;
but since I crave for no combat, my clothes are softer.
Yet if thou be so bold, as abroad is published,
thou wilt grant of thy goodness the game that I ask for
        by right.'
Then Arthur answered there,
and said: 'Sir, noble knight,
if battle thou seek thus bare,
thou'lt fail not here to fight.'

13   'Nay, I wish for no warfare, on my word I tell thee!
Here about on these benches are but beardless children.
Were I hasped in armour on a high charger,
there is no man here to match me – their might is so feeble.

Descabalgad, pues me apreciáis, y descansad un rato, os lo ruego;
y dentro de poco sabremos cuál es vuestro deseo».

«No», dijo el jinete, «por aquél que está entronizado en las alturas
que pasar algún tiempo en este lugar no era parte de mi misión.

Pero ya que tus loas, príncipe, tan orgullosas se alzan,
y tu castillo y tus cortesanos son considerados los mejores,
los que cubiertos del acero para el combate son los más capaces para
cabalgar corceles, los más ávidos y honorables de los que pueblan la
                                                                  tierra,
valientes para competir en otros deportes virtuosos,
y ya que aquí renombre tiene la caballería, como retumba en mis oídos,
esto es lo que me ha traído aquí, por mi fe, en este momento.

Puedes pensar por esta rama que porto aquí
que paso en paz, sin buscar peligro. Pues,
si me hubiera puesto en plan guerrero para buscar pelea,
tengo una cota de malla en casa, y un yelmo también,
un escudo, y una lanza afilada que luce brillo intenso,
y otras buenas armas para blandir también, así lo creo;
pero como no deseo combatir, mis ropas son más livianas.

Mas, si eres tan audaz, como por tal te tienen en otras tierras,
me concederás por tu bondad jugar al juego que por derecho
        demando».

Arturo entonces respondió así
y dijo: «Si batalla andáis buscando,
señor, noble caballero, aquí
la acabareis encontrando».

13 «No, no deseo guerra, os doy mi palabra.

En estos bancos no hay más que niños sin barba.

Si me pusiera armadura y cabalgase un corcel de combate,
no habría hombre aquí, tan débiles sois, que hacerme frente pudiese.

And so I crave in this court only a Christmas pastime,
since it is Yule and New Year, and you are young here and merry.
If any so hardy in this house here holds that he is,
if so bold be his blood or his brain be so wild,
that he stoutly dare strike one stroke for another,
then I will give him as my gift this guisarm costly,
this axe – 'tis heavy enough – to handle as he pleases;
and I will abide the first brunt, here bare as I sit.
If any fellow be so fierce as my faith to test,
hither let him haste to me and lay hold of this weapon –
I hand it over for ever, he can have it as his own –
and I will stand a stroke from him, stock-still on this floor,
provided thou'lt lay down this law: that I may deliver him another.
     Claim I!
  And yet a respite I'll allow,
  till a year and a day go by.
  Come quick, and let's see now
  if any here dare reply!'

14 If he astounded them at first, yet stiller were then
all the household in the hall, both high men and low.
The man on his mount moved in his saddle,
and rudely his red eyes he rolled then about,
bent his bristling brows all brilliantly green,
and swept round his beard to see who would rise.
When none in converse would accost him, he coughed then loudly,
stretched himself haughtily and straightway exclaimed:
'What! Is this Arthur's house,' said he thereupon,
'the rumour of which runs through realms unnumbered?
Where now is your haughtiness, and your high conquests,
your fierceness and fell mood, and your fine boasting?

Y por eso sólo pretendo de esta corte un pasatiempo navideño,
pues es tiempo de Navidad y Año Nuevo, y sois tan jóvenes y alegres.
Si alguien tan valiente en esta casa sostiene que lo es,
si su sangre es tan audaz, su ánimo tan salvaje,
que se atreva a asestar un golpe a cambio de otro,
entonces le daré como regalo esta bestial bisarma,
esta hacha, que pesa lo que pesa, para que la maneje a voluntad;
y soportaré el primer golpe, aquí sentado tal como estoy.
Si alguien es tan fiero como para poner a prueba mi fe,
que se apresure hacia mí y se apodere de esta arma.
Se la entrego para siempre, puede poseerla como suya.
y resistiré un golpe suyo, inmóvil en este suelo,
con tal de que decretes lo siguiente: que pueda devolvérselo.
 ¡Tal pido!
 Mas un respiro nos damos:
 que un año haya transcurrido
 y un día. Venid, veamos
 si alguno acepta lo que he pedido».

14 Si al principio los asombró, más de piedra se quedaron en la sala
todos los miembros de aquella casa, de cualquier condición.
El hombre en su montura se movió en su silla,
y de un modo rudo movió sus ojos rojos,
alzó sus cejas bien erizadas de un verde brillante,
y movió su barba para ver quién se podía levantar.
Cuando nadie quiso hablar con él, carraspeó con fuerza,
se estiró con altivez y enseguida exclamó:
«¿Qué?», dijo después, «¿Es ésta la casa de Arturo
cuya fama corre rauda por reinos sin número?
¿Dónde están ahora vuestra vanidad y vuestras grandes victorias,
vuestra ferocidad, vuestro ánimo fiero, vuestra fina jactancia?

Now are the revels and the royalty of the Round Table
overwhelmed by a word by one man spoken,
for all blench now abashed ere a blow is offered!'
With that he laughed so loud that their lord was angered,
the blood shot for shame into his shining cheeks
     and face;
  as wroth as wind he grew,
  so all did in that place.
  Then near to the stout man drew
  the king of fearless race,

15 And said: 'Marry! Good man, 'tis madness thou askest,
and since folly thou hast sought, thou deservest to find it.
I know no lord that is alarmed by thy loud words here.

Give me now thy guisarm, in God's name, sir,
and I will bring thee the blessing thou hast begged to receive.'
Quick then he came to him and caught it from his hand.
Then the lordly man loftily alighted on foot.
Now Arthur holds his axe, and the haft grasping
sternly he stirs it about, his stroke considering.
The stout man before him there stood his full height,
higher than any in that house by a head and yet more.
With stern face as he stood he stroked at his beard,
and with expression impassive he pulled down his coat,
no more disturbed or distressed at the strength of his blows
than if someone as he sat had served him a drink
     of wine.
  From beside the queen Gawain
  to the king did then incline:
  'I implore with prayer plain

Quedan ahora las fiestas y la realeza de la Mesa Redonda
abrumadas por las palabras pronunciadas por un sólo hombre,
pues ahora todos se avergüenzan antes de dar un golpe».
Tras esto, rio con tanta fuerza que aquel señor se enfureció,
y le vino la sangre a brillarle en las mejillas y en el rostro
                por vergüenza.
        Como el viento se revolvió,
        y todos en aquella plaza.
        Al hombre robusto se acercó
        el rey de la intrépida raza,

15 Y le dijo: «¡Por Dios, buen hombre, qué disparate eso
    que pedís, y puesto que locura procuráis, merecéis encontrarla.
    No sé de ningún noble que se alarme aquí por vuestras altisonantes
                                                    palabras.
    Dadme ahora vuestra bisarma en nombre de Dios,
    señor, y os traeré la bendición que habéis suplicado recibir».
    Rápidamente se acercó a él y se la arrebató de la mano.
    Entonces aquel señor descabalgó con soberbia, quedando de pie.
    Arturo sostiene ahora su hacha, y sujetando el mango
    con severidad la mueve, sopesando asestar el golpe.
    Aquel tremendo hombre se alzaba ante él en toda su estatura,
    más alto que cualquiera en esa casa por una cabeza y aún más.
    Con rostro severo se acarició suavemente la barba,
    y con expresión impasible se quitó el manto, no más molesto
    o angustiado por la fuerza de aquellos abaneos de lo que estaría
    si cualquiera le hubiese servido una copa de vino mientras
                estaba sentado.
        Al rey se acercó de buen modo
        Gawain, tras la reina situado:
        «Con simple plegaria imploro

that this match should now be mine.'

16 'Would you, my worthy lord,' said Wawain to the king,
    'bid me abandon this bench and stand by you there,
    so that I without discourtesy might be excused from the table,
    and my liege lady were not loth to permit me,
    I would come to your counsel before your courtiers fair.
    For I find it unfitting, as in fact it is held,
    when a challenge in your chamber makes choice so exalted,
    though you yourself be desirous to accept it in person,
    while many bold men about you on bench are seated:
    on earth there are, I hold, none more honest of purpose,
    no figures fairer on field where fighting is waged.
    I am the weakest, I am aware, and in wit feeblest,
    and the least loss, if I live not, if one would learn the truth.
    Only because you are my uncle is honour given me:
    save your blood in my body I boast of no virtue;
    and since this affair is so foolish that it nowise befits you,
    and I have requested it first, accord it then to me!
    If my claim is uncalled-for without cavil shall judge
        this court.'
      To consult the knights draw near,
      and this plan they all support;
      the king with crown to clear,
      and give Gawain the sport.

17 The king then commanded that he quickly should rise,
    and he readily uprose and directly approached,
    kneeling humbly before his highness, and laying hand on the weapon;
    and he lovingly relinquished it, and lifting his hand
    gave him God's blessing, and graciously enjoined him

que el combate me sea asignado».

16 Dijo Gawain al rey «¿Me daréis, mi digno señor,
permiso para dejar este banco y permanecer ahí a vuestro lado,
para que sin descortesía pueda retirarme de la mesa,
si mi señora no se molesta si así se me permite?
Ante vuestros fieles cortesanos consejo he de daros,
pues tengo por impropio, como tal se tiene por todos,
aceptar un desafío que se lanza en vuestros aposentos en tan vehemente
modo, por mucho que deseéis aceptarlo en persona,
mientras muchos hombres audaces os rodean:
no los hay en esta tierra, sostengo, más honestos de propósito,
ni de porte más bravo en el campo de batalla cuando de combatir
se trata. Soy el más débil, de ello tengo consciencia,
y el más flojo en ingenio, y poco se perdería si no vivo,
en verdad. Sólo porque eres mi tío se me da honor:
salvo tu sangre en mi cuerpo, no alardeo de virtud alguna;
y puesto que lo he pedido primero y es asunto tan insensato
que no os conviene, ¡concedédmelo entonces!
Si mi pretensión no es procedente esta corte lo juzgará
        sin cavilación».
    Tras haberlo consultado
    todos apoyan la moción;
    el rey queda liberado,
    y Gawain recibe la misión.

17 El rey ordenó entonces que se levantara rápidamente,
y raudo así lo hizo y se acercó al punto para, tras arrodillarse
con humildad ante su alteza, poner la mano sobre el arma;
y él se la entregó con cariño, y levantando la mano
le dio la bendición de Dios, y gentilmente le ordenó

that his hand and his heart should be hardy alike.
'Take care, cousin,' quoth the king, 'one cut to address,
and if thou learnest him his lesson, I believe very well
that thou wilt bear any blow that he gives back later.'
Gawain goes to the great man with guisarm in hand,
and he boldly abides there – he blenched not at all.
Then next said to Gawain the knight all in green:
'Let's tell again our agreement, ere we go any further.
I'd know first, sir knight, thy name;
I entreat thee to tell it me truly,
that I may trust in thy word.'
'In good faith,' quoth the good knight, 'I Gawain am called
who bring thee this buff et, let be what may follow;
and at this time a twelvemonth in thy turn have another
with whatever weapon thou wilt, and in the world with
            none else but me.'
    The other man answered again:
    'I am passing pleased,' said he,
    'upon my life, Sir Gawain,
    that this stroke should be struck by thee.'

18 'Begad,' said the green knight, 'Sir Gawain, I am pleased
to find from thy fist the favour I asked for!
And thou hast promptly repeated and plainly hast stated
without abatement the bargain I begged of the king here;
save that thou must assure me, sir, on thy honour
that thou'lt seek me thyself, search where thou thinkest
I may be found near or far, and fetch thee such payment
as thou deliverest me today before these lordly people.'
'Where should I light on thee,' quoth Gawain, 'where look for thy
                                            place?

que su mano y su corazón fuesen fuertes por igual.

«Ten cuidado, primo», dijo el rey, «con un corte tienes
que lidiar, y si le enseñas su lección, creo que muy bien
soportarás cualquier golpe que él te devuelva después».

Gawain se dirige al gran hombre con la bisarma en la mano,
y audazmente allí se queda, sin ruborizarse en absoluto.

Luego le dijo a Gawain el caballero todo de verde:

«Recordemos el plan acordado, antes de proseguir.

Quisiera saber primero, señor caballero, vuestro nombre;
os ruego que me lo digáis en verdad,
para que pueda confiar en vuestra palabra».

«De buena fe», dijo el buen caballero, «Gawain me llaman,
y os asestaré un buen mandoble, pase lo que pase;
y tras doce meses será vuestro el turno para que me asestéis otro
con cualquier arma que queráis, y sólo a mí en el mundo entero habréis
de responder».

El otro de nuevo respondió:

«Nada más me puede complacer,
Sir Gawain, en verdad», contestó,
«que de vos el golpe vaya a obtener».

18   «Voto a bríos, Sir Gawain», dijo el Caballero Verde,
«pues me place encontrar en vuestro puño el favor que pedí.
Habéis vuelto a recordar con prontitud y sin rodeos
los términos del trato que aquí pedí al rey; tan sólo
debéis ahora asegurarme, señor, por vuestro honor, que vos
mismo iréis en mi busca, que me buscaréis donde creáis
que pueda encontrarme, cerca o lejos, y tal pago procuraréis
de mí como el que me daréis hoy delante de estas nobles gentes».

Dijo Gawain; «¿Dónde habré de hallaros, de dar con vuestro lugar?
Nunca he sabido dónde vivís, por el Señor que me hizo,

I have never learned where thou livest, by the Lord that made me,
and I know thee not, knight, thy name nor thy court.
But teach me the true way, and tell what men call thee,
and I will apply all my purpose the path to discover:
and that I swear thee for certain and solemnly promise.'

'That is enough in New Year, there is need of no more!'
said the great man in green to Gawain the courtly.
'If I tell thee the truth of it, when I have taken the knock,
and thou handily hast hit me, if in haste I announce then
my house and my home and mine own title,
then thou canst call and enquire and keep the agreement;
and if I waste not a word, thou'lt win better fortune,
for thou mayst linger in thy land and look no further –
    but stay!
  To thy grim tool now take heed, sir!
  Let us try thy knocks today!'
  'Gladly', said he, 'indeed, sir!'
  and his axe he stroked in play.

19 The Green Knight on the ground now gets himself ready,
leaning a little with the head he lays bare the flesh,
and his locks long and lovely he lifts over his crown,
letting the naked neck as was needed appear.
His left foot on the floor before him placing,
Gawain gripped on his axe, gathered and raised it,
from aloft let it swiftly land where 'twas naked,
so that the sharp of his blade shivered the bones,
and sank clean through the clear fat and clove it asunder,
and the blade of the bright steel then bit into the ground.
The fair head to the floor fell from the shoulders,

y no os conozco, caballero, ni sé de vuestro nombre o reino.
Pero enseñadme en verdad el camino hasta vos,
y decidme cómo os llaman las gentes, y en descubrir
tal sendero pondré todo mi empeño. Tal juro y tengo
por cierto y os lo prometo solemnemente».
«Tal basta en Año Nuevo, nada más se necesita»,
dijo el gran hombre de verde a Gawain el cortesano.
«Si os digo la verdad, cuando me hayáis dado el golpe,
tras haberlo recibido, si raudo anuncio entonces
cuál es mi casa y mi hogar, cuál mi propio título,
entonces podréis llamarme y preguntarme y mantener el acuerdo;
y si no malgasto ni una palabra, ganaréis mejor fortuna
pues podréis quedaros en vuestra tierra y no buscar más. ¡Ahora,
            atención prestad
        a vuestra sombría arma, señor!
    Vuestros golpes hoy probad».
    «Con gusto», dijo él, «¡claro, señor!»
    Y el hacha dispuso, en verdad.

19 El Caballero Verde ahora se prepara, puesto en pie,
    ladeando un poco la cabeza para dejar al descubierto la carne,
    y levanta sus largos y hermosos cabellos sobre su corona,
    dejando ver el cuello desnudo como era necesario.
    Colocando su pie izquierdo en el suelo bien puesto delante de él,
    Gawain empuñó su hacha, sujetándola bien, la levantó,
    y desde lo alto la dejó caer rápidamente en la zona descubierta,
    de modo que el filo de su hoja hizo añicos los huesos,
    se hundió limpiamente en su carne, partiéndole el pescuezo en dos;
    la hoja de brillante acero mordió seguidamente el suelo.
    La hermosa cabeza cayó a tierra desde los hombros,

and folk fended it with their feet as forth it went rolling;
the blood burst from the body, bright on the greenness,
and yet neither faltered nor fell the fierce man at all,
but stoutly he strode forth, still strong on his shanks,
and roughly he reached out among the rows that stood there,
caught up his comely head and quickly upraised it,
and then hastened to his horse, laid hold of the bridle,
stepped into stirrup-iron, and strode up aloft,
his head by the hair in his hand holding;
and he settled himself then in the saddle as firmly
as if unharmed by mishap, though in the hall he might

      wear no head.
  His trunk he twisted round,
  that gruesome body that bled,
  and many fear then found,
  as soon as his speech was sped.

20 For the head in his hand he held it up straight,
towards the fairest at the table he twisted the face,
and it lifted up its eyelids and looked at them broadly,
and made such words with its mouth as may be recounted.
'See thou get ready, Gawain, to go as thou vowedst,
and as faithfully seek till thou find me, good sir,
as thou hast promised in this place in the presence of these knights.
To the Green Chapel go thou, and get thee, I charge thee,
such a dint as thou hast dealt – indeed thou hast earned
a nimble knock in return on New Year's morning!
The Knight of the Green Chapel I am known to many,
so if to find me thou endeavour, thou'lt fail not to do so.
Therefore come! Or to be called a craven thou deservest.'
With a rude roar and rush his reins he turned then,

y la gente la paró con sus pies mientras rodaba;
la sangre brotó del cuerpo, brillante sobre el verdor,
y sin embargo, ni vaciló ni cayó el hombre fiero en absoluto,
sino que avanzó con paso firme, todavía fuerte sobre sus piernas,
y bruscamente movió su mano delante de los que allí estaban,
cogió su hermosa cabeza y con rapidez la levantó,
y con brío se fue al caballo, agarró la brida,
se subió al estribo y se montó de un salto, sujetando
la cabeza por el cabello cogido de la mano,
y se colocó cómodamente en la silla con firmeza,
como si estuviera ileso del percance, aunque no llevase en la sala puesta
    la cabeza.
  Su tronco en redondo giró
  aquel cuerpo que sangraba sin belleza,
  y mucho miedo allí se halló,
  cuando habló con entereza.

20 Pues la cabeza que sujetaba en la mano y sostenía erguida,
la movió hacia los más principales de la mesa, y mostrándoles su rostro
levantó los párpados y los miró fijamente y pronunció
con la boca palabras que así pueden contarse:
«Preparaos, Gawain, para partir como prometisteis
a buscarme fielmente hasta encontrarme, buen señor,
como habéis confirmado en este lugar en presencia de estos caballeros.
Id a la Capilla Verde, y recibid, os lo mando, un mandoble
como el que aquí habéis asestado. De hecho, os habéis
ganado un grácil golpe de vuelta en la mañana de Año Nuevo.
El Caballero de la Capilla Verde, así muchos me conocen.
Si os esforzáis en encontrarme, no fallaréis.
¡Id, pues! De lo contrario, mereceréis que os llamen cobarde».
Con un fiero bramido, cogió con fuerza las riendas, se dio la vuelta

and hastened out through the hall-door
with his head in his hand,
and fire of the flint flew from the feet of his charger.
To what country he came in that court no man knew,
no more than they had learned from what land he had journeyed.
    Meanwhile,
  the king and Sir Gawain
  at the Green Man laugh and smile;
  yet to men had appeared, 'twas plain,
  a marvel beyond denial.

21 Though Arthur the high king in his heart marvelled,
he let no sign of it be seen, but said then aloud
to the queen so comely with courteous words:
'Dear Lady, today be not downcast at all!
Such cunning play well becomes the Christmas tide,
interludes, and the like, and laughter and singing,
amid these noble dances of knights and of dames.
Nonetheless to my food I may fairly betake me,
for a marvel I have met, and I may not deny it.'
He glanced at Sir Gawain and with good point he said:
'Come, hang up thine axe, sir! It has hewn now enough.'
And over the table they hung it on the tapestry behind,
where all men might remark it, a marvel to see,
and by its true token might tell of that adventure.
Then to a table they turned, those two lords together,
the king and his good kinsman, and courtly men served them
with all dainties double, the dearest there might be,
with all manner of meats and with minstrelsy too.
With delight that day they led, till to the land came the
      night again.

y salió súbitamente por la puerta de la sala
cabalgando con la cabeza en la mano tan veloz que
fuego de pedernal iba saliendo de los cascos de su poderoso corcel.
Nadie supo de qué país provenía, ni cómo llegó
a la corte, no más de lo que conocían las tierras por las que pasó.

    Mientras esto veían,
  el rey y Sir Gawain, sonriendo,
  del Hombre Verde se reían;
  mas las gentes estuvieron viendo
  una maravilla innegable, tal decían.

21 Aunque Arturo, el gran monarca, en su corazón se maravilló,
no dejó que se notase señal alguna de ello, sino que le dijo en voz alta
a la reina con palabras propias de una gran cortesía:
«¡Querida mía, no tengas tristeza en absoluto!
Un juego tan sutil le sienta bien a estos tiempos navideños,
cargados de entremeses, y cosas por el estilo, cantos y risas
entre estas nobles danzas de caballeros y damas.
Sin embargo, ya puedo volver a concentrarme en mi comida,
pues una maravilla se me ha mostrado, no puedo negarlo».
Miró a Sir Gawain y con muy buen tino le dijo:
«¡Vamos, colgad el hacha, señor! Ya ha cortado bastante».
Y sobre la mesa la colgaron del tapiz de detrás, donde todos
pudieran observarla, una maravilla para ser vista,
prueba de la aventura acontecida que podía ser después contada.
Luego se dirigieron a una mesa, los dos señores juntos,
el rey y su buen pariente, y los cortesanos
les dieron doble ración de todo lo mejor que allí había,
todo tipo de comida y cantos de juglares.
Con deleite disfrutaron de aquel día, hasta que la noche llegó
  de nuevo.

Sir Gawain, now take heed
lest fear make thee refrain
from daring the dangerous deed
that thou in hand hast ta'en!

II

With this earnest of high deeds thus Arthur began the
young year, for brave vows he yearned to hear made.
Though such words were wanting when they went to
table, now of fell work to full grasp filled were their hands.
Gawain was gay as he began those games in the hall, but if
the end be unhappy, hold it no wonder! For though men
be merry of mood when they have mightily drunk, a year
slips by swiftly, never the same returning; the outset to the
ending is equal but seldom. And so this Yule passed over
and the year after, and severally the seasons ensued in their
turn: after Christmas there came the crabbed Lenten that
with fish tries the flesh and with food more meagre; but
then the weather in the world makes war on the winter,
cold creeps into the earth, clouds are uplifted, shining
rain is shed in showers that all warm fall on the fair turf,
flowers there open, of grounds and of groves green is the
raiment, birds are busy a-building and bravely are singing
for sweetness of the soft summer that will soon be on

    the way;
  and blossoms burgeon and blow
  in hedgerows bright and gay;
  then glorious musics go
  through the woods in proud array.

Sir Gawain, ten cuidado,
que no te frene el miedo
para emprender el reto arriesgado
que has de acometer con denuedo.

II

Con esta promesa de grandes aventuras, Arturo comenzó
el joven año, pues siempre ansiaba escuchar votos valientes.
Tales palabras eran poco frecuentes cuando se sentaban
a la mesa, mas ahora las había a montones allí mismo.
Gawain estaba alegre cuando comenzaron aquellos juegos
en la sala, mas algo infeliz fue al final, ¡no es de extrañar!
Pues, aunque los hombres están alegres de humor cuando
han bebido mucho, un año pasa bien veloz, y nunca
se vuelve a vivir del mismo modo, pocas veces termina
como comenzó. Y así pasó este Año Nuevo
y el año siguiente, y las estaciones se sucedieron como suelen.
Después de la Navidad vino la Cuaresma que con comida
más escasa y con pescado pone a prueba la carne;
entonces el buen tiempo en la tierra guerrea con el invierno,
el frío se cuela por el mundo, clarean las nubes,
deslumbra la lluvia que se derrama en chubascos
que caen tibios sobre la hierba hermosa, se abren las flores,
los campos y las arboledas se cubren de verde,
los pájaros se afanan en construir sus nidos y cantan con fuerza
por la dulzura del suave verano que pronto estará
          en camino;
    y las flores brotan y crecen
    en setos alegres y lucidos;
    y gloriosas músicas recorren
    los bosques en orgulloso sonido.

23   After the season of summer with its soft breezes,
       when Zephyr goes sighing through seeds and herbs,
       right glad is the grass that grows in the open,
       when the damp dewdrops are dripping from the leaves
       to greet a gay glance of the glistening sun.
       But then Harvest hurries in, and hardens it quickly,
       warns it before winter to wax to ripeness.
       He drives with his drought the dust, till it rises
       from the face of the land and flies up aloft;
       wild wind in the welkin makes war on the sun,
       the leaves loosed from the linden alight on the ground,
       and all grey is the grass that green was before:
       all things ripen and rot that rose up at first,
       and so the year runs away in yesterdays many,
       and here winter wends again, as by the way of the world
              it ought,
          until the Michaelmas moon
          has winter's boding brought;
          Sir Gawain then full soon
          of his grievous journey thought.

24   And yet till All Hallows with Arthur he lingered,
       who furnished on that festival a feast for the knight
       with much royal revelry of the Round Table.
       The knights of renown and noble ladies
       all for the love of that lord had longing at heart,
       but nevertheless the more lightly of laughter they spoke:
       many were joyless who jested for his gentle sake.
       For after their meal mournfully he reminded his uncle
       that his departure was near, and plainly he said:
       'Now liege-lord of my life, for leave I beg you.

23 Tras la estación del estío con sus suaves brisas, cuando
   el Céfiro sopla suspirando entre semillas y hierbas silvestres,
   alegre es la hierba que crece al aire libre, cuando
   las húmedas gotas de rocío rezuman por las hojas
   para saludar con alegre mirar al sol resplandeciente.
   Mas de pronto llega la cosecha y mete prisa a todo
   para que antes del invierno se muestre maduro.
   Con su sequía levanta el polvo para que se eleve
   de la faz de la tierra y vuele hacia lo alto; el viento
   salvaje del firmamento batalla con el sol,
   las hojas que se sueltan del tilo se posan en el suelo,
   y toda gris se vuelve la hierba que antes tenía verdor:
   todo lo verde otrora madura de más y se pudre,
   y así el año se va escapando en muchos ayeres y vuelve
   y el invierno de nuevo, pues así marcha el mundo y tal es
         su transcurrir;
      Por San Miguel presagió
      la luna el invierno en su venir;
      Sir Gawain entonces pensó
      en su doloroso y pronto partir.

24 Mas hasta el día de Todos los Santos se quedó con Arturo,
   quien ofreció en esa festividad un buen banquete para el caballero,
   con mucho jolgorio real en la Mesa Redonda.
   Los caballeros de gran nombre y las nobles damas
   sentían cierta congoja por Sir Gawain, al tenerle cariño,
   mas procuraban conversar entre risas de cosas livianas y ligeras.
   Muchos eran los que sin alegría bromeaban por su bien.
   Pues tras la comida le recordó a su afligido tío
   que próxima se hallaba su partida, y le dijo simplemente:
   «Ahora, señor de mi vida, os pido permiso para partir.

You know the quest and the compact; I care not further
to trouble you with tale of it, save a trifling point:
I must set forth to my fate without fail in the morning,
as God will me guide, the Green Man to seek.'
Those most accounted in the castle came then together,
Iwain and Erric and others not a few,
Sir Doddinel le Savage, the Duke of Clarence,
Lancelot, and Lionel, and Lucan the Good,
Sir Bors and Sir Bedivere that were both men of might,
and many others of mark with Mador de la Porte.
All this company of the court the king now approached
to comfort the knight with care in their hearts.
Much mournful lament was made in the hall
that one so worthy as Wawain should wend on that errand,
To endure a deadly dint and deal no more
        with blade.
    The knight ever made good cheer,
    saying, 'Why should I be dismayed?
    Of doom the fair or drear
    by a man must be assayed.'

25 He remained there that day, and in the morning got ready,
    asked early for his arms, and they all were brought him.
    First a carpet of red silk was arrayed on the floor,
    and the gilded gear in plenty there glittered upon it.
    The stern man stepped thereon and the steel things handled,
    dressed in a doublet of damask of Tharsia,
    and over it a cunning capadoce that was closed at the throat
    and with fair ermine was furred all within.
    Then sabatons first they set on his feet,
    his legs lapped in steel in his lordly greaves,

Conocéis la búsqueda y lo convenido; no he de causaros
más molestias con este relato, salvo en una cosa de poca importancia:
debo partir hacia mi destino sin falta por la mañana,
con Dios como guía, para buscar al hombre verde».
Entonces se congregaron los más principales del castillo,
Iwain y Eric y otros que no eran pocos,
Sir Doddinel *le Savage,* el duque de Clarence,
Lancelot, Lionel y Lucan el Bueno,
Sir Bors y Sir Bedivere, ambos hombres de bravura,
Mador de la Porte y muchos otros de merecida fama.
A toda esta compañía de la corte se acercó ahora el rey
para consolar al caballero con el afecto de su corazón.
Mucho se lamentó en la sala, de triste manera, que alguien
como Gawain, tan digno, tuviese que emprender tal viaje,
para soportar una prueba mortal sin poder defenderse
    con acero afilado.
  El caballero con buen tino
  dijo: «No debo estar consternado.
  Lo que esté en mi destino
  como hombre será considerado».

25 Permaneció allí ese día, y por la mañana se preparó,
pidió temprano sus armas, y se las trajeron todas.
Primero se colocó una alfombra de seda roja en el suelo,
y pusieron en ella todos sus dorados pertrechos que lucían brillantes.
Con aire severo, se colocó sobre la alfombra y se puso la armadura;
se vistió después con un jubón de damasco de Tarso,
y sobre él una capa real, cerrada en la garganta y cubierta de armiño.
Luego le pusieron primero los escarpes en los pies,
las piernas cubiertas con el acero de sus grebas señoriales,
sobre las que colocaron las rodilleras, bien pulidas y brillantes,

on which the polains they placed, polished and shining
and knit upon his knees with knots all of gold;
then the comely cuisses that cunningly clasped
the thick thews of his thighs they with thongs on him tied;
and next the byrnie, woven of bright steel rings
upon costly quilting, enclosed him about;
and armlets well burnished upon both of his arms,
with gay elbow-pieces and gloves of plate,
and all the goodly gear to guard him whatever
        betide;
    coat-armour richly made,
    gold spurs on heel in pride;
    girt with a trusty blade,
    silk belt about his side.

26 When he was hasped in his armour his harness was splendid:
    the least latchet or loop was all lit with gold.
    Thus harnessed as he was he heard now his Mass,
    that was offered and honoured at the high altar;
    and then he came to the king and his court-companions,
    and with love he took leave of lords and of ladies;
    and they kissed him and escorted him, and to Christ him
    commended.
    And now Gringolet stood groomed, and girt with a saddle
    gleaming right gaily with many gold fringes,
    and all newly for the nonce nailed at all points;
    adorned with bars was the bridle, with bright gold banded;
    the apparelling proud of poitrel and of skirts,
    and the crupper and caparison accorded with the saddlebows:
    all was arrayed in red with rich gold studded,
    so that it glittered and glinted as a gleam of the sun.

bien ligadas a las rodillas con lazos de oro; luego,
colocaron los elegantes quijotes que hábilmente sujetaban
sus muslos musculados, bien atados con correas;
y a continuación, cubriendo su costosa vestimenta,
le colocaron una cota de malla compuesta de brillantes anillos de acero;
y brazales bien bruñidos en ambos brazos,
con hermosos codales y guanteletes plateados,
y todos los pertrechos posibles para de cualquier cosa
    sentirse resguardado:
  capa fina bien bordada,
  espuelas de orgullo dorado;
  ceñido con fiel espada,
  en cinto de seda al costado.

26 Era una espléndida visión verle con su armadura al completo:
la más mínima hebilla o cinta lucía dorada.
Así dispuesto como estaba, se dirigió
a oír misa, que se le ofrecía para honrarle en el altar mayor;
luego se acercó al rey y a sus compañeros de corte,
y con cariño se despidió de los señores y de las damas;
lo besaron y escoltaron, y a Cristo lo encomendaron.
Estaba ya Gringolet bien preparado, puesta la silla de montar,
que fulgía brillante por sus muchos flecos de oro,
toda nueva, recién terminada y remachada;
la brida estaba adornada con ribetes y bandas de oro brillante;
la barda, bien dispuesta, y los faldones,
la baticola y la gualdrapa, todo a juego con el arzón:
tenía un fondo todo en rojo con ricas tachuelas de oro
de modo que brillaba y resplandecía como un destello del sol.
Luego tomó en sus manos el yelmo y le dio un beso deprisa:

Then he in hand took the helm and in haste kissed it:
strongly was it stapled and stuffed within;
it sat high upon his head and was hasped at the back,
and a light kerchief was laid o'er the beaver,
all braided and bound with the brightest gems
upon broad silken broidery, with birds on the seams
like popinjays depainted, here preening and there,
turtles and true-loves, entwined as thickly
as if many sempstresses had the sewing full seven winters
        in hand.
    A circlet of greater price
    his crown about did band;
    The diamonds point-device
    there blazing bright did stand.

27 Then they brought him his blazon that was of brilliant gules
    with the pentangle depicted in pure hue of gold.
    By the baldric he caught it and about his neck cast it:
    right well and worthily it went with the knight.
    And why the pentangle is proper to that prince so noble
    I intend now to tell you, though it may tarry my story.
    It is a sign that Solomon once set on a time
    to betoken Troth, as it is entitled to do;
    for it is a figure that in it five points holdeth,

era robusto, bien formado y forrado por dentro;
se lo colocó en la cabeza y por la parte posterior lo aseguró
con fuerza. Puso una pañoleta liviana sobre el visor,
finamente tejida, toda cubierta de las gemas más brillantes,
sobre un brocado de seda con diversos pájaros bordados
en las costuras, papagayos pintados entre pervincas,
tórtolas, y emblemas de amor verdadero, todo ello
tejido con tanto detalle como si hubiesen estado
muchas costureras cosiendo siete inviernos al completo
    sin parar.
  Con una hermosa diadema
  así se hizo coronar;
  de perfectos diamantes llena,[8]
  que resplandecían al brillar.

27 Entonces le trajeron su blasón que era de gules brillante,
con el pentáculo pintado en un tono de puro oro.
Lo tomó del tahalí y se lo colgó pasándolo por el cuello:
muy digno y apropiado le quedaba al caballero.
Por qué el pentáculo es propio de este príncipe tan noble
me propongo contaros ahora, aunque pueda demorarme en mi relato.
Es una señal que Salomón otrora estableció
como signo de lealtad y fidelidad, como le corresponde;
porque es una figura que cinco puntas forma

---

8. [*N. del T.*] En el original «The diamonds point-device». *Point-device* es una expresión arcaica, préstamo del francés, que quiere decir «meticuloso, perfectamente realizado, con mucha atención al detalle». En el glosario final de términos técnicos y palabras arcaicas Christopher Tolkien lo glosa como «perfecto, perfeccionar». En este caso, al ser mi traducción bien clara para el lector y no tener un término de complejidad equivalente, como sucede en el resto de palabras del glosario, he optado por explicarlo aquí.

and each line overlaps and is linked with another,
and every way it is endless; and the English, I hear,
everywhere name it the Endless Knot.
So it suits well this knight and his unsullied arms;
for ever faithful in five points, and five times under each,
Gawain as good was acknowledged and as gold refinéd,
devoid of every vice and with virtues adorned.
      So there
    the pentangle painted new
    he on shield and coat did wear,
    as one of word most true
    and knight of bearing fair.

28   Firs t faultless was he found in his fi ve senses,
      and next in his five fingers he failed at no time,
      and firmly on the Five Wounds all his faith was set
      that Christ received on the cross, as the Creed tells us;
      and wherever the brave man into battle was come,
      on this beyond all things was his earnest thought:
      that ever from the Five Joys all his valour he gained
      that to Heaven's courteous Queen once came from her Child.
      For which cause the knight had in comely wise
      on the inner side of his shield her image depainted,
      that when he cast his eyes thither his courage never failed.
      The fifth five that was used, as I find, by this knight
      was free-giving and friendliness first before all,
      and chastity and chivalry ever changeless and straight,
      and piety surpassing all points: these perfect five
      were hasped upon him harder than on any man else.
      Now these five series, in sooth, were fastened on this knight,

con cada línea superpuesta y enlazada con la siguiente,
siendo de este modo interminable en todos los sentidos;
los ingleses, según dicen, le dan por doquier
el nombre de *Nudo Sin Fin*. Así que bien
le sienta el símbolo a este caballero de inmaculados brazos;
por ser siempre fiel a cinco cosas de cinco maneras distintas,
Gawain era reconocido por todos por ser refinado y bueno
como el oro, desprovisto de vicios y dechado de virtudes.

    Allí tal se veía
  el pentáculo recién pintado
  que en capa y escudo tenía;
  por su palabra admirado,
  el caballero que bello lucía.

28 Primero, sus cinco sentidos no tenían tacha alguna,
ni le dieron nunca problemas sus cinco dedos,
y con firmeza puso toda su fe en las cinco llagas
que Cristo recibió en la cruz, como nos dice el Credo;
y cuando nuestro bravo caballero entraba en combate,
en esto más allá de todas las cosas se ponía a pensar con fervor:
que todo su valor vendría siempre de los cinco gozos
que a la cortés reina del cielo le vinieron de su hijo.
Por lo cual el caballero dio la orden de
pintar su imagen en la parte interior de su escudo,
para que cuando pusiera sus ojos allí, su coraje nunca decayera.
El quinto cinco que, según sé, poseía este caballero
tenía que ver con la generosidad y la amabilidad, ante todo,
y la castidad y la caballerosidad siempre firmes e inmutables,
y la piedad por encima de todos estos puntos: estas cinco cosas
las poseía como parte de su ser más que ningún otro hombre.
Ahora bien, estas cinco series, en verdad, venían en este caballero

and each was knit with another and had no ending,
but were fixed at five points that failed not at all,
coincided in no line nor sundered either,
not ending in any angle anywhere, as I discover,
wherever the process was put in play or passed to an end.
Therefore on his shining shield was shaped now this knot,
royally with red gules upon red gold set:
this is the pure pentangle as people of learning
      have taught.
  Now Gawain in brave array
  his lance at last hath caught.
  He gave them all good day,
  for evermore as he thought.

29 He spurned his steed with the spurs and sprang on his way
so fiercely that the flint-sparks flashed out behind him.
All who beheld him so honourable in their hearts were sighing,
and as senting in sooth one said to another,
grieving for that good man: 'Before God, 'tis a shame
that thou, lord, must be lost, who art in life so noble!
To meet his match among men, Marry, 'tis not easy!
To behave with more heed would have behoved one of sense,
and that dear lord duly a duke to have made,
illustrious leader of liegemen in this land as befits him;
and that would better have been than to be butchered to death,
beheaded by an elvish man for an arrogant vaunt.
Who can recall any king that such a course ever took
as knights quibbling at court at their Christmas games!'
Many warm tears outwelling there watered their eyes,
when that lord so beloved left the castle
      that day.

tan conectadas, que cada una estaba unida a la otra y no tenía fin,
sino que se fijaba en cinco puntos que no fallaban en absoluto,
no coincidían en ninguna línea ni se separaban,
no terminaban en ningún ángulo, en ninguna parte,
como descubrí después, dondequiera que se viese el conjunto.
Por ello, en su brillante escudo se pintó de esta forma este nudo,
muy regio en oro rojo dispuesto sobre un rojo campo de gules:
este es el puro pentáculo tal como la gente erudita nos lo
      ha enseñado.
  Gawain, listo con gallardía,
  su lanza al fin ha tomado.
  A todos les deseó un buen día
  por siempre, tal tenía pensado.

29 Espoleó a su corcel con las espuelas y se puso en camino
con tal fiereza que chispas de pedernal iban brillando tras él.
Todos los que lo veían tan honorable suspiraban en sus corazones,
y asintiendo en voz baja en verdad se decían unos a otros,
afligidos por aquel buen hombre: «¡Por Cristo que es una pena
que vayamos a perder un caballero de vida tan noble!
¡No es nada sencillo dar con tu semejante en el combate!
Tener más tiento le hubiese quitado el sentido a más de uno.
Mejor que hubiesen hecho duque a nuestro señor,
pues sería un líder extraordinario para sus leales en esta tierra;
mejor eso que ser machacado hasta morir, perder
la cabeza a manos de esa élfica criatura, todo por un arrogante alarde.
¡Quien conoció rey alguno que atendiese a cosas como éstas
mientras sus caballeros en la corte se dedican a sus juegos navideños!».
Muchas lágrimas tibias allí manaron, mojándoles los ojos,
cuando aquel señor tan amado abandonó el castillo
      aquel día.

No longer he abode,
but swiftly went his way;
bewildering ways he rode,
as the book I heard doth say.

30 Now he rides thus arrayed through the realm of Logres,
Sir Gawain in God's care, though no game now he found it.
Oft forlorn and alone he lodged of a night
where he found not afforded him such fare as pleased him.
He had no friend but his horse in the forests and hills,
no man on his march to commune with but God,
till anon he drew near unto Northern Wales.
All the isles of Anglesey he held on his left,
and over the fords he fared by the flats near the sea,
and then over by the Holy Head to high land again
in the wilderness of Wirral: there wandered but few
who with goodwill regarded either God or mortal.
And ever he asked as he went on of all whom he met
if they had heard any news of a knight that was green
in any ground thereabouts, or of the Green Chapel.
And all denied it, saying nay, and that never in their lives
a single man had they seen that of such a colour
          could be.
    The knight took pathways strange
    by many a lonesome lea,
    and oft his view did change
    that chapel ere he could see.

31 Many a cliff he climbed o'er in countries unknown,
far fled from his friends without fellowship he rode.
At every wading or water on the way that he passed

Más tiempo no se quedó,
sino que con brío tomo su vía;
por salvajes senderos cabalgó,
el libro que escuché tal decía.

30 Ya va Sir Gawain así vestido por el reino de Logres
cabalgando, al cuidado de Dios, sin nada agradable en el camino.
A menudo, desamparado y solo, pasó noches sueltas en sitos
donde no halló comida que le complaciera.
No tenía más amigo que su caballo en los bosques y las colinas,
sin más compañía en su marcha que la de Dios,
hasta que se acercó no lejos del norte de Gales.
Tuvo a su izquierda todas las islas de Anglesey
y pasó por promontorios y vados cerca del mar,
y siguió por Holy Head hasta las salvajes tierras de Wirral:
allí vagaban sólo unos pocos que con buena voluntad
mirasen bien por Dios o por los hombres mortales.
Y en el camino a cuantos se encontraba les preguntaba
si sabían de algún caballero que fuese verde
por tierras cercanas, o si conocían la Capilla Verde.
Y todos lo negaron, diciendo que no, que nunca en sus vidas
ni un sólo hombre habían visto que de tal color
                    pudiera ser.
        Por raros caminos el caballero
        sin más se tuvo que meter,
        solitarios y cambiantes senderos
        hasta la capilla poder ver.

31 Muchos acantilados cruzó en tierras que no conocía,
sin compañía cabalgó lejos de sus amigos.
En las corrientes del camino, en cada vado por el que pasaba

he found a foe before him, save at few for a wonder;
and so foul were they and fell that fight he must needs.
So many a marvel in the mountains he met in those lands
that 'twould be tedious the tenth part to tell you thereof.
At whiles with worms he wars, and with wolves also,
at whiles with wood-trolls that wandered in the crags,
and with bulls and with bears and boars, too, at times;
and with ogres that hounded him from the heights of the fells.
Had he not been stalwart and staunch and steadfast in God,
he doubtless would have died and death had met often;
for though war wearied him much, the winter was worse,
when the cold clear water from the clouds spilling
froze ere it had fallen upon the faded earth.
Wellnigh slain by the sleet he slept ironclad
more nights than enow in the naked rocks,
where clattering from the crest the cold brook tumbled,
and hung high o'er his head in hard icicles.
Thus in peril and pain and in passes grievous
till Christmas-eve that country he crossed all alone
          in need.
     The knight did at that tide
     his plaint to Mary plead,
     her rider's road to guide
     and to some lodging lead.

32   By a mount in the morning merrily he was riding
     into a forest that was deep and fearsomely wild,
     with high hills at each hand, and hoar woods beneath
     of huge aged oaks by the hundred together;
     the hazel and the hawthorn were huddled and tangled
     with rough ragged moss around them trailing,

hallaba enemigos delante de él, en su mayoría
tan fieros que le forzaban a luchar al extremo de sus fuerzas.
Tantas maravillas se encontró en las montañas de aquellas
tierras que sería tedioso contaros la décima parte.
A veces, se las vio con sierpes aladas, otras con troles que vagaban
por los riscos, también con lobos y toros, osos y jabalíes;
y con ogros que lo acosaban desde las cumbres de las colinas.
Si no hubiera sido un incondicional y firme servidor de Dios,
sin duda habría muerto y muerte habría hallado a menudo;
pues, aunque la pelea lo fatigó mucho, peor era el invierno,
cuando el agua clara y fría de las nubes se derramaba
congelada ya antes de caer sobre la tierra marchita.
Casi muerto por la cellisca muchas noches tuvo
que dormir con la armadura puesta en las rocas desnudas,
contra las que chocaban en su caída gélidas corrientes de agua
que colgaban de su cabeza convertidas en duros carámbanos.
Así pasando penalidades y peligros sinnúmero, en soledad acuciante,
todas aquellas tierras cruzó hasta que llegó de Nochebuena
     el día.
  Que su rumbo guiase
  el caballero le pidió a María,
  que buena posada hallase
  en algún lugar de aquella vía.

32 A la mañana siguiente marchó cabalgando con alegría
    hacia una foresta frondosa y terriblemente fiera,
    con altas colinas a cada lado, poblado por
    cientos de enormes robles centenarios;
    el avellano y el espino se apiñaban y enmarañaban
    bien cubiertos de áspero musgo, con muchos

with many birds bleakly on the bare twigs sitting
that piteously piped there for pain of the cold.
The good man on Gringolet goes now beneath them
through many marshes and mires, a man all alone,
troubled lest a truant at that time he should prove
from the service of the sweet Lord, who on that selfsame night
of a maid became man our mourning to conquer.
And therefore sighing he said: 'I beseech thee, O Lord,
and Mary, who is the mildest mother most dear,
for some harbour where with honour I might hear the Mass
and thy Matins tomorrow. This meekly I ask,
and thereto promptly I pray with Pater and Ave
        and Creed.'
    In prayer he now did ride,
    lamenting his misdeed;
    he blessed him oft and cried,
    'The Cross of Christ me speed!'

33 The sign on himself he had set but thrice,
    ere a mansion he marked within a moat in the forest,
    on a low mound above a lawn, laced under the branches
    of many a burly bole round about by the ditches:
    the castle most comely that ever a king possessed
    placed amid a pleasance with a park all about it,
    within a palisade of pointed pales set closely
    that took its turn round the trees for two miles or more.
    Gawain from the one side gazed on the stronghold
    as it shimmered and shone through the shining oaks,
    and then humbly he doffed his helm, and with honour he thanked

pájaros que se posaban desolados en las ramitas desnudas
y piaban penosamente doloridos por el frío.
Nuestro buen hombre bajo ellos a lomos de Gringolet
pasaba ahora atravesando pantanos y ciénagas,
muchos marjales, un hombre completamente solo,
preocupado por no ser capaz de cumplir
con el servicio debido a nuestro amado Señor, quien
en aquella misma noche como hombre nació
de una doncella, destinado a dar fin a nuestro duelo.
Por eso, suspirando, dijo: «Te suplico a ti, Señor,
y a ti María, que eres la madre más dulce y querida,
que me deis algún lugar donde pueda cobijarme
y oír mañana con honor la misa y los maitines. Mansamente
esto pido, y pronto pago os daré con un Padrenuestro, un Credo
      y un Ave María».
   Ahora cabalgaba rezando,
   lamentando su fechoría;
   mucho se persignó, gritando:
   «¡La Cruz de Cristo me guía!»

33 Tres veces se había hecho la señal de la cruz cuando
delante de él divisó un castillo en un claro del bosque,
en un montículo sobre un campo, cubierto por las
ramas entrelazadas de fuertes y frondosos árboles
que rodeaban las gavias y fosos que lo guardaban:
el castillo más maravilloso que jamás monarca alguno poseyó,
situado en una plácida pradería con un parque a su alrededor,
con un cercado de puntiagudas vallas que lo circundaba
rodeando los árboles a lo largo de muchas millas.
Gawain contemplaba oculto aquel baluarte que brillaba
y refulgía entre robles resplandecientes;

Jesus and Saint Julian, who generous are both,
who had courtesy accorded him and to his cry harkened.
'Now bon hostel,' quoth the knight, 'I beg of you still!'
Then he goaded Gringolet with his gilded heels,
and he chose by good chance the chief pathway
and brought his master bravely to the bridge's end
      at last.
  That brave bridge was up-hauled,
  the gates were bolted fast;
  the castle was strongly walled,
  it feared no wind or blast.

34 Then he stayed his steed that on the steep bank halted
above the deep double ditch that was drawn round the place.
The wall waded in the water wondrous deeply,
and up again to a huge height in the air it mounted,
all of hard hewn stone to the high cornice,
fortified under the battlement in the best fashion
and topped with fair turrets set by turns about
that had many graceful loopholes with a good outlook:
that knight a better barbican had never seen built.
And inwards he beheld the hall uprising,
tall towers set in turns, and as tines clustering
the fair finials, joined featly, so fine and so long,
their capstones all carven with cunning and skill.

con humildad se quitó el yelmo, y con honor agradeció
a Jesús y a San Julián, ambos muy generosos,
que le hubiesen concedido tal cortesía atendiendo su clamorosa
petición previa. «Aun preciso buen albergue», dijo, «¡os lo ruego!»
Entonces espoleó a Gringolet con sus dorados talones,
que eligió por buena suerte y azar el sendero principal,
llevando con valor a su señor hasta donde el puente se acababa,
   finalmente.
  Allí se hallaba alzado;
  las puertas, cerradas totalmente;
  el castillo, bien amurallado,
  sin temer al viento potente.

34 Se mantuvo Gawain en la montura que en el mismo
borde empinado de la profunda doble gavia se detuvo.
El muro se hundía en el agua a una profundidad maravillosa,
y se elevaba hasta una enorme altura en el aire;
era todo de piedra labrada hasta la alta cornisa,
fortificado por almenas hechas de la mejor manera
y, dispuestas a cierta distancia, rematado con
hermosas torretas que tenían buenas aspilleras de gran diseño:
aquel caballero nunca había visto construir una barbacana mejor.
Hacia el interior pudo contemplar, con la sala principal dentro,
la torre del homenaje, rodeada de recios torreones
dispuestos a cierta distancia, con copetes agrupados
como si fuesen candiles, unidos de forma elegante,[9]

9. [*N. del T.*] En el original, «joined featly», donde «featly» es un término arcaico de los listados por Christopher Tolkien en el glosario final descrito como «elegantemente, con destreza». Al igual que antes el equivalente español no precisa de más explicación y se ha incluido aquí el comentario.

Many chalk-white chimneys he chanced to espy
upon the roofs of towers all radiant white;
so many a painted pinnacle was peppered about,
among the crenelles of the castle clustered so thickly
that all pared out of paper it appeared to have been.
The gallant knight on his great horse good enough thought it,
if he could come by any course that enclosure to enter,
to harbour in that hostel while the holy day lasted
          with delight.
     He called, and there came with speed
     a porter blithe and bright;
     on the wall he learned his need,
     and hailed the errant knight.

35   'Good sir', quoth Gawain, 'will you go with my message
     to the high lord of this house for harbour to pray?'
     'Yes, by Peter!' quoth the porter, 'and I promise indeed
     that you will, sir, be welcome while you wish to stay here.'
     Then quickly the man went and came again soon,
     servants bringing civilly to receive there the knight.
     They drew down the great drawbridge, and duly came forth,
     and on the cold earth on their knees in courtesy knelt
     to welcome this wayfarer with such worship as they knew.
     They delivered him the broad gates and laid them wide open,
     and he readily bade them rise and rode o'er the bridge.
     Several servants then seized the saddle as he alighted,
     and many stout men his steed to a stable then led,
     while knights and esquires anon descended
     to guide there in gladness this guest to the hall.
     When he raised up his helm many ran there in haste

con todos los capiteles tallados con maña y maestría.
De un blanco tiza, en los tejados de las torres
vio muchas chimeneas, que lucían luminosas.
Había tantos pináculos pintados esparcidos
entre las almenas del castillo, agrupadas de modo amontonado,
que todo parecía como hecho de papel. Bien pensaba
el galante caballero en su gran caballo que si por algún camino
pudiese entrar en aquel recinto para poder cobijarse
mientras durase el santo día, sería un lugar
    apasionante.
  Llamó, y con presteza llegó
  un portero de alegre talante;
  de su necesidad se enteró,
  y saludó al caballero errante.

35 «Buen señor», dijo Gawain, «¿podréis portar mi mensaje
al gran dueño de esta casa, pues en ella pido posada?».
«Por San Pedro que sí», dijo el portero, «y os prometo en verdad
que seréis, señor, bienvenido mientras deseéis permanecer aquí».
Se fue aquel hombre con presteza y pronto volvió
con sirvientes para recibir cortésmente al caballero.
Hicieron descender el gran puente levadizo y, como es debido,
salieron y sobre la fría tierra hincaron las rodillas en señal
de cortesía para recibir al caminante con el respeto por ellos conocido.
Ante él presentaron las amplias puertas, que abrieron de par en par,
y él les pidió que se levantaran y cruzó el puente cabalgando.
Varios sirvientes se hicieron cargo de su silla tras desmontar,
y muchos hombres corpulentos condujeron su corcel a un establo,
mientras más caballeros y escuderos se acercaron al punto
para conducir alegremente al huésped al salón sublime.
Cuando alzó el yelmo, muchos corrieron a toda prisa

to have it from his hand, his highness to serve;
his blade and his blazon both they took charge of.
Then he greeted graciously those good men all,
and many were proud to approach him, that prince to honour.
All hasped in his harness to hall they brought him,
where a fair blaze in the fireplace fiercely was burning.
Then the lord of that land leaving his chamber
came mannerly to meet the man on the floor.
He said: 'You are welcome at your wish to dwell here.
What is here, all is your own, to have in your rule
          and sway.'
    'Gramercy!' quoth Gawain,
    'May Christ you this repay!'
    As men that to meet were fain
    they both embraced that day.

36 Gawain gazed at the good man who had greeted him kindly,
    and he thought bold and big was the baron of the castle,
    very large and long, and his life at the prime:
    broad and bright was his beard, and all beaver-hued,
    stern, strong in his stance upon stalwart legs,
    his face fell as fire, and frank in his speech;
    and well it suited him, in sooth, as it seemed to the knight,
    a lordship to lead untroubled over lieges trusty.
    To a chamber the lord drew him, and charged men at once

para tomarlo de la mano, para servir a su alteza,
encargándose de su buen filo y su blasón. Entonces,
saludó benignamente a todos aquellos buenos hombres,
y muchos sintieron orgullo de servirle de cerca, de honrarle
como a un príncipe. Con la armadura puesta, lo llevaron
a la sala, donde con fuerza flameaba un fuego hermoso en la chimenea.
Entonces, el señor de aquella tierra salió de su aposento
y saludó cortésmente en la sala a nuestro hombre.
Le dijo: «Sois bienvenido si deseais vivir aquí.
Todo lo que hay aquí es vuestro, para vos está dispuesto
       y listo».
    «¡Merced a vos!», le contestó,
    «¡Que os lo compense Cristo!»
    Felices[10] de hallarse, tal se contó,
    se abrazaron. Así fue visto.

36 Gawain miró al buen hombre que tan bien le había saludado,
    y pensó que era bravo y bueno el barón del castillo,
    muy fuerte, de buena presencia, y en la flor de la vida.
    Su barba era amplia y brillante, y de color castor toda ella;
    su aspecto, severo, bien plantado sobre piernas robustas,
    su faz fuerte como el fuego y franco al hablar;
    a decir verdad, a nuestro caballero le pareció un buen señor,
    un líder perfecto para guiar sin problemas a sus fieles vasallos.
    El señor le condujo a un aposento, y enseguida encargó a unos hombres
    que le asignaran un escudero que le sirviera y obedeciera;

---

10. [*N. del T.*] En el original, «fain», otro término arcaico de los listados por
Christopher Tolkien en el glosario final descrito como «contentos, felices». Al igual
que en otras ocasiones el equivalente español no precisa de más explicación y se ha
incluido aquí sin más.

to assign him an esquire to serve and obey him;
and there to wait on his word many worthy men were,
who brought him to a bright bower where the bedding was splendid:
there were curtains of costly silk with clear-golden hems,
and coverlets cunning-wrought with quilts most lovely
of bright ermine above, embroidered at the sides,
hangings running on ropes with red-gold rings,
carpets of costly damask that covered the walls
and the floor under foot fairly to match them.
There they despoiled him, speaking to him gaily,
his byrnie doing off and his bright armour.
Rich robes then readily men ran to bring him,
for him to change, and to clothe him, having chosen the best.
As soon as he had donned one and dressed was therein,
as it sat on him seemly with its sailing skirts,
then verily in his visage a vision of Spring
to each man there appeared, and in marvellous hues
bright and beautiful was all his body beneath.
That knight more noble was never made by Christ
        they thought.
    He came none knew from where,
    but it seemed to them he ought
    to be a prince beyond compare
    in the field where fell men fought.

37 A chair before the chimney where charcoal was burning
    was made ready in his room, all arrayed and covered
    with cushions upon quilted cloths that were cunningly made.
    Then a comely cloak was cast about him
    of bright silk brocade, embroidered most richly

allí había muchos hombres dignos de esperar su palabra
que le llevaron a una estancia luminosa de espléndida decoración:
cortinas de costosa seda con dobladillos de oro,
y cobertores hábilmente cosidos, con colchas muy hermosas
de brillante armiño por encima y bordadas en los bordes,
cortinajes corredizos que colgaban de anillos de oro rojo,
tapices de damasco costoso cubrían también
las paredes, con alfombras a juego en el suelo bajo los pies.
Allí le desvistieron, dándole buena conversación,
le quitaron su cota de malla y su brillante armadura.
Ricos ropajes corrieron a traerle para que se cambiase,
y le vistieron tras haber elegido él mismo lo mejor.
Tan pronto como se hubo puesto todo y se halló
vestido, vio que le sentaban bien sus faldones en vuelo.
En verdad su rostro una visión de la primavera
les pareció a todos los allí presentes por los
maravillosos matices que su hermoso cuerpo lucía.
Nunca Cristo hizo caballero más noble,

     pensaron.
   No sabían de dónde venía,
   mas todos consideraron
   que un príncipe ser debía,
   sin par donde los hombres pelearon.

37 Ante el fuego flameante de la chimenea una silla
colocaron en su cuarto, toda bien cubierta
de cojines sobre telas acolchadas hábilmente confeccionadas.
Luego le colocaron una elegante capa por encima,
de brillante brocado de seda, bellamente bordada

and furred fairly within with fells of the choicest
and all edged with ermine, and its hood was to match;
and he sat in that seat seemly and noble
and warmed himself with a will, and then his woes were amended.
Soon up on good trestles a table was raised
and clad with a clean cloth clear white to look on;
there was surnape, salt-cellar, and silvern spoons.
He then washed as he would and went to his food,
and many worthy men with worship waited upon him;
soups they served of many sorts, seasoned most choicely,
in double helpings, as was due, and divers sorts of fish;
some baked in bread, some broiled on the coals,
some seethed, some in gravy savoured with spices,
and all with condiments so cunning that it caused him delight.
A fair feast he called it frankly and often,
graciously, when all the good men together there pressed him:

> 'Now pray,
> this penance deign to take;
> 'twill improve another day!'
> The man much mirth did make,
> for wine to his head made way.

38 Then inquiry and question were carefully put
    touching personal points to that prince himself,

y bien forrada por dentro con las más selectas pieles[11],
toda ribeteada de armiño, con capucha a juego;
se sentó en aquella silla, con nobleza y hermosura,
se calentó a conciencia y se le quitaron las penas.
Pronto se colocó una mesa sobre buenos caballetes
y la vistieron con un mantel limpio y muy blanco a la vista;
pusieron un sobrepaño, un salero y cubiertos de plata.
Luego se lavó a voluntad y se dispuso a comer,
y muchos hombres dignos con gran diligencia
le sirvieron sopas de muchas clases, sazonadas de modo selecto,
dándole doble ración, como era debido, y diversas clases
de pescado; algunos preparados dentro de un pan,
otros asados en las brasas, otros bien hervidos,
en salsa sazonada con especias, otros, mas
todo tan arteramente condimentado que le causó gran deleite.
A menudo y con buenas y francas maneras dijo que aquello
era un buen banquete ante aquellos hombres buenos que le rogaban:
         «Vamos, señor,
     tomad hoy esta tontería;
     ¡mañana será mejor!».
     Gawain se alegró en demasía
     por el vino en su interior.

38   Entonces, le plantearon discretamente muchas preguntas
     que tocaban temas personales del príncipe mismo,

11. [*N. del T.*] En el original, «fells». Christopher Tolkien en el glosario final
lo describe como «pellejos, piel de animal». Optamos por «pieles» pues «pellejo»
en español tiene un cierto tono peyorativo que no encaja semánticamente con
«las más selectas». El verso se transmite en español correctamente pues el propio
Tolkien usa «fells» por motivos aliterativos: «and furred fairly within with fells of
the choicest».

till he courteously declared that to the court he belonged
that high Arthur in honour held in his sway,
who was the right royal King of the Round Table,
and 't was Gawain himself that as their guest now sat
and had come for that Christmas, as the case had turned out.
When the lord had learned whom luck had brought him,
loud laughed he thereat, so delighted he was,
and they made very merry, all the men in that castle,
and to appear in the presence were pressing and eager
of one who all profit and prowess and perfect manners
comprised in his person, and praise ever gained;
of all men on middle-earth he most was admired.
Softly each said then in secret to his friend:
'Now fairly shall we mark the fine points of manners,
and the perfect expressions of polished converse.
How speech is well spent will be expounded unasked,
since we have found here this fine father of breeding.
God has given us of His goodness His grace now indeed,
Who such a guest as Gawain has granted us to have!
When blissful men at board for His birth sing blithe
> at heart,
what manners high may mean
this knight will now impart.
Who hears him will, I ween
of love-speech learn some art.'

hasta que declaró cortésmente que pertenecía a la corte
en la que el gran Arturo gobernaba con honor
como justo y real monarca de la Mesa Redonda,
y que era el mismo Gawain el que se mostraba sentado ante ellos
como su invitado, llegado para pasar esa Navidad.
Cuando el señor supo a quién le había traído la suerte,
rió a carcajadas de tan encantado que estaba y en aquel castillo
todos se pusieron muy alegres. Les podía la prisa y las ganas
de estar en presencia de aquél en el que provecho, proeza y perfectos
modales se unían en una única persona, pues todo eran alabanzas;
de todos los hombres de la Tierra Media era el más admirado.
Cada uno, en secreto susurro le dijo entonces al amigo que tenía al
lado:
«Ahora podremos fijarnos en la fina factura de sus modales
y en las expresiones perfectas de una conversación pulcra y refinada.
Sin preguntarlo podremos ver cómo se emplea bien el habla,
ya que hemos encontrado aquí a este padre de perfecta progenie.
Dios nos ha dado parte de su bondad y de su gracia en verdad.
¡Qué suerte que nos haya concedido tener un invitado tal como
Gawain!
Y en el mismo día donde, bien dichosos, todos los presentes en esta
morada
celebramos su nacimiento con cantos que el corazón nos llena de
alegría
de vivir.
Qué son los buenos modales
este caballero nos lo va decir.
Quien le escuche en los esenciales
del amor se podrá instruir».

39 When his dinner was done and he duly had risen,
    it now to the night-time very near had drawn.
    The chaplains then took to the chapel their way
    and rang the bells richly, as rightly they should,
    for the solemn evensong of the high season.
    The lord leads the way, and his lady with him;
    into a goodly oratory gracefully she enters.
    Gawain follows gladly, and goes there at once
    and the lord seizes him by the sleeve and to a seat leads him,
    kindly acknowledges him and calls him by his name,
    saying that most welcome he was of all guests in the world.
    And he grateful thanks gave him, and each greeted the other,
    and they sat together soberly while the service lasted.
    Then the lady longed to look at this knight;
    and from her closet she came with many comely maidens.
    She was fairer in face, in her flesh and her skin,
    her proportions, her complexion, and her port than all others,
    and more lovely than Guinevere to Gawain she looked.
    He came through the chancel to pay court to her grace;
    leading her by the left hand another lady was there
    who was older than she, indeed ancient she seemed,
    and held in high honour by all men about her.
    But unlike in their looks those ladies appeared,
    for if the younger was youthful, yellow was the elder;
    with rose-hue the one face was richly mantled,
    rough wrinkled cheeks rolled on the other;
    on the kerchiefs of the one many clear pearls were,
    her breast and bright throat were bare displayed,
    fairer than white snow that falls on the hills;
    the other was clad with a cloth that enclosed all her neck,
    enveloped was her black chin with chalk-white veils,

39 Cerca estaba ya la noche cuando concluyó su cena
y se levantó de la mesa con la diligencia debida.
Los capellanes fueron camino de la capilla
y tocaron las campanas con profusión, como era debido,
para llamar a las vísperas solemnes propias de aquella estación.
El señor iba delante, con su señora al lado;
dentro del oratorio se mete la dama,
grácilmente; Gawain la sigue de buen grado y entra
también. El señor le toma de la manga
y le lleva a un asiento donde lo llama con familiaridad
por su nombre, diciéndole que de todos los invitados
del mundo él era el más bienvenido.
Le dio las gracias con gran énfasis, y ambos se saludaron
y se sentaron juntos solemnemente mientras duró el servicio.
Más tarde, la dama deseó mirar con más detalle al caballero;
salió del oratorio con muchas doncellas muy hermosas.
Comparada con las demás, la dama era más hermosa
de cara, de cuerpo, de complexión,
de piel, de proporciones, y de porte.
A Gawain le pareció más hermosa que Ginebra.
Pasó por el presbiterio para rendir pleitesía a su belleza.
Había allí otra dama que la llevaba de la mano,
parecía mayor que ella, muy anciana de hecho, mas
tenida en alta estima por todos los hombres que la rodeaban.
Muy diferentes de aspecto eran estas damas entre sí,
pues si la más joven era ciertamente juvenil,
cetrina y macilenta se mostraba la mayor.
Cubierto de un rico color rosáceo tenía una el rostro;
a la otra le colgaban de la cara las mejillas arrugadas.
En las pañoletas de una había muchas perlas claras,
y se mostraban desnudos su pecho y su cuello, preciosos ambos,

her forehead folded in silk, and so fumbled all up,
so topped up and trinketed and with trifles bedecked
that naught was bare of that beldame but her brows all black,
her two eyes and her nose and her naked lips,
and those were hideous to behold and horribly bleared;
that a worthy dame she was may well, fore God,

    be said!
  short body and thick waist,
  with bulging buttocks spread;
  more delicious to the taste
  was the one she by her led.

40 When Gawain glimpsed that gay lady that so gracious looked,
with leave sought of the lord towards the ladies he went;
the elder he saluted, low to her bowing,
about the lovelier he laid then lightly his arms
and kissed her in courtly wise with courtesy speaking.
His acquaintance they requested, and quickly he begged
to be their servant in sooth, if so they desired.
They took him between them, and talking they led him
to a fi reside in a fair room, and first of all called
for spices, which men sped without sparing to bring them,
and ever wine therewith well to their liking.
The lord for their delight leaped up full often,
many times merry games being minded to make;
his hood he doffed, and on high he hung it on a spear,
and offered it as an honour for any to win
who the most fun could devise at that Christmas feast –

más bellos que la blanca nieve que cae sobre las colinas.
Tenía la otra una toca que le tapaba todo el cuello;
su negra barbilla iba envuelta en velos blancos como la tiza;
cubierta la frente en seda, tan tapada,
llena de tal manera de tantas baratijas que nada
se le veía a aquella bruja, salvo sus cejas,
bien negras, sus dos ojos, su nariz y sus labios desnudos,
que eran terribles de ver y horriblemente turbios;
que era una dama digna, por Dios, ¡bien
    se puede decir!
  Cuerpo pequeño, talle grueso,
  un trasero de amplio sentir;
  tenía un aspecto más gustoso
  la que se dejaba conducir.

40 Cuando Gawain contempló a aquella alegre y grácil dama
con permiso del señor se dirigió hacia las damas;
saludó a la mayor, con muy cumplida reverencia,
a la más hermosa abrazó con delicadeza y le dio
un beso cortés, seguido de un cortés parlamento.
Le pidieron poder conocerle, y él raudo les rogó
ser su servidor, si tal deseaban. Lo tomaron
entre ambas, y dándole conversación lo condujeron
cerca de la chimenea de una hermosa sala solemne.
En primer lugar, pidieron pasteles especiados, que al punto
les trajeron los sirvientes, y luego vino, siempre a su gusto.
El señor del castillo quería complacerlas, y a menudo
daba saltos de aquí para allá, dispuesto a hacer alegres juegos;
se quitó la capucha y la colgó en lo alto de una lanza,
y la ofreció como prenda de honra que pudiese ganar
aquél que allí descubriese la más divertida

'And I shall try, by my troth, to contend with the best
ere I forfeit this hood, with the help of my friends!'
Thus with laughter and jollity the lord made his jests
to gladden Sir Gawain with games that night
     in hall,
    until the time was due
    that the lord for lights should call;
    Sir Gawain with leave withdrew
    and went to bed withal.

41 On the morn when every man remembers the time
that our dear Lord for our doom to die was born,
in every home wakes happiness on earth for His sake.
So did it there on that day with the dearest delights:
at each meal and at dinner marvellous dishes
men set on the dais, the daintiest meats.
The old ancient woman was highest at table,
meetly to her side the master he took him;
Gawain and the gay lady together were seated
in the centre, where as was seemly the service began,
and so on through the hall as honour directed.
When each good man in his degree without grudge had been served,
there was food, there was festival, there was fullness of joy;
and to tell all the tale of it I should tedious find,
though pains I might take every point to detail.
Yet I ween that Wawain and that woman so fair
in companionship took such pleasure together
in sweet society soft words speaking,
their courteous converse clean and clear of all evil,
that with their pleasant pastime no prince's sport

forma de pasarlo bien en aquella fiesta de Navidad.
«¡Y trataré, por mi honor, de dar lo mejor de mi
para no perder esta capucha con vosotros, amigos míos!».
Así, con risas y alegría, el señor hizo sus buenas bromas
pues con juegos aquella noche en la sala a Sir Gawain
    quiso divertir,
  hasta que la hora llegó
  donde el señor luces debía pedir.
  Gawain con permiso se retiró
  y así se fue a dormir.

41 Por la mañana, cuando todo el mundo recuerda el momento
en el que nuestro querido Señor nació para morir por nosotros,
cada casa en esta tierra se despierta feliz para honrarle.
Así fue aquel día en el castillo, con las más queridas delicias:
en cada comida y en la cena se pusieron platos
maravillosos, los mejores manjares del mundo.
La anciana dama se sentó en el sitio de más honor de la mesa,
con el señor del castillo situado a su lado; Gawain
y la hermosa dama se sentaron juntos en el centro, donde,
como correspondía, se comenzaba a servir, y se continuaba
en sucesión por el resto de la sala, según dictaba la cortesía.
Cuando cada buen comensal según su condición,
fue servido de buen grado, hubo comida, hubo fiesta, hubo
plenitud de alegría; y contarlo todo sería tedioso,
aunque pudiese con esfuerzo detallar los pormenores.
Tan sólo diré que creo que aquella mujer tan hermosa
y Gawain gozaban tanto de estar juntos,
en dulce compañía, diciéndose suaves susurros
de cortés y clara conversación, limpia de todo mal,
que su agradable pasatiempo con ningún otro propio de príncipes

compares.

Drums beat, and trumps men wind,

many pipers play their airs;

each man his needs did mind,

and they two minded theirs.

42   With much feasting they fared the first and the next day,

and as heartily the third came hastening after:

the gaiety of Saint John's day was glorious to hear;

[with cheer of the choicest Childermas followed,]

and that finished their revels, as folk there intended,

for there were guests who must go in the grey morning.

So a wondrous wake they held, and the wine they drank,

and they danced and danced on, and dearly they carolled.

At last when it was late their leave then they sought

to wend on their ways, each worthy stranger.

Good-day then said Gawain, but the good man stayed him,

and led him to his own chamber to the chimney-corner,

and there he delayed him, and lovingly thanked him,

for the pride and pleasure his presence had brought,

for so honouring his house at that high season

and deigning his dwelling to adorn with his favour.

'Believe me, sir, while I live my luck I shall bless

that Gawain was my guest at God's own feast.'

'Gramercy, sir,' said Gawain, 'but the goodness is yours,

all the honour is your own – may the High King repay you!

And I am under your orders what you ask to perform,

as I a m bound now to be, for better or worse,

by right.'

Him longer to retain

the lord then pressed the knight;

se podía comparar.
Suenan trompetas y percusión,
y muchos gaiteros se ponen a tocar;
cada uno tenía propia ocupación,
y estos dos no dejaban de hablar.

42 Con mucho festín pasaron el primero y el siguiente día,
y con el mismo regocijo vino raudo el tercero:
daba gloria escuchar la alegría del día de San Juan,
[seguido de los más selectos sucesos de los Inocentes].
Con esto concluyeron las celebraciones, como todos sabían,
pues había invitados que debían marcharse en aquella mañana gris.
Así que celebraron una maravillosa velada, y bebieron vino,
y danzaron y siguieron danzando, y bailaron carolas.
Al fin, cuando se hizo tarde, para continuar por sus caminos
se despidieron, cada uno como digno forastero.
Buenos días, dijo Gawain, pero el buen hombre
lo retuvo, y lo condujo a su habitación, al rincón de la chimenea,
y allí lo demoró, dándole muy sentidas gracias,
por el orgullo y el placer que su presencia le había proporcionado,
por honrar su morada en este momento tan señalado
y dignarse adornar su casa con su favor.
«Créame, señor, que mientras viva bendeciré mi suerte
porque Gawain fuera mi invitado en la fiesta de Dios».
«Merced a vos, señor», dijo Gawain, «mas vuestra es la bondad
y todo el honor. ¡Que el Gran Rey os lo recompense!
Y estoy a vuestras órdenes para lo que podáis pedirme,
pues la ley me obliga, para bien o para mal, y así
        debe de ser».
    El señor a Gawain le pidió
    si algo más podía permanecer;

to him replied Gawain
that he by no means might.

43   Then with courteous question he enquired of Gawain
     what dire need had driven him on that festal date
     with such keenness from the king's court, to come forth alone
     ere wholly the holidays from men's homes had departed.
     'In sooth, sir,' he said, 'you say but the truth:
     a high errand and a hasty from that house brought me;
     for I am summoned myself to seek for a place,
     though I wonder where in the world I must wander to find it.
     I would not miss coming nigh it on New Year's morning
     for all the land in Logres, so our Lord help me!
     And so, sir, this question I enquire of you here:
     can you tell me in truth if you tale ever heard
     of the Green Chapel, on what ground it may stand,
     and of the great knight that guards it, all green in his colour?
     For the terms of a tryst were between us established
     to meet that man at that mark, if I remained alive,
     and the named New Year is now nearly upon me,
     and I would look on that lord, if God will allow me,
     more gladly, by God's son, than gain any treasure.
     So indeed, if you please, depart now I must.
     For my business I have now but barely three days,
     and I would fainer fall dead than fail in my errand.'
     Then laughing said the lord: 'Now linger you must;
     for when 'tis time to that tryst I will teach you the road.
     On what ground is the Green Chapel – let it grieve you no more!
     In your bed you shall be, sir, till broad is the day,
     without fret, and then fare on the first of the year,
     and co me to the mark at midmorn, there to make what

a lo que Gawain respondió
que de ningún modo lo podía hacer.

43 Entonces, con mucha cortesía le preguntó a Gawain
qué terrible necesidad en aquella fecha festiva
le había conducido a irse solo lejos de la corte del rey
antes de que todas las fiestas hubiesen finalizado
en los hogares de los hombres. Dijo así:
«En verdad, señor, no decís sino la verdad:
hasta aquí me ha traído una alta y apresurada encomienda
de la corte; pues fui convocado para buscar un lugar,
aunque me pregunto por qué parte del mundo
he de moverme para hallarlo. Mas no puedo en la mañana
de Año Nuevo dejar de ir cerca de él. ¡Que el Señor
me ayude, por toda la tierra que tiene Logres!
Por esto, señor, esta pregunta quiero haceros:
¿Podéis decirme en verdad si alguna vez os vinieron
con relatos de la Capilla Verde, sobre qué terreno se sitúa,
o del gran caballero que la custodia, todo verde en su color?
Pues nos hicimos una mutua promesa; si permanecía
con vida con tal hombre en esas tierras habría de encontrarme
cuando fuese Año Nuevo, lo que está ya casi sobre mí,
y mirarle cara a cara, si Dios me lo permite,
con más gusto, por su hijo, que si ganase un tesoro.
Así que, si os place, ahora debo partir, pues
apenas tengo ya tres días para llevar a cabo mis asuntos
y más quisiera caer muerto que fracasar en mi misión».
Entonces, a carcajadas, dijo el señor: «Debéis ahora
quedaros, pues cuando llegue el momento del encuentro
os mostraré la vía, el camino y la situación de la Capilla Verde.
¡Que no os preocupe más! Pues en vuestra cama estaréis,

　　　　play you know.
　　　Remain till New Year's day,
　　　then rise and riding go!
　　　We'll set you on your way,
　　　'tis but two miles or so.'

44　Then was Gawain delighted, and in gladness he laughed:
　　'Now I thank you a thousand times for this beyond all!
　　Now my quest is accomplished, as you crave it, I will
　　dwell a few days here, and else do what you order.'
　　The lord then seized him and set him in a seat beside him,
　　and let the ladies be sent for to delight them the more,
　　for their sweet pleasure there in peace by themselves.
　　For love of him that lord was as loud in his mirth
　　as one near out of his mind who scarce knew what he meant.
　　Then he called to the knight, crying out loudly:
　　'You have promised to do whatever deed I propose.
　　Will you hold this behest here, at this moment?'
　　'Yes, certainly, sir,' then said the true knight,
　　'while I remain in your mansion, your command I'll obey.'
　　'Well,' returned he, 'you have travelled and toiled from afar,
　　and then I've kept you awake: you're not well yet, not cured;
　　both sustenance and sleep 'tis certain you need.
　　Upstairs you shall stay, sir, and stop there in comfort
　　tomorrow till Mass-time, and to a meal then go
　　when you wish with my wife, who with you shall sit
　　and comfort you with her company, till to court I return.

señor, hasta que bien haya llegado el nuevo día, y después
partiréis el primero de año con tiempo de sobra
para llegar a esas tierras cumplida la media mañana
para que podáis hacer allí lo que sea
    menester.
   ¡Quedaos hasta ese día,
   y cabalgad tras amanecer!
   Os enseñaré la vía,
   apenas dos millas que recorrer».

44 Entonces Gawain se puso contento y rio a carcajadas:
  «Os lo tengo que agradecer mil veces por encima de todo.
  Ahora que mi búsqueda está cumplida, como pedís,
  me quedaré aquí unos días o haré lo que me ordenéis».
  Entonces el señor lo cogió y lo sentó a su lado,
  y mandó llamar a las damas para darles aún más deleite,
  y disfrutar de su dulce placer y pacífico solaz.
  Tanto cariño le tenía aquel señor que en ruidosa alegría
  lo expresaba, como quien está a punto de perder
  el juicio y apenas sabe lo que quiere decir.
  Entonces se dirigió a Gawain, gritando en voz alta:
  «Habéis prometido hacer cualquier cosa que os proponga.
  ¿Cumpliréis esta promesa aquí, en este mismo momento?».
  «Sí, desde luego, señor», dijo el sincero caballero,
  «mientras permanezca en vuestra mansión, obedeceré vuestros
                                           mandatos».

  «Bien», le respondió, «habéis venido y viajado desde lejos,
  y después os he mantenido despierto: no estáis bien aún,
  no estáis sanado; es seguro que necesitáis sustento y sueño.
  Arriba os quedaréis en vuestro cuarto, señor, y cómodamente
  permaneceréis allí hasta mañana, a la hora de la misa,

> You stay,
> and I shall early rouse,
> and a-hunting wend my way.'
> Gawain gracefully bows:
> 'Your wishes I will obey.'

45 'One thing more,' said the master, 'we'll make an agreement:
whatever I win in the wood at once shall be yours,
and whatever gain you may get you shall give in exchange.
Shall we swap thus, sweet man – come, say what you think! –
whether one's luck be light, or one's lot be better?'
'By God,' quoth good Gawain, 'I agree to it all,
and whatever play you propose seems pleasant to me.'
'Done! 'Tis a bargain! Who'll bring us the drink?'
So said the lord of that land. They laughed one and all;
they drank and they dallied, and they did as they pleased,
these lords and ladies, as long as they wished,
and then with customs of France and many courtly phrases
they stood in sweet debate and soft words bandied,
and lovingly they kissed, their leave taking.
With trusty attendants and torches gleaming
they were brought at the last to their beds so soft,
> one and all.
> Yet ere to bed they came,
> he the bargain did oft recall;
> he knew how to play a game
> the old governor of that hall.

y a comer luego iréis cuando queráis con mi mujer, que con vos
se sentará y os consolará con su compañía. Quedaos, pues
    a la corte volveré.
    Tras levantarme temprano,
    de caza bien raudo me iré».
    Gawain hace un gesto cortesano:
    «Tus deseos obedeceré».

45   «Una cosa más», dijo el dueño, «hagamos un trato:
todo lo que tenga de ganancia en el bosque será vuestro,
y todo lo que ganéis vos aquí dentro me lo daréis a cambio.
¡Venga, contadme qué pensáis! ¿Hacemos este canje,
buen señor, tanto si la suerte de uno es mejor que la del otro?».
«Por Dios», dijo el buen Gawain, «que estoy de acuerdo en todo,
y cualquier juego que propongáis me parece agradable».
«¡Hecho! ¡Tenemos un trato! ¿Quién nos traerá de beber?».
Tal dijo el señor de aquella tierra. Todos rieron,
bebieron, lo pasaron bien, e hicieron lo que les plugo,
estos señores y señoras, todo el tiempo que quisieron,
y luego, a la moda de Francia, con muchas frases cortesanas
se quedaron departiendo dulcemente, pronunciaron suaves palabras
y amorosamente se dieron besos, despidiéndose después.
Por fieles sirvientes con antorchas bien brillantes
fueron llevados al fin a sus lechos tan suaves,
    todos y cada uno.
    Pero antes de irse a acostar,
    en el trato pensó a menudo;
    pues en aquella sala sabía jugar
    su viejo señor como ninguno.

III

Before the first daylight the folk uprose: the guests
that were to go for their grooms they called; and they
hurried up in haste horses to saddle, to stow all their
stuff and strap up their bags. The men of rank arrayed
them, for riding got ready, to saddle leaped swiftly, seized
then their bridles, and went off on their ways where their
wish was to go. The liege-lord of the land was not last of
them all to be ready to ride with a rout of his men; he ate a
hurried mouthful after the hearing of Mass, and with horn
to the hunting-field he hastened at once. When daylight
was opened yet dimly on earth he and his huntsmen were
up on their high horses. Then the leaders of the hounds
leashed them in couples, unclosed the kennel-door and
cried to them 'out!', and blew boldly on bugles three blasts
full long. Beagles bayed thereat, a brave noise making; and
they whipped and wheeled in those that wandered on a
scent; a hundred hunting-dogs, I have heard, of the best
        were they.
    To their stations keepers passed;
    the leashes were cast away,
    and many a rousing blast
    woke din in the woods that day.

47   At the first burst of the baying all beasts trembled;
     deer dashed through the dale by dread bewildered,
     and hastened to the heights, but they hotly were greeted,
     and turned back by the beaters, who boldly shouted.
     They let the harts go past with their high antlers,

III

Muy pronto, antes de la primera luz del día
se levantaron todos. Los invitados llamaron a sus sirvientes
que con brío se apresuraron a ensillar los caballos
y a atar las alforjas, con todo lo necesario.
Preparados para montar, suavemente en las sillas
lo hicieron los hombres de rango, tomaron las bridas
y partieron hacia donde deseaban ir.
El señor de aquellas tierras no fue el último de todos ellos
en estar preparado para cabalgar con sus hombres;
antes tomó un bocado deprisa después de oír misa,
y al sonido del cuerno cabalgó raudo al campo de caza.
Cuando el día con su luz despuntaba aún tenue sobre la tierra,
él y sus cazadores ya estaban bien firmes en sus caballos.
Entonces los monteros sujetaron los sabuesos
por parejas, abrieron la puerta de la perrera,
les gritaron «¡fuera!», y dieron tres audaces toques de corneta.
Salieron aullando los sabuesos, en sonoro ruido;
los batidores daban azotes y dirigían a los que seguían un rastro;
un centenar de perros de caza que, según cuentan, eran lo mejor
        que hallaron.
    Llegados a un punto preciso,
    de las correas los soltaron,
    y en el bosque de improviso
    mucho estruendo causaron.

47 Al primer aullido todas las bestias temblaron.
    los venados se precipitaron por valle poseídos por el miedo
    en un raudo correr hacia lo alto, mas fueron con coraje
    recibidos y repelidos por los batidores con bravo
    griterío. Dejaron pasar a los gamos de gran cornamenta,

and the brave bucks also with their branching palms;
for the lord of the castle had decreed in the close season
that no man should molest the male of the deer.
The hinds were held back with hey! and ware!,
the does driven with great din to the deep valleys:
there could be seen let slip a sleet of arrows;
at each turn under the trees went a twanging shaft
that into brown hides bit hard with barbéd head.
Lo! they brayed, and they bled, and on the banks they died;
and ever the hounds in haste hotly pursued them,
and hunters with high horns hurried behind them
with such a clamour and cry as if cliff s had been riven.
If any beast broke away from bowmen there shooting,
it was snatched down and slain at the receiving-station;
when they had been harried from the height and hustled to the
waters
the me n were so wise in their craft at the watches below,
and their greyhounds were so great that they got them at once,
and flung them down in a flash, as fast as men could see
    with sight.
   The lord then wild for joy
   did oft spur and oft alight,
   and thus in bliss employ
   that day till dark of night.

48   Thus in his game the lord goes under greenwood eaves,
     and Gawain the bold lies in goodly bed,
     lazing, till the walls are lit by the light of day,
     under costly coverlet with curtains about him.
     And as in slumber he strayed, he heard stealthily come

y a los ciervos machos, también de testas tremendas,
pues el señor del castillo había señalado que en temporada de veda
que nadie debía molestar al macho de los ciervos.
A las ciervas, contenidas con ¡hey! y ¡so!, se las conducía
con gran estrépito a los profundos valles: allí se veía
deslizarse una densa lluvia de flechas; bajo los árboles,
en cada recodo, raudas salían vibrantes
flechas cuyas puntas penetraban con fuerza en las pieles pardas;
ved como van vertiendo sangre hasta morir bramando
en la ribera del rio, con los sabuesos raudos tras ellas
dándoles caza, con los cazadores detrás haciendo sonar
los cuernos entre tantos gritos y clamores, que más bien
parecía que los acantilados se estuviesen partiendo en pedazos.
Si alguna bestia lograba huir de las flechas lanzadas por los arqueros
le daban caza y muerte los que estaban colocados en sus puestos,
a la espera. Cuando desde cotas más altas se las empujaba
hacia las corrientes del rio, tan capaces en su cometido eran
los que abajo aguardaban, tan grandes eran sus galgos,
que a todas daban caza al punto, y con prisa
las rodeaban tan rápido como cualquiera con la vista
        podía ver.
    El señor, loco de alegría,
    sin poderse detener,
    disfrutó así todo el día
    hasta que llegó el anochecer.

48 Mientras a lo suyo iba el señor por las lindes de la verde foresta
    Gawain el bravo seguía acostado en su buen lecho,
    gozando de la galbana, tapado con un costoso cubrecama
    en un baldaquino del que colgaban cortinajes,
    hasta que las paredes se pusieron luminosas con la luz del día.

a soft sound at his door as it secretly opened;
and from under the clothes he craned then his head,
a corner of the curtain he caught up a little,
and looked that way warily to learn what it was.
It was the lady herself, most lovely to see,
that cautiously closed the door quietly behind her,
and drew near to his bed. Then abashed was the knight,
and lay down swiftly to look as if he slept;
and she stepped silently and stole to his bed,
cast back the curtain, and crept then within,
and sat her down softly on the side of the bed,
and there lingered very long to look for his waking.
He lay there lurking a long while and wondered,
and mused in his mind how the matter would go,
to what point it might pass – to some surprise, he fancied.
Yet he said to himself: 'More seemly 'twould be
in due course with question to enquire what she wishes.'
Then rousing he rolled over, and round to her turning
he lifted his eyelids with a look as of wonder,
and signed him with the cross, thus safer to be kept
        aright.
    With chin and cheeks so sweet
    of blended red and white,
    with g race then him did greet
    small lips with laughter bright.

49   'Good morning, Sir Gawain!' said that gracious lady.
     'You are a careless sleeper, if one can creep on you so!
     Now quickly you are caught! If we come not to terms,
     I shall bind you in your bed, you may be assured.'

Aun medio dormido, percibió un suave sonido que sigilosamente
salía de la puerta, como cuando se abre en secreto;
desde debajo de las sábanas levantó la cabeza,
cogió una esquina de la cortina ligeramente,
la movió y miró hacia allí con cautela para saber qué era.
Era la mismísima dama, muy digna de ver,
que con cautela cerró la puerta tras de sí y se aproximó
a su cama. Entonces, avergonzado, el caballero
se acostó con presteza para parecer que dormía;
mas ella se acercó con sumo silencio a su cama,
corrió la cortina, se deslizó dentro,
y se sentó suavemente a un lado de la cama,
y se detuvo un buen rato, esperando a que se despertara.
El caballero permaneció allí, aguardando, y se preguntó,
meditándolo en su mente, cómo saldría de aquélla,
cuanto podría esperar hasta que, supuso, le dieran una sorpresa.
Sin embargo, se dijo a sí mismo: «Sería más conveniente
a su debido tiempo preguntarle lo que desea».
Entonces, despertándose, se dio la vuelta hacia ella,
y alzó los párpados con maravillada mirada,
e hizo la señal de la cruz para sentirse protegido
     perfectamente.
    Mejillas en tono rosado,
    dulces, y la barbilla igualmente.
    Labios pequeños, sonreír iluminado,
    así le saludó grácilmente.

49 «Buenos días, Sir Gawain», dijo la grácil dama.
«Sois un dormilón descuidado si así puedo deslizarme
hasta vos. ¡Os tengo bien cogido! Si a una tregua
no llegamos os mantendré preso en la cama, podéis

With laughter the lady thus lightly jested.
'Good morning to your grace!' said Gawain gaily.
'You shall work on me your will, and well I am pleased;
for I submit immediately, and for mercy I cry,
and that is best, as I deem, for I am obliged to do so.'
Thus he jested in return with much gentle laughter:
'But if you would, lady gracious, then leave grant me,
and release your prisoner and pray him to rise,
I would abandon this bed and better array me;
the more pleasant would it prove then to parley with you.'
'Nay, for sooth, fair sir,' said the sweet lady,
'you shall not go from your bed! I will govern you better:
here fast shall I enfold you, on the far side also,
and then talk with my true knight that I have taken so.
For I wot well indeed that Sir Wawain you are,
to whom all men pay homage wherever you ride;
your honour, your courtesy, by the courteous is praised,
by lords, by ladies, by all living people.
And right here you now are, and we all by ourselves;
my husband and his huntsmen far hence have ridden,
other men are abed, and my maids also,
the door closed and caught with a clasp that is strong;
and since I have in this house one that all delight in,
my time to account I will turn, while for talk I chance
      have still.
   To my body will you welcome be
   of delight to take your fill;
   for need constraineth me
   to serve you, and I will.'

estar seguro». Tal dijo la dama entre risas, como
de broma. «Buenos días, mi señora», dijo Gawain con alegría.
«Haced en mi vuestra voluntad, bien me complace,
pues a ella me someto al punto, y pido clemencia,
ya que es lo mejor que puedo hacer, así lo estimo».
Así bromeó a su vez Gawain, riendo bastante de modo gentil:
«Pero si os parece, bella dama, dadme licencia,
liberad a vuestro prisionero y pedidle que se levante,
así abandonaría el lecho y me podría preparar mejor;
así resultaría mucho más placentero parlamentar con vos».
«No, en verdad, noble señor», dijo la dulce dama,
«¡No os moveréis de vuestro lecho! Mejor os gobernaré:
bien os sujetaré en este lado del lecho, y también en el otro,
para hablar con vos, fiel caballero, pues bien cogido os tengo.
Porque sé de sobra que sois Sir Gawain, a quien
todos rinden pleitesía por donde quiera que cabalguéis;
vuestro honor, vuestra cortesía, es alabada por cortesanos,
por los señores y las damas, por todos los vivos.
Y aquí mismo estáis ahora, y mira por dónde estamos solos;
mi marido y sus cazadores cabalgan lejos,
otros en el castillo están en la cama, y mis criadas también,
la puerta está cerrada y bien trabada con un fuerte cerrojo;
y ya que tengo en esta casa uno que a todos deleita,
voy a aprovechar el tiempo, pues ya tendremos ocasión
    de conversar.
  A mi cuerpo seréis bienvenido,
  de él os podréis saciar;
  pues el ansia me ha dirigido
  a serviros, y haré tal».

50   'Upo n my word,' said Gawain, 'that is well, I guess;
      though I am not now he of whom you are speaking –
      to attain to such honour as here you tell of
      I am a knight unworthy, as well indeed I know –
      by God, I would be glad, if good to you seemed
      whatever I could say, or in service could off er
      to the pleasure of your excellence – it would be pure delight.'
      'In good faith, Sir Gawain,' said the gracious lady,
      'the prowess and the excellence that all others approve,
      if I scorned or decried them, it were scant courtesy.
      But there are ladies in number who liever would now
      have thee in their hold, sir, as I have thee here,
      pleasantly to play with in polished converse,
      their solace to seek and their sorrows to soothe,
      than great part of the goods or gold that they own.
      But I thank Him who on high of Heaven is Lord
      that I have here wholly in my hand what all desire,
            by grace.'
         She was an urgent wooer,
         that lady fair of face;
         the knight with speeches pure
         replied in every case.

51   'Madam,' said he merrily, 'Mary reward you!
      For I have enjoyed, in good faith, your generous favour,
      and much honour have had else from others' kind deeds;

50 «Por mi palabra», dijo Gawain, «que bien está lo que decís,

supongo; mas no soy ahora ése de quien habláis;

de alcanzar tal honor como el que aquí contáis

soy un caballero indigno, bien lo sé de sobra.

Por Dios que me daría placer, si bien os pareciese

lo que pudiera decir, daros cualquier servicio que le fuese

placentero a vuestra excelencia; sería un puro deleite».

«De buena fe, Sir Gawain», dijo la hermosa dama,

«si la proeza y la excelencia de la que todos dan testimonio,

yo despreciase o denigrase, sería muestra de escasa cortesía.

Pero son muchas las damas que preferirían[12] ahora

teneros en su poder, señor, como os tengo a vos aquí,

para jugar placenteramente en conversación pulcra

y refinada, en la que buscar consuelo y calmar las penas,

antes que una buena parte de sus bienes o del oro que poseen.

Mas doy gracias a aquél que es Señor y manda en las alturas,

pues tengo aquí totalmente en mis manos lo que todos desean

de buen grado».

Era una eficaz seductora,

la dama de rostro preciado.

Gawain respondió a la señora

con un discurso depurado.

51 «Señora», dijo alegremente, «¡Que Santa María os lo pague!

Pues he gozado, de buena fe, de vuestro generoso favor,

y mucho honor he recibido de las bondadosas obras del resto;

---

12. [*N. del T.*] En el original, «liever», otro término arcaico de los listados por
Christopher Tolkien en el glosario final descrito como «rather», locución adverbial
con el sentido de «preferir». Al igual que en otras ocasiones el equivalente español
no precisa de más explicación y se ha incluido aquí sin más. Otro rasgo del estilo
arcaizante de Tolkien en la selección léxica de su traducción.

but as for the courtesy they accord me, since my claim is not equal,
the honour is your own, who are ever well-meaning.'
'Nay, Mary!' the lady demurred, 'as for me, I deny it.
For were I worth all the legion of women alive,
and all the wealth in the world at my will possessed,
if I should exchange at my choice and choose me a husband,
for the noble nature I know, Sir Knight, in thee here,
in beauty and bounty and bearing so gay –
of which earlier I have heard, and hold it now true –
then n o lord alive would I elect before you.'
'In truth, lady,' he returned, 'you took one far better.
But I am proud of the praise you are pleased to give me,
and as your servant in earnest my sovereign I hold you,
and your knight I become, and may Christ reward you.'
Thus of many matters they spoke till midmorn was passed,
and ever the lady demeaned her as one that loved him much,
and he fenced with her featly, ever flawless in manner.

pero en cuanto a la cortesía que según cuentan me conceden,

no soy yo quien debe decirlo; a vos os corresponde el honor

de haberlo dicho, pues siempre sois bienintencionada».

«¡Por María!», replicó la dama, «No es eso verdad, lo niego;

pues si tuviese yo la valía de toda la legión de mujeres vivas,

y tuviese a mi voluntad toda la riqueza del mundo,

si pudiese tener la capacidad de tomar marido a mi gusto,

por vuestra noble naturaleza que aquí en vos

he conocido, Sir Caballero, por vuestra belleza,

generosidad y gallardo porte —cosas que me habían contado

más ahora tengo por ciertas— os elegiría

a vos antes que a ningún otro señor de entre los vivos».

«En verdad, señora», respondió Gawain, «elegisteis a uno mucho mejor,

pero estoy orgulloso de los cumplidos que os complace hacerme,

y como vuestro solemne siervo mi soberana os considero,

me convierto en vuestro caballero, y que Cristo os recompense».

Así hablaron de muchos asuntos hasta pasada la media mañana,

y siempre la dama se comportó[13] como alguien que le amaba

mucho, mas él se batió con ella cual mañoso esgrimista[14],

mostrando siempre modales impecables.

13. [*N. del T.*] En el original, «the lady demeaned her»; «demeaned» es otro vocablo arcaico de los listados por Christopher Tolkien en el glosario final descrito como «behaved», con el sentido de «comportarse». Al igual que en otras ocasiones el equivalente español no precisa de más explicación y se ha incluido aquí sin más.

14. [*N. del T.*] En el original, «he fenced with her featly»; «featly» es otra locución adverbial arcaica de entre los términos listados por Christopher Tolkien en el glosario final, descrita como «deftly, skilfully», con el sentido de «con maña, habilidoso, diestro». Tolkien lo usa para aliterar con «fence», que significa «practicar esgrima» o «discutir» de forma metafórica. Gawain es diestro en la esgrima verbal en esta escena, de ahí mi opción de traducir todo el sentido de la frase como «se batió con ella cual mañoso esgrimista», que recoge a la perfección lo que Tolkien logra en este verso.

'Though I were lady most lovely,' thought the lady to herself,
'the less love would he bring here,' since he looked for
    his bane, that blow
  that him so soon should grieve,
  and needs it must be so.
  Then the lady asked for leave
  and at once he let her go.

52 Then she gave him 'good day', and with a glance she laughed,
    and as she stood she astonished him with the strength of her words:
    'Now He that prospers all speech for this disport repay you!
    But that you should be Gawain, it gives me much thought.'
    'Why so?', then eagerly the knight asked her,
    afraid that he had failed in the form of his converse.
    But 'God bless you! For this reason', blithely she answered,
    'that one so good as Gawain the gracious is held,
    who all the compass of courtesy includes in his person,
    so long with a lady could hardly have lingered
    without craving a kiss, as a courteous knight,
    by some tactful turn that their talk led to.'
    Then said Wawain, 'Very well, as you wish be it done.
    I will kiss at your command, as becometh a knight,
    and more, lest he displease you, so plead it no longer.'
    She came near thereupon and caught him in her arms,
    and down daintily bending dearly she kissed him.
    They courteously commended each other to Christ.
    Without more ado through the door she withdrew and departed,
    and he to rise up in haste made ready at once.
    He calls to his chamberlain, and chooses his clothes,
    and goes forth when garbed all gladly to Mass.

«Aunque fuese la más hermosa de las damas», pensó la dama
para sí misma, «poco amor voy a ver en este caballero».
Pues Gawain sólo podía pensar en aquel mandoble
  de perdición
  que pronto le iban a dar,
  y debía ser sin dilación.
  La dama se quiso marchar,
  y la dejó con buena intención.

52 Entonces, le dio la dama los «buenos días», y con una mirada se rio,
y mientras permanecía de pie lo asombró con el poder de sus palabras:
«¡En fin, ojalá que el que hace prosperar todas las palabras
te recompense por esta travesura! Mas tengo que pensarme
mucho que vos seáis Gawain». «¿Por qué?», le preguntó con ansia
el caballero, temiendo haber errado en la forma de su conversación.
«¡Dios bendito! Por esto mismo», le dio dama en dulce respuesta,
«que se tenga tanto tiempo a alguien tan bueno como Gawain el
                agraciado,
quien tiene en su persona todo el compendio de la cortesía,
tan cerca de una dama, es difícil pensar que podría haber permanecido
sin desear darle un beso, como cortés caballero,
en algún requiebro al que le condujese la conversación».
Entonces dijo Gawain: «Muy bien. Hágase como deseáis.
Os besaré a vuestra orden, como corresponde a un caballero,
y más de una vez, no sea que os disgustéis, así que no lo pidáis más».
Se acercó la dama y lo cogió en sus brazos, y lo besó
inclinándose delicadamente. Cortésmente a Cristo
se encomendaron, y sin más dilación, se marchó
cruzando la puerta. Se puso él de pie para prepararse
raudo. Llama a su chambelán, elige sus ropas,
y una vez bien vestido se va a misa.

Then he went to a meal that meetly awaited him,
and made merry all day, till the moon arose
         o'er earth.
    Ne'er was knight so gaily engaged
    between two dames of worth,
    the youthful and the aged:
    together they made much mirth.

53   And ever the lord of the land in his delight was abroad,
     hunting by holt and heath after hinds that were barren.
     When the sun began to slope he had slain such a number
     of does and other deer one might doubt it were true.
     Then the fell folk at last came flocking all in,
     and quickly of the kill they a quarry assembled.
     Thither the master hastened with a host of his men,
     gathered together those greatest in fat
     and had them riven open rightly, as the rules require.
     At the assay they were searched by some that were there,
     and two fingers' breadth of fat they found in the leanest.
     Next they slit the eslot, seized on the arber,
     shaved it with a sharp knife and shore away the grease;
     next ripped the four limbs and rent off the hide.
     Then they broke open the belly, the bowels they removed
     (flinging them nimbly afar) and the flesh of the knot;

Luego, fue al banquete que le tenían bien preparado,
y lo pasó muy bien todo el día, hasta que la luna sobre la tierra
   hizo su salida.
Nadie fue tan bien tratado
por damas tan distinguidas,
la joven con la anciana al lado:
juntas gozaban en demasía.

53 Seguía el señor de aquellas tierras deleitándose
por los bosques dando caza entre colinas arboladas
y matorrales a muchas ciervas estériles.
Cuando el sol comenzó a declinar había matado tal número
de ciervas y ciervos que dicha certeza podría ponerse en duda.
Entonces, todos los cazadores acudieron en tropel
y deprisa pusieron todas las presas en un montón.[15]
Hacia allí se fue raudo el señor con una hueste de sus hombres,
puso juntas las piezas de mejor carne,
y las hizo cortar como mandan los cánones.
Contemplando los cortes[16] vieron que los más magros
tenían dos dedos de grasa. Después,
sajaron la escotadura y sacaron el esófago,[17]
lo limpiaron bien con un cuchillo afilado y le quitaron la grasa;
a continuación, le arrancaron las cuatro extremidades y las despellejaron.
Luego, le sajaron el vientre y le sacaron las tripas

15. [*N. del T.*] En el original, «quarry»; Christopher Tolkien la describe en el glosario final como «montón de animales muertos».

16. [*N. del T.*] En el original, «assay»; Christopher Tolkien define este término en el glosario final como «corte de prueba que se da a la carne de un ciervo».

17. [*N. del T.*] En el original, «arber»; Christopher Tolkien define este término en el glosario final como «primer estómago de los rumiantes». Realmente se refiere al esófago en castellano.

they grasped then the gorge, disengaging with skill
the weasand from the windpipe, and did away with the guts.
Then they shore out the shoulders with their sharpened knives
(drawing the sinews through a small cut) the sides to keep whole;
next they burst open the breast, and broke it apart,
and again at the gorge one begins thereupon,
cuts all up quickly till he comes to the fork,
and fetches forth the fore-numbles; and following after
all the tissues along the ribs they tear away quickly.
Thus by the bones of the back they broke off with skill,
down even to the haunch, all that hung there together,
and hoisted it up all whole and hewed it off there:
and that they took for the numbles, as I trow is their
          name in kind.
     Along the fork of every thigh
     the flaps they fold behind;
     to hew it in two they hie,
     down the back all to unbind.

(lanzándolas lejos con maña) y la carne del nudo;
cogieron entonces a la garganta, y con gran habilidad separaron
el esófago[18] de la tráquea, y tiraron las tripas.
Con cuchillos afilados, tronzaron los tendones
con un pequeño corte y sacaron las paletillas,
dejando los lomos enteros. Luego, en dos
partieron el pecho, cortando desde la garganta
hasta la cruz que une los cuartos
traseros. Tras sacar parte de las vísceras,[19] quitaron también
las membranas de las costillas. Con mucha maña
partieron todo el espinazo hasta los cuartos traseros,
poniéndolo todo en alto como una sola pieza
que partieron después, dejando fuera las achuras, como creo
    que las llaman.
  De cada pernil entero
  las tapas al aire dejan;
  en dos lo parten[20] con esmero
  y el lomo así liberan.

18. [*N. del T.*] En el original, «weasand», otro vocablo arcaico de los listados por Christopher Tolkien en el glosario final descrito como «oesophagus, gullet», con el sentido de «esófago» de nuevo.

19. [*N. del T.*] En el original, «fore-numble». En el glosario final Christopher Tolkien señala que «el texto original del poema dice "avanters", que forma parte de las vísceras comestibles de un ciervo», haciendo referencia al término «numbles» que aparece en esta misma estrofa traducido como «achura». Véase la definición en el glosario final.

20. [*N. del T.*] En el original, «to hew it in two they hie», literalmente «a cortarlo bien en dos se dan prisa». «Hie» es un vocablo arcaico que Christopher Tolkien en el glosario final define como «hasten», es decir, «apurarse, darse prisa, afanarse». Tolkien lo usa por la rima y todo el verso tiene el sentido que se le ha dado, por idénticos motivos rítmicos, en la traducción que se ofrece.

54   Both the head and the neck they hew off after,
       and next swiftly they sunder the sides from the chine,
       and the bone for the crow they cast in the boughs.
       Then they thrust through both thick sides with a thong by the rib,
       and then by the hocks of the legs they hang them both up:
       all the folk earn the fees that fall to their lot.
       Upon the fell of the fair beast they fed their hounds then
       on the liver and the lights and the leather of the paunches
       with bread bathed in blood blended amongst them.
       Boldly they blew the prise, amid the barking of dogs,
       and then bearing up their venison bent their way homeward,
       striking up strongly many a stout horn-call.
       When daylight was done they all duly were come
       into the noble castle, where quietly the knight
              abode
          in bliss by bright fire set.
          Thither the lord now strode;
          when Gawain with him met,
          then free all pleasure flowed.

55   Then the master commanded his men to meet in that hall,
       and both dames to come down with their damsels also;
       before all the folk on that floor fair men he ordered
       to fetch there forthwith his venison before him,

54 Tras esto, cortan la cabeza y el cuello,

    separan con presteza la carne a los costados

    del espinazo, y luego lanzan a unas matas el hueso

    para los cuervos. Con una cuerda por las costillas

    ligaron los lomos, colgándolo todo del corvejón.

    Todos tuvieron el pago que por su condición les correspondía.

    Después, dieron de comer a los sabuesos, colocando

    por encima de los pellejos de aquellas bellas bestias

    los hígados, el bofe y las pieles de la panza,

    mezclándolo todo con pan mojado en sangre.

    Con el tono adecuado del cuerno[21] sonando con fuerza

    entre los ladridos de los perros, y portando el venado,

    emprendieron el camino de vuelta a casa.

    Muchos más cuernos de caza hicieron sonar con fuerza.

    Cuando se desvaneció la luz del día ya habían regresado

    todos al noble castillo donde tranquilamente el caballero

            esperando estaba

        junto al fuego, contento.

        Hacia allí el señor se encaminaba

        cuando Gawain fue a su encuentro,

        y una gran alegría allí flotaba.

55 Entonces el señor ordenó a sus hombres que en la sala sublime

    se reunieran y a las dos damas que bajaran también con sus doncellas;

    allí delante de todos ordenó a sus leales que trajesen

    delante de él, de inmediato, el venado entero y,

21. [*N. del T.*] En el original, «prise». En el glosario final Christopher Tolkien
señala que en esta estrofa este vocablo arcaico significa «las notas precisas que se
hacen sonar en el cuerno de caza para indicar la toma o la captura de la bestia a la
que se está dando caza», cosa que la traducción refleja adecuadamente.

and all gracious in game to Gawain he called,
announced the number by tally of the nimble beasts,
and showed him the shining fat all shorn on the ribs.
'How does this play please you? Have I praise deserved?
Have I earned by mine art the heartiest thanks?'
'Yea verily,' the other averred, 'here is venison the fairest
that I've seen in seven years in the season of winter!'
'And I give it you all, Gawain,' said the good man at once,
'for as our covenant accorded you may claim it as your own.'
'That is true,' he returned, 'and I tell you the same:
what of worth within these walls I have won also
with as good will, I warrant, 'tis awarded to you.'
His fair neck he enfolded then fast in his arms,
and kissed him with all the kindness that his courtesy knew.
'There take you my gains, sir! I got nothing more.
I would give it up gladly even if greater it were.'
'That is a good one!' quoth the good man. 'Greatly I thank you.
'Tis such, maybe, that you had better briefly now tell me
where you won this same wealth by the wits you possess.'
'That was not the covenant,' quoth he. 'Do not question me more!
For you've drawn what is due to you, no doubt can you

      have 'tis true.'
  They laugh, and with voices fair
  their merriment pursue,
  and to supper soon repair
  with many dainties new.

56 Late r by the chimney in chamber they were seated,
    abundant wine of the best was brought to them oft,
    and again as a game they agreed on the morrow
    to abide by the same bond as they had bargained before:

lleno de alegría por lo mucho cazado, mandó llamar
a Gawain, y le dio noticia del número total de bestias
capturadas, mostrándole cómo brillaba la carne de las costillas.
«¿Qué os parece este portento? ¿Merezco elogios?
¿Me he ganado con mis mañas vuestro más sincero agradecimiento?».
«Sí, en verdad», afirmó el otro, «aquí está el venado
más hermoso que he visto en siete años
en tiempo invernal». «Todo os lo doy, Gawain», dijo
el buen hombre al instante, «pues por nuestro pacto podéis
reclamarlo como vuestro». «Es cierto», respondió él,
«a vos os digo lo mismo: lo que de valía en estos muros
he conseguido, de buena voluntad, os lo concedo».
Entonces estrechó su hermoso cuello entre sus brazos,
y le besó con toda la bondad que su cortesía le permitía.
«¡Aquí tenéis mis ganancias, señor! Nada más tuve.
Os lo daría con gusto de haber ganado algo mayor».
«¡Ésta sí que es buena!», dijo el buen hombre. «Os lo agradezco
mucho. Quizás sería mejor que me dijerais brevemente
de dónde sacasteis semejante ganancia con el ingenio
que poseéis». «Ése no era el pacto», dijo él. «No me preguntéis
más, pues habéis conseguido lo que os corresponde; es cierto,
         no lo podéis dudar».
    Ríen, y llenos de agrado
    se ponen a festejar.
    Muchos nuevos bocados
    en la cena van a probar.

56 Más tarde, tomaron asiento junto a la chimenea
    de la estancia, donde les dieron mucho vino del mejor
    y de nuevo, como un juego, acordaron al día siguiente
    cumplir con el mismo compromiso que habían prometido antes:

chance what might chance, to exchange all their trade,
whatever new thing they got, when they gathered at night.
They concluded this compact before the courtiers all;
the drink for the bargain was brought forth in jest;
then their leave at the last they lovingly took,
and away then at once each went to his bed.
When the cock had crowed and cackled but thrice,
the lord had leaped from his bed, and his lieges each one;
so that their meal had been made, and the Mass was over,
and folk bound for the forest, ere the first daybreak,

     to chase.
  Loud with hunters and horns
  o'er plains they passed apace,
  and loosed there among the thorns
  the running dogs to race.

57 Soon these cried for a quest in a covert by a marsh;
the huntsman hailed the hound that first heeded the scent,
stirring words he spoke to him with a strident voice.
The hounds then that heard it hastened thither swiftly,
and fell fast on the line, some forty at once.
Then such a baying and babel of bloodhounds together
arose that the rock-wall rang all about them.
Hunters enheartened them with horn and with mouth,
and then all in a rout rushed on together
between a fen-pool in that forest and a frowning crag.
In a tangle under a tall cliff at the tarn's edges,
where the rough rock ruggedly in ruin was fallen,
they fared to the find, followed by hunters
who made a cast round the crag and the clutter of stones,
till well they were aware that it waited within:

fuese lo que fuese, intercambiar todo lo ganado,
cualquier cosa nueva que consiguiesen, cuando
se reunieran por la noche. Este pacto
decretaron de nuevo delante de todos los cortesanos;
cerraron el trato bebiendo y bromeando,
y con mutua y cariñosa licencia cada uno se fue a su cama.
Cuando el gallo cantó y cacareó tres veces,
el señor saltó de su cama, como cada uno de sus criados;
tomado el alimento, y terminada la misa, todos
partieron hacia el bosque antes de la primera luz del día
    a cazar.
  Atronaron los caminos
  cuernos y hombres al pasar,
  y en medio de los espinos
  a los perros lograron soltar.

57 Pronto dieron los perros con un rastro en un escondrijo
junto a un pantano; el batidor azuzó al sabueso que la pista primero
halló, hablándole con voz fiera. Con fuerza
la sintieron los demás sabuesos, que con saña siguieron
la pista, lanzándose en pos de ella una hilera
de unos cuarenta canes a la vez. Entonces
surgió tal atronador babel de sabuesos aullando
que resonaban las rocas a su alrededor.
Los cazadores los azuzaban con voces y cuernos,
dirigiéndose deprisa en apurado tropel hasta dar
con un lugar de aquel bosque entre un lago pantanoso
y un abrupto risco. A su pie, por la ribera del lago
donde las ásperas rocas como si fuesen ruinas
caídas todo lo cubrían, la enmarañada manada,
iba siguiendo el rastro, seguida por los cazadores,

the very beast that the baying bloodhounds had spoken.
Then they beat on the bushes and bade him uprise,
and forth he came to their peril against folk in his path.
'Twas a boar without rival that burst out upon them;
long the herd he had left, that lone beast aged,
for savage was he, of all swine the hugest,
grim indeed when he grunted. Then aghast were many;
for three at the first thrust he threw to the ground,
and sprang off with great speed, sparing the others;
and they hallooed on high, and ha! ha! shouted,
and held horn to mouth, blowing hard the rally.
Many were the wild mouthings of men and of dogs,
as they bounded after this boar, him with blare and with
        din to quell.
    Many times he turns to bay,
    and maims the pack pell-mell;
    he hurts many hounds, and they
    grievously yowl and yell.

58   Hunters then hurried up eager to shoot him,
    aimed at him their arrows, often they hit him;
    but poor at core proved the points that pitched on his shields,
    and the barbs on his brows would bite not at all;
    though the shaven shaft shivered in pieces,
    back the head came hopping, wherever it hit him.
    But when the hurts went home of their heavier strokes,

que rodeando el risco y el revoltijo de piedras
se dieron cuenta de lo que aguardaba allí dentro:
la misma bestia que anunciaban los canes con sus bravos aullidos.
Batieron en los arbustos para hacerla salir, y disparada salió,
con gran peligro para quien se cruzase en su camino,
pues era un jabalí sin parangón lo que se les vino encima.
Se había marchado lejos de su manada hacía mucho tiempo,
pues era ya una vieja bestia solitaria y salvaje,
la mayor de toda su raza, y rugía y gruñía con fiereza.
Muchos se quedaron de una pieza pues al primer
envite que dio derribó a tres hombres,
saliendo a todo correr sin causar más daño a los demás;
los cazadores siguieron azuzando a los sabuesos
soltando muchos «¡sus! ¡sus!» bien alto, soplando
con fuerza los cuernos de sus bocas, acelerando la carrera.
Muchos sonidos salvajes salieron de las bocas
de canes y cazadores por igual, mientras corrían
tras el jabalí en tremendo tropel, en tromba
        sonora.
    La bestia bien resistía,
    hiriendo sin demora
    a varios canes de la jauría,
    que de dolor aullaban ahora.

58 Los cazadores corrieron hacia él deseosos de abatirle,
    le lanzaron muchas flechas, dándole a menudo, mas
    muy pobres fueron sus puntas que apenas penetraban en su piel,
    tampoco sus filos le herían la frente;
    las astas limpias se partían en pedazos, rebotaban
    volviendo de vuelta tras golpearle por doquier.
    Mas conseguían causarle daño cuando le daban más fuerte;

then with brain wild for battle he burst out upon them,
ruthless he rent them as he rushed forward,
and many quailed at his coming and quickly withdrew.
But the lord on a light horse went leaping after him;
as bold man on battle-field with his bugle he blew
the rally-call as he rode through the rough thickets,
pursuing this wild swine till the sunbeams slanted.
This day in such doings thus duly they passed,
while our brave knight beloved there lies in his bed
at home in good hap, in housings so costly and gay.

> The lady did not forget:
> she came to bid good day;
> early she on him set,
> his will to wear away.

59   She passed to the curtain and peeped at the knight.
Sir Wawain graciously then welcomed her first,
and she answered him alike, eagerly speaking,
and sat her softly by his side; and suddenly she laughed,
and with a look full of love delivered these words:
'Sir, if you are Wawain, a wonder I think it
that a man so well-meaning, ever mindful of good,
yet cannot comprehend the customs of the gentle;
and if one acquaints you therewith, you do not keep them in mind:
thou hast forgot altogether what a day ago I taught
by the plainest points I could put into words!'
'What is that?' he said at once. 'I am not aware of it at all.
But if you are telling the truth, I must take all the blame.'

entonces, con la cabeza enloquecida por la batalla, cargaba
contra ellos y despiadado los desgarraba en su correr hacia adelante;
muchos temblaron de miedo al verle llegar,
y se batieron en rápida retirada. Mas montado
en un caballo ligero el señor saltó tras él;
como hombre audaz en el campo de batalla su cuerno
hizo sonar con gritos de guerra mientras por los ásperos matorrales
cargaba cabalgando contra aquel cerdo salvaje al que
persiguió hasta que los rayos del sol en su puesta
comenzaron a caer. Con estas cosas pasaron el día,
mientras nuestro bravo caballero descansaba dulcemente
en la cama de aquel costoso, bien dispuesto y alegre
  hogar.
  La dama no lo olvidó:
  los buenos días le quiso dar;
  así, temprano le buscó,
  para su voluntad desgastar.

59 Se acercó a la cortina y contempló al caballero.
Sir Gawain gentilmente la recibió de buenas a primeras,
y ella le respondió del mismo modo y manera,
hablándole entusiasmada. La hizo sentar a su lado,
con delicadeza, y de repente la dama rio,
y con una mirada llena de amor pronunció estas palabras:
«Señor, si sois Gawain, sorprendente me parece
que un hombre tan bien intencionado, tan atento a lo
correcto no pueda comprender las costumbres cortesanas;
y si alguien os las explica, que no las mantengáis en vuestra mente:
habéis olvidado totalmente lo que tan sólo hace un día
os enseñé con las palabras más sencillas que pude usar».
«¿Cómo decís?», comentó de inmediato. «No me consta.

'And yet as to kisses', she quoth, 'this counsel I gave you:
wherever favour is found, defer not to claim them:
that becomes all who care for courteous manners.'
'Take back', said the true knight, 'that teaching, my dear!
For that I dared not do, for dread of refusal.
Were I rebuffed, I should be to blame for so bold an off er.'
'Ma fay!' said the fair lady, 'you may not be refused;
you are stout enough to constrain one by strength, if you like,
if any were so ill bred as to answer you nay.'
'Indeed, by God', quoth Gawain, 'you graciously speak;
but force finds no favour among the folk where I dwell,
and any gift not given gladly and freely.
I am at your call and command to kiss when you please.
You may receive as you desire, and cease as you think
        in place.'
    Then down the lady bent,
    and sweetly kissed his face.
    Much speech then there they spent
    of lovers' grief and grace.

60   'I would learn from you, lord,' the lady then said,
     'if you would not mind my asking, what is the meaning of this:
     that one so young as are you in years, and so gay,
     by renown so well known for knighthood and breeding,
     while of all chivalry the choice, the chief thing to praise,
     is the loyal practice of love: very lore of knighthood –

Mas, si decís verdad, debo cargar con toda la culpa».

«Y en cuanto a los besos», dijo la dama, «este consejo os di:
dondequiera que halléis favor, no os demoréis en reclamarlo:
eso conviene a cualquiera que le importen las maneras cortesanas».

«Tomad de vuelta para vos», dijo el fiel caballero, «tal enseñanza,
querida mía. Mas no me atreví a tal cosa por miedo al rechazo.
De ser rechazado, culpable sería de tal osada oferta».

«¡A fe mía»,[22] dijo la bella dama, «que no podéis ser rechazado!;
sois lo bastante corpulento para conseguir lo que sea por la fuerza,
de desearlo, si algún maleducado os diera un no como respuesta».

«En verdad, por Dios», dijo Gawain, «que habláis con gentileza;
mas la fuerza no es favorita de la gente donde yo vivo,
ni hay don que no se dé con gusto y libertad.
Estoy a vuestra disposición para daros besos cuando os plazca.
Podéis recibir lo que deseéis, y sólo cuando consideréis oportuno
        habré de parar».
    Entonces la dama se inclinó
    para con dulzura su cara besar.
    De los amantes mucho se habló,
    de su fortuna y de su pesar.

60 «Me gustaría saber de vos, señor», dijo después la dama,
    «si no os importa que os lo pregunte, qué puede significar esto:
    que alguien tan joven de edad como vos, y tan alegre,
    tan bien conocido por ser caballero de buena crianza,
    de tanta fama, y puesto que en la caballería la elección principal,
    el punto más importante al que prestarle atención, es la práctica

---

22. [*N. del T.*] En el original, «Ma fay!». En el glosario final Christopher
Tolkien define esta expresión del inglés medio, derivada del francés antiguo, como
«by my faith», sentido que la traducción refleja adecuadamente.

for, talking of the toils that these true knights suffer,
it is the title and contents and text of their works:
how lovers for their true love their lives have imperilled,
have endured for their dear one dolorous trials,
until avenged by their valour, their adversity passed,
they have brought bliss into her bower by their own brave virtues –
and you are the knight of most noble renown in our age,
and your fame and fair name afar is published,
and I have sat by your very self now for the second time,
yet your mouth has never made any remark I have heard
that ever belonged to love-making, lesser or greater.
Surely, you that are so accomplished and so courtly in your vows
should be prompt to expound to a young pupil
by signs and examples the science of lovers.
Why? Are you ignorant who all honour enjoy?
Or else you esteem me too stupid to understand your
courtship?
      But nay!
   Here single I come and sit,
   a pupil for your play;
   come, teach me of your wit,
   while my lord is far away.'

61   'In good faith', said Gawain, 'may God reward you!
   Great delight I gain, and am glad beyond measure
   that one so worthy as you should be willing to come here
   and take pains with so poor a man: as for playing with your knight,
   showing favour in any form, it fills me with joy.
   But for me to take up the task on true love to lecture,

leal del amor (corazón mismo de la caballería),

pues, puestos a hablar de las fatigas por las que pasan los fieles

caballeros, ésta del amor es la que le da auténtico contenido,

tema y título a todos los textos que tratan de sus tareas:

cómo los amantes ponen en peligro sus vidas por el amor verdadero,

cómo por la persona amada pasan por penosas pruebas,

para después, vengados por su valor y victoriosos ante la adversidad,

dotar de felicidad al dormitorio de su amante dándole sus dones

más preciados. Sois el más noble y afamado caballero

de nuestro tiempo, incluso en tierras lejanas vuestra fama

y buen nombre cosas son bien conocidas.

Por segunda vez me siento a vuestro lado, mas de vuestra boca

no escucho que salgan sentencias sobre

la práctica del amor, ni muchas ni pocas. A buen

seguro, ya que sois tan sincero y cumplidor de vuestras

promesas, bien podríais mostrarle a esta joven pupila

alguna señal significativa de las artes amorosas.

¿Entonces? ¿nada sabéis, vos, que tanta honra tenéis?

¿O me consideráis demasiado estúpida para comprender vuestro cortejo?

 ¡De eso nada!

 Aquí sola vengo a sentarme,

 una pupila para vuestra jugada;

 vuestras artes venid a enseñarme,

 mi señor se halla lejos de esta morada».

61 «¡Que de buena fe», dijo Gawain, «Dios os lo premie!

Mucho me complace, y me alegra sobremanera

que alguien tan digno como vos esté dispuesto a venir aquí

y tomarse la molestia con un hombre tan pobre:

en cuanto a lo de jugar con este vuestro caballero,

mostrándoos favor en cualquier forma, me llena de alegría.

to comment on the text and tales of knighthood
to you, who I am certain possess far more skill
in that art by the half than a hundred of such
as I am, or shall ever be while on earth I remain,
it would be folly manifold, in faith, my lady!
All your will I would wish to work, as I am able,
being so beholden in honour, and, so help me the Lord,
desiring ever the servant of yourself to remain.'
Thus she tested and tried him, tempting him often,
so as to allure him to love-making, whatever lay in her heart.
But his defence was so fair that no fault could be seen,
nor any evil upon either side, nor aught but joy
     they wist.
   They laughed and long they played;
   at last she him then kissed,
   with grace adieu him bade,
   and went whereso she list.

62 Then rousing from his rest he rose to hear Mass,
   and then their dinner was laid and daintily served.
   The livelong day with the ladies in delight he spent,
   but the lord o'er the lands leaped to and fro,
   pursuing his fell swine that o'er the slopes hurtled
   and bit asunder the backs of the best of his hounds,

¡Pero que yo me dedique a disertar sobre el verdadero amor,

o a comentaros los textos y los cuentos de caballería, pues

estoy seguro que en tales artes vos tenéis mucha más pericia

que yo y que la mitad de un centenar de cuantos son

como yo soy, o seré mientras more en este mundo,

a fe mía que sería una locura soberana, mi señora!

Toda vuestra voluntad desearía cumplir,

en la medida de mis fuerzas, pues

me debo al honor y, con la ayuda de Dios,

no deseo más que ser siempre vuestro servidor».

Así, la dama lo puso a prueba, tentándolo a menudo,

con el fin de seducirlo para que su pasión pusiera en práctica,

en cualesquiera formas que su corazón desease.

Pero su defensa fue tan buena que no se pudo ver falta alguna,

ni maldad por ninguna de las partes, ni buscaron[23] más que la alegría

    compartida.

Al fin ella le besó,

a modo de despedida,

Se fue donde le pareció,[24]

de jugar y reír estaba servida.

62 Desperezándose de su descanso, se dirigió a oír misa,

y luego le prepararon la cena, que le fue servida con delicadeza.

Pasó el día entero deleitándose con las damas,

mas el señor de aquellas tierras seguía saltando de un lado a otro,

persiguiendo al cerdo salvaje que se lanzaba por las laderas

---

23. [*N. del T.*] En el original, «wist»; Christopher Tolkien define este término arcaico en el glosario final como «know», con la acepción de «buscar, saber o conocer».

24. [*N. del T.*] En el original, «list»; Christopher Tolkien define este término arcaico en el glosario final como «wished», con la acepción de «desear, parecer».

wherever to bay he was brought, until bowmen dislodged him,
and made him, maugre his teeth, move again onward,
so fast the shafts flew when the folk were assembled.
And yet the stoutest of them still he made start there aside,
till at last he was so spent he could speed no further,
but in such haste as he might he made for a hollow
on a reef beside a rock where the river was fl owing.
He put the bank at his back, began then to paw;
fearfully the froth of his mouth foamed from the corners;
he whetted his white tusks. Then weary were all
the brave men so bold as by him to stand
of plaguing him from afar, yet for peril they dared not
　　　come nigher.
　　He had hurt so many before,
　　that none had now desire
　　to be torn with the tusks once more
　　of a beast both mad and dire.

63　Till the knight himself came, his courser spurring,
and saw him brought there to bay, and all about him his men.
Nothing loth he alighted, and leaving his horse,
brandished a bright blade and boldly advanced,
striding stoutly through the ford to where stood the felon.

y destrozaba los lomos de sus mejores sabuesos, siempre
que se podía proteger; los arqueros lo sacaban de allí
consiguiendo, cuando se juntaban alrededor de él,
que, aunque mostraba[25] los dientes, se moviese
contra ellos de tantas flechas que le venían volando.
Aun así, a los más fuertes conseguía apartar, mas finalmente
perdió tanto las fuerzas que no pudo acelerar más,
y con tanta prisa como pudo se dirigió a un hueco
que halló bajo una roca donde pasaba la corriente del río.
Dejando la orilla a su espalda, comenzó a cavar con las pezuñas;
de las comisuras de la boca le brotaba una espuma tremenda;
afiló sus blancos colmillos. Cansados se encontraban los cazadores,
bravos hombres, tan valientes como para pararse
cerca de él, mas a cierta distancia;
no se atrevían a acercarse más, pues
         era peligroso.
    A tantos había lastimado
    que nadie estaba deseoso
    de con sus colmillos ser desgarrado
    por aquel bicho loco y horroroso.

63 En esto llegó el caballero del castillo, espoleando su corcel,
    y vio dónde lo habían acorralado, con sus hombres rodeándolo.
    Desmontó con ligereza, y dejando a un lado su caballo,
    blandió una espada brillante y avanzó con audacia,
    vadeando a grandes zancadas hasta ver donde estaba

---

25. [*N. del T.*] En el original, «maugre». En el glosario final Christopher Tolkien
define esta expresión derivada del francés antiguo, como «in spite of», señalando que
el sentido de la frase al completo «maugre his teeth» es «in spite of all he could do to
resist»; es decir, el jabalí acorralado está a punto de ser vencido a pesar de que enseña
los dientes y se revuelve contra los cazadores.

The wild beast was aware of him with his weapon in hand,
and high raised his hair; with such hate he snorted
that folk feared for the knight, lest his foe should worst him.
Out came the swine and set on him at once,
and the boar and the brave man were both in a mellay
in the wildest of the water. The worse had the beast,
for the man marked him well, and as they met he at once
struck steadily his point straight in the neck-slot,
and hit him up to the hilts, so that his heart was riven,
and with a snarl he succumbed, and was swept down the
        water straightway.
    A hundred hounds him caught,
    and fiercely bit their prey;
    the men to the bank him brought,
    and dogs him dead did lay.

64   There men blew for the prise in many a blaring horn,
     and high and loud hallooed all the hunters that could;
     bloodhounds bayed for the beast, as bade the masters,
     who of that hard-run chase were the chief huntsmen.
     Then one that was well learnéd in woodmen's lore
     with pretty cunning began to carve up this boar.
     First he hewed off his head and on high set it,
     then he rent him roughly down the ridge of the back,
     brought out the bowels, burned them on gledes,
     and with them, blended with blood, the bloodhounds rewarded.
     Next he broke up the boar-flesh in broad slabs of brawn,
     and haled forth the hastlets in order all duly,

el felón. Le percibió la fiera con su arma en la mano,
y se le pusieron tiesas todas las cerdas; con tanto odio resopló
que todos temieron por el caballero, no fuera que su enemigo
le pudiese lastimar. Salió el cerdo salvaje sobre el señor
del castillo disparado con tanta fuerza que los dos,
jabalí y hombre bravo, formaron una suerte de melé,
cayendo en las corrientes más salvajes del río.
La bestia llevó las de perder, pues pudo el señor
tomarle la medida y tan pronto como se pusieron juntos
le hundió con firmeza su filo justo en la escotadura,
metiéndolo hasta las mismas cachas, de modo que
le desagarró el corazón y dando un gruñido
sucumbió, y seguidamente por las corrientes
        fue arrastrado.
    Cien sabuesos lo atraparon
    y cual presa fue mordisqueado;
    los hombres a la orilla lo llevaron,
    y por los perros fue rematado.

64 Tocando el tono adecuado en los cuernos que tenían,
    bien alto y fuerte jalearon la captura todos los cazadores
    que allí había. Los sabuesos seguidamente aullaron
    por la bestia, pues tal demandaban sus dueños,
    los principales cazadores en aquella persecución.
    Uno de ellos, que tenía conocimiento de las tareas
    propias de la caza en los bosques, comenzó
    a despiezar el jabalí con mucha maña.
    Primero le cortó la cabeza y la colocó en lo alto,
    luego lo rasgó con rudeza por el medio,
    le sacó las tripas y las tiró a unas brasas para asarlas
    y con ellas, mezcladas con sangre, a los sabuesos

and yet all whole he fastened the halves together,
and strongly on a stout pole he strung them then up.
Now with this swine homeward swiftly they hastened,
and the boar's head was borne before the brave knight himself
who felled him in the ford by force of his hand

    so great.
  Until he saw Sir Gawain
  in the hall he could hardly wait.
  He called, and his pay to gain
  the other came there straight.

65 The lord with his loud voice and laughter merry
gaily he greeted him when Gawain he saw.
The fair ladies were fetched and the folk all assembled,
and he showed them the shorn slabs, and shaped his report
of the width and wondrous length, and the wickedness also
in war, of the wild swine, as in the woods he had fl ed.
With fair words his friend the feat then applauded,
and praised the great prowess he had proved in his deeds;
for such brawn on a beast, the brave knight declared,
or such sides on a swine he had never seen before.
They then handled the huge head, and highly he praised it,
showing horror at the hideous thing to honour the lord.
'Now, Gawain,' said the good man, 'this game is your own

premió. Luego en dos grandes pedazos de puro músculo[26]
partió la carne del jabalí, y puso aparte las asaduras
como es debido, y lo que partió en dos ató
bien fuerte y lo puso todo colgando de un palo robusto.
Así dispuesto el cerdo salvaje, se dirigieron raudos al hogar.
Llevaban la cabeza del jabalí delante del valiente caballero
que en aquella corriente con su mano poderosa lo pudo
  derrotar.
  Hasta que a Sir Gawain vió
  en la sala, apenas pudo esperar.
  Le llamó y presto acudió
  para su paga poder ganar.

65 El señor, con su voz fuerte y vivaz risa
saludó a Gawain con alegría cuando le vio.
Fueron a buscar a las bellas damas y todos allí se congregaron;
a todos les mostró aquel par de perfectos pedazos y se puso
a contar lo que pasó en la cacería con detalle; les habló
del tremendo tamaño de la bestia, de su terrible temperamento,
de cómo el cerdo salvaje huyó por los bosques. Con bellas
palabras aplaudió Gawain lo narrado, y alabó la gran proeza
que había logrado el líder de aquel castillo;
declaró el buen caballero que nunca había contemplado antes
tal pedazo de bestia brava, tal tamaño en un cerdo salvaje.
Tras esto trajeron entonces la enorme cabeza, que alabó sobremanera,
mostrando horror ante la horripilante cosa con la que se honraba
al señor. «Ahora, Gawain», señaló el buen hombre, «esta

---

26. [*N. del T.*] En el original, «brawn»; Christopher Tolkien define este término arcaico en el glosario final como «flesh», con la acepción de «carne, músculo,
fibra».

by close covenant we concluded, as clearly you know.'
'That is true,' he returned, 'and as truly I assure you
all my winnings, I warrant, I shall award you in exchange.'
He clasped his neck, and courteously a kiss he then gave him
and swiftly with a second he served him on the spot.
'Now we are quits,' he quoth, 'and clear for this evening
of all covenants we accorded, since I came to this house,
      as is due.'
   The lord said: 'By Saint Gile,
   your match I never knew!
   You'll be wealthy in a while,
   such trade if you pursue.'

66   Then on top of the trestles the tables they laid,
cast the cloths thereon, and clear light then
wakened along the walls; waxen torches
men set there, and servants went swift about the hall.
Much gladness and gaiety began then to spring
round the fire on the hearth, and freely and oft
at supper and later: many songs of delight,
such as canticles of Christmas, and new carol-dances,
amid all the mannerly mirth that men can tell of;
and ever our noble knight was next to the lady.
Such glances she gave him of her gracious favour,
secretly stealing sweet looks that strong man to charm,
that he was passing perplexed, and ill-pleased at heart.
Yet he would fain not of his courtesy coldly refuse her,
but graciously engaged her, however against the grain
      the play.
   When mirth they had made in hall
   as long as they wished to stay,

pieza es vuestra por el firme pacto al que llegamos, como bien sabéis».

«Es bien cierto», respondió él, «y ciertamente os aseguro

que todas mis ganancias, así lo garantizo, os daré a cambio».

Le cogió del cuello, y cortésmente le dio un primer beso

y al punto un segundo allí mismo le plantó.

«En tablas quedamos», dijo, «por esta noche, pues cumplimos como

es debido con los pactos que acordamos cuando llegué

    a este hogar».

    «Nunca vi un hombre mejor.

    Si así vais a continuar,

    ¡Por San Gil!», dijo el señor,

    «gran riqueza vais a lograr».

66 Después, sobre unos caballetes colocaron las mesas,

dispusieron en ellas los manteles, y una luz clara a lo largo

de las paredes se pudo ver, por las antorchas de cera

que allí se pusieron. Salieron los sirvientes por la sala

bien rápido. Mucha alegría y regocijo sin reservas surgió

allí alrededor del fuego del hogar, en la cena y después;

muchos cantos deliciosos hubo, nuevas carolas, y canciones

de Navidad: el más noble divertimento que se podía narrar.

y siempre nuestro noble caballero estuvo situado

junto a la dama, que le dirigía tales miradas para conseguir

sus finos favores, sacándole en secreto dulces miradas

para cautivarle, que nuestro fuerte caballero quedó

más que perplejo y muy molesto en su corazón. Mas,

por su cortés condición no quiso rechazarla con frialdad,

sino que con cortesía la trató, aunque la cosa le causaba

    pesadumbre.

    Cuando en la sala la fiesta concluyó

    como mandaba la costumbre,

to a room did the lord them call
and to the ingle they made their way.

67 There amid merry words and wine they had a mind once more
to harp on the same note on New Year's Eve.
But said Gawain: 'Grant me leave to go on the morrow!
For the appointment approaches that I pledged myself to.'
The lord was loth to allow it, and longer would keep him,
and said: 'As I am a true man I swear on my troth
the Green Chapel thou shalt gain, and go to your business
in the dawn of New Year, sir, ere daytime begins.
So still lie upstairs and stay at thine ease,
and I shall hunt in the holt here, and hold to my terms
with thee truly, when I return, to trade all our gains.
For I have tested thee twice, and trusty I find thee.
Now "third time pays for all", bethink thee tomorrow!
Make we merry while we may and be mindful of joy,
for the woe one may win whenever one wishes!'
This was graciously agreed, and Gawain would linger.
Then gaily drink is given them and they go to their beds
      with light.
  Sir Gawain lies and sleeps
  soft and sound all night;
  his host to his hunting keeps,
  and is early arrayed aright.

a una habitación el señor los llevó
y se pusieron delante de la lumbre.[27]

67 Allí, entre palabras alegres y vino, se propusieron
una vez más tocar la misma tecla en Nochevieja.
Mas dijo Gawain: «¡Dadme permiso para partir mañana!
Porque se acerca la cita a la que me comprometí».
El señor se mostraba reacio a permitirlo, pues retenerle
más tiempo deseaba, y le dijo: «Como hombre honesto
que soy os prometo por mi honor que podréis alcanzar
la Capilla Verde y cumplir vuestros asuntos
al amanecer del Año Nuevo, antes de que se haga
de día, señor mío. Quedaos y descansad cuanto deseéis,
que yo cazaré de nuevo por los bosques y cumpliré
con vos lo convenido, cuando regrese, para intercambiar
lo ganado. Pues os he probado dos veces y puedo confiar
en vos. "A la tercera va la vencida", tened eso presente
mañana. Pasémoslo bien mientras podamos
pues las penas pueden venir cuando nos plazca».
Esto acordaron gentilmente, y Gawain se quedó.
Bebieron con fruición, y tras unas teas se fueron a sus camas
        a descansar.
    Toda la noche de un tirón
    Gawain duerme en bienestar;
    a cazar se va su anfitrión,
    que temprano se va a preparar.

27. [*N. del T.*] En el original, «ingle»; Christopher Tolkien define este término
arcaico en el glosario final como «fuego que arde en el hogar».

68   After Mass of a morsel he and his men partook.
     Merry was the morning. For his mount then he called.
     All the huntsmen that on horse behind him should follow
     were ready mounted to ride arrayed at the gates.
     Wondrous fair were the fields, for the frost clung there;
     in red rose-hued o'er the wrack arises the sun,
     sailing clear along the coasts of the cloudy heavens.
     The hunters loosed hounds by a holt-border;
     the rocks rang in the wood to the roar of their horns.
     Some fell on the line to where the fox was lying,
     crossing and re-crossing it in the cunning of their craft.
     A hound then gives tongue, the huntsman names him,
     round him press his companions in a pack all snuffling,
     running forth in a rabble then right in his path.
     The fox flits before them. They find him at once,
     and when they see him by sight they pursue him hotly,
     decrying him full clearly with a clamour of wrath.
     He dodges and ever doubles through many a dense coppice,
     and looping oft he lurks and listens under fences.
     At last at a little ditch he leaps o'er a thorn-hedge,
     sneaks out secretly by the side of a thicket,
     weens he is out of the wood and away by his wiles from the hounds.
     Thus he went unawares to a watch that was posted,
     where fierce on him fell three foes at once
              all grey.

68 Tras la misa él y sus hombres tomaron un bocado.
La mañana se mostraba maravillosa. Hizo traer su montura.
Todos los cazadores que tras él tendrían que ir a caballo
ya estaban preparados para montar a las puertas del castillo.
Hermosos lucían los campos cubiertos de escarcha.
En rojo rubor de rosa sobre las nubes a la deriva[28]
sale el sol, surcando con su claridad las costas del cielo.
Los cazadores sueltan a los sabuesos en la linde misma
del bosque.[29] En él resuenan las rocas al rugido de sus cuernos.
Un can de aquellos detecta la zona por donde un zorro
acaba de pasar, cruzándola y volviéndola a cruzar con astucia.
Un sabueso ladra soltando su lengua; el cazador lo azuza,
y corre el can a formar con sus compañeros de camada
una jauría que tras él se lanza en tropel, todos olfateando;
deprisa huye el zorro delante de ellos. Al punto dan con él
y cuando lo ven lo persiguen con pasión,
lanzándole ladridos de un claro clamor airado.
Les da esquinazo, doblando por entre los densos arbustos,
dando vueltas a menudo, al acecho, muy atento.
Finalmente, junto a un pequeño foso, da un
salto por encima de un espino, y se escabulle a escondidas
por un denso matorral. Piensa que sus tretas le tienen
fuera del bosque, a salvo de los sabuesos, mas sin darse
cuenta pasa pegado a un puesto de vigilancia
desde donde cayeron sobre él tres canes
        de gris color.

28. [*N. del T.*] En el original, «wrack»; Christopher Tolkien define este término arcaico en el glosario final como «nube a la deriva».

29. [*N. del T.*] En el original, «holt»; Christopher Tolkien define este término
arcaico en el glosario final como «bosque».

He swerves then swift again,
and dauntless darts astray;
in grief and in great pain
to the wood he turns away.

69 Then to hark to the hounds it was heart's delight,
    when all the pack came upon him, there pressing together.
    Such a curse at the view they called down on him
    that the clustering cliffs might have clattered in ruin.
    Here he was hallooed when hunters came on him,
    yonder was he assailed with snarling tongues;
    there he was threatened and oft thief was he called,
    with ever the trailers at his tail so that tarry he could not.
    Oft was he run at, if he rushed outwards;
    oft he swerved in again, so subtle was Reynard.
    Yea! he led the lord and his hunt as laggards behind him
    thus by mount and by hill till mid-afternoon.
    Meanwhile the courteous knight in the castle in comfort slumbered
    behind the comely curtains in the cold morning.
    But the lady in love-making had no liking to sleep
    nor to disappoint the purpose she had planned in her heart;
    but rising up swiftly his room now she sought

Vira y vuelve a cargar,

se desvía lleno de valor;

en el bosque vuelve a entrar

con pesar y gran dolor.

69 Le daba deleite al corazón escuchar a los sabuesos

cuando toda la jauría cargó contra él en gruesa piña.

Tales ladridos le lanzaban cuando lo tenían a la vista que

retumbaban los riscos como si en ruinas fueran a deshacerse.

Aquí, cargaban contra él los cazadores en clamorosos gritos;

allá, le perseguían los perros ladrando con sus lenguas;

acullá, recibía amenazas y ratero le llamaban a menudo;

tanto le pisaban los talones los que tras iban él

que no podía pararse. Cuando casi lo tenían

capturado en campo abierto, cambiaba de curso

con tanta rapidez y sutileza como Reynard.[30]

¡Oh, sí! Llevaba al señor del castillo y a los suyos rezagados tras él

por montes y colinas hasta pasado más del medio día.

Mientras tanto, el cortés caballero dormía cómodamente

en el castillo tras las elegantes cortinas en la fría mañana.

Pero, pensando en la práctica del amor, la dama no quería dormir

ni defraudar el propósito que planeaba su corazón;

---

30. [*N. del T.*] El zorro Reynard es el protagonista principal del *Roman de Renart,* un conjunto de poemas escritos en francés, de entre los siglos XII y XIII, que presentan una parodia de la literatura épica y de los poemas e historias del amor cortés. La acción tiene lugar en una sociedad de animales antropomórficos que imita en todo a la humana. El personaje de Reynard, zorro de gran inteligencia y astucia, es el protagonista principal de un ingente número de fábulas y cuentos de gran popularidad a lo largo de toda la Europa medieval, en los que aparece descrito con múltiples nombres (Reynard, Renard, Renart, Reinard, Reinecke, Reinhardus, etc.) que no son sino variantes fonéticas del mismo personaje.

in a gay mantle that to the ground was measured
and was fur-lined most fairly with fells well trimmed,
with no comely coif on her head, only the clear jewels
that were twined in her tressure by twenties in clusters;
her noble face and her neck all naked were laid,
her breast bare in front and at the back also.
She came through the chamber-door and closed it behind her,
wide set a window, and to wake him she called,
thus greeting him gaily with her gracious words
     of cheer:
  'Ah! man, how canst thou sleep,
  the morning is so clear!'
  He lay in darkness deep,
  but her call he then could hear.

70 In heavy darkness drowsing he dream-words muttered,
as a man whose mind was bemused with many mournful thoughts,
how destiny should his doom on that day bring him
when he at the Green Chapel the great man would meet,
and be obliged his blow to abide without debate at all.
But when so comely she came, he recalled then his wits,
swept aside his slumbers, and swiftly made answer.
The lady in lovely guise came laughing sweetly,
bent down o'er his dear face, and deftly kissed him.
He greeted her graciously with a glad welcome,
seeing her so glorious and gaily attired,
so faultless in her features and so fine in her hues
that at once joy up-welling went warm to his heart.
With smiles sweet and soft they turned swiftly to mirth,
and only brightness and bliss was broached there between

al contrario, se levantó rauda y buscó el cuarto del caballero
llevando un hermoso manto que llegaba hasta el suelo
e iba forrado de pieles perfectamente cosidas.
En la cabeza no llevaba cofia elegante, tan sólo
sus piedras preciosas puestas en una redecilla
de veinte en veinte; desnudos llevaba rostro y cuello,
y un escote descubierto por detrás y por delante.
Entró por la puerta del cuarto, cerrándola tras de sí,
y abrió de par en par una ventana. Para despertarlo
lo llamó saludándole con dulces palabras llenas
    de beldad:
     «Vaya, hombre. ¡Cómo podéis dormir,
     en una mañana de tanta claridad!».
    Pudo bien su llamada oír
    aunque yacía en profunda oscuridad.

70 En la pesada oscuridad palabras de ensueño
murmuraba medio dormido, como hombre cuya mente
estaba perturbada por muchos pensamientos lúgubres
sobre lo que el destino le depararía ese día,
cuando en la Capilla Verde se encontrase con el gran hombre
y se viese obligado a recibir el golpe convenido sin combate alguno.
Mas cuando la dama llegó tan atractiva, el caballero el sentido
recobró, se deshizo de sus sueños y rápidamente le respondió.
La dama, de adorable aspecto, se acercó dulcemente
riendo, se inclinó sobre su bello rostro
y le dio un beso con mucha destreza. En amable bienvenida
Gawain le dio un gentil saludo, pues gloriosa
la veía, vestida con hermosura, sin defectos
ni faltas, con tan finos detalles, que de alegría se inundó
su corazón. Entre sonrisas dulces y suaves a departir

them so gay.
They spoke then speeches good,
much pleasure was in that play;
great peril between them stood,
unless Mary for her knight should pray.

71 For she, queenly and peerless, pressed him so closely,
led him so near the line, that at last he must needs
either refuse her with offence or her favours there take.
He cared for his courtesy, lest a caitiff he proved,
yet more for his sad case, if he should sin commit
and to the owner of the house, to his host, be a traitor.
'God help me!' said he. 'Happen that shall not!'
Smiling sweetly aside from himself then he turned
all the fond words of favour that fell from her lips.
Said she to the knight then: 'Now shame you deserve,
if you love not one that lies alone here beside you,
who beyond all women in the world is wounded in heart,
unless you have a lemman, more beloved, whom you like better,
and have affianced faith to that fair one so fast and so true
that your release you desire not – and so I believe now;
and to tell me if that be so truly, I beg you.
For all sakes that men swear by conceal not the truth
    in guile.'
  The knight said: 'By Saint John,'

alegres comenzaron, disfrutando de goce y felicidad
    en demasía.
Se dijeron palabras hermosas,
mucho placer en aquel juego había;
se hallaban en situación peligrosa,
a menos que por él rezara María.

71 Pues la dama, regia y sin par, le ponía en tal brete,
le llevaba tan al límite que al final sólo tenía dos opciones:
o rechazarla de malos modos, o aceptar sus favores.
Le preocupaba su cortés comportamiento,
pues no quería ni parecer un patán ni, si pecaba,
ser tomado por traidor por su huésped,
por el dueño del castillo. «¡Que Dios me ayude!», dijo,
«¡Que no suceda!». Sonriendo dulcemente volvió en sí,
y sorteó todas las sentidas palabras de favor que salían
de los labios de la dama, que le dijo entonces al caballero:
«Vergüenza merecéis si ahora mismo no mostráis amor
a esta mujer que tenéis aquí tumbada y sola a vuestro lado,
que de todas las mujeres del mundo es la que más herido
tiene el corazón. Salvo, claro, que tengáis otra amante[31]
que deseéis de mejor manera y más os guste,
una más hermosa en la que fiais vuestra fe y fidelidad,
de quien no queréis liberaros. Esto tal creo ahora,
y os ruego que refiráis si hay verdad en ello.
Pues perjuran los hombres disfrazando con el engaño
    la verdad».
  «Por San Juan, os aseguro».

---

31. [*N. del T.*] En el original, «lemman»; Christopher Tolkien define en el glosario final este término arcaico derivado del inglés antiguo como «amante, querida».

and softly gave a smile,
'Nay! lover have I none,
and none will have meanwhile.'

72   Those words', said the woman, 'are the worst that could be.
But I am answered indeed, and 'tis hard to endure.
Kiss me now kindly, and I will quickly depart.
I may but mourn while I live as one that much is in love.'
Sighing she sank down, and sweetly she kissed him;
then soon she left his side, and said as she stood there:
'Now, my dear, at this parting do me this pleasure,
give me something as thy gift, thy glove it might be,
that I may remember thee, dear man, my mourning to lessen.'
'Now on my word,' then said he, 'I wish I had here
the loveliest thing for thy delight that in my land I possess;
for worthily have you earned wondrously often
more reward by rights than within my reach would now be,
save to allot you as love-token thing of little value.
Beneat h your honour it is to have here and now
a glove for a guerdon as the gift of Sir Gawain:
and I am here on an errand in unknown lands,
and have no bearers with baggage and beautiful things
(unluckily, dear lady) for your delight at this time.
A man must do as he is placed; be not pained nor
        aggrieved,' said he.
    Said she so comely clad:
    'Nay, noble knight and free,
    though naught of yours I had,
    you should get a gift from me.'

dijo, y sonrió con suavidad,
«que ni tengo ni en el futuro
tendré amante, en realidad».

72 «Esas palabras», dijo la mujer, «son las peores que podría haber.
Mas me han dado respuesta, y es difícil soportarlo.
Besadme ahora amablemente, y partiré presto. No puedo
más que llorar mientras viva, como quien mucho ama».
Suspirando, se le acercó y le besó con suave dulzura;
luego, se alejó de su lado, y le dijo allí delante:
«Ahora, querido mío, en esta despedida, dadme algo
como presente, hacedme el favor; podría ser vuestro guante,
para que os recuerde, querido, y disminuya mi duelo».
«En verdad», dijo él, «desearía tener aquí
la más hermosa de mis posesiones terrenales para
daros deleite, pues dignamente y por derecho
sois merecedora de recompensas mucho más maravillosas
de las que están a mi alcance; sólo puedo daros
en prenda de amor cosa de poco valor.
Estaría muy por debajo de vuestro honor daros
en prenda como galardón un guante de Sir Gawain:
aquí me hallo con una misión hacia moradas ignotas,
y no tengo porteadores de bagajes y bellas cosas
(por desgracia, querida dama) para vuestro deleite ahora.
Cada hombre debe hacer lo que debe hacer
con lo que le toca. No tengáis por mí ni pena
        ni dolor».
Dijo la dama, bien preparada:
«No, libre y noble señor;
aunque de vos no tuviese nada,
de mí recibirás algo de valor».

73 A rich ring she offered him of red gold fashioned,
      with a stone like a star standing up clear
      that bore brilliant beams as bright as the sun:
      I warrant you it was worth wealth beyond measure.
      But the knight said nay to it, and announced then at once:
      'I will have no gifts, fore God, of your grace at this time.
      I have none to return you, and naught will I take.'
      She proffered it and pressed him, and he her pleading refused,
      and swore swiftly upon his word that accept it he would not.
      And she, sorry that he refused, said to him further:
      'If to my ring you say nay, since too rich it appears,
      and you would not so deeply be indebted to me,
      I shall give you my girdle, less gain will that be.'
      She unbound a belt swiftly that embracing her sides
      was clasped above her kirtle under her comely mantle.
      Fashioned it was of green silk, and with gold finished,
      though only braided round about, embroidered by hand;
      and this she would give to Gawain, and gladly besought him,
      of no worth though it were, to be willing to take it.
      And he said nay, he would not, he would never receive
      either gold or jewelry, ere God the grace sent him
      to accomplish the quest on which he had come thither.
      'And therefore I pray you, please be not angry,
      and cease to insist on it, for to your suit I will ever
              say no.
          I am deeply in debt to you
          for the favour that you show,
          to be your servant true
          for ever in weal or woe.'

73 Un rico anillo le ofreció, todo hecho de oro rojo
con una piedra preciosa que como una estrella
fija en el firmamento fulgía como el sol:
os puedo asegurar que poseía una valía sin medida.
Mas el caballero dijo no y declaró de inmediato:
«Por Dios que ahora no recibiré regalos de vuestra gracia.
No tengo nada que daros y nada tomaré».
Se puso insistente la dama, presionándole, mas su petición
declinó de nuevo y dio su palabra de que no lo aceptaría.
Y ella, apenada tras su negativa, le dijo después:
«Si a mi anillo decis que no, pues demasiado rico parece,
y no deseáis estar tan profundamente en deuda conmigo,
os daré mi cinto, que reportará menos recompensa».
Desató rápidamente una cinta que ceñía sus costados
y se sujetaba sobre la sobreveste, bajo el bello manto.
Era de seda verde, tenía ribetes dorados por todo
el borde y estaba bordada a mano.
Quiso dársela a Gawain y gentilmente le rogó,
que aunque no tuviese valor, la tomase en prenda.
Mas dijo que no, que no lo haría, que nunca recibiría
ni oro ni joyas hasta que Dios le diese la gracia
de terminar la tarea para la que había venido.
«Y por eso os pido que no os enfadéis, y que dejéis
de insistir en ello, pues a vuestra petición siempre
          que no diré.
    Por el favor que me mostráis,
    con vos en deuda estaré,
    y en mí fiel servidor halláis,
    en la dicha y en la pena, tal seré».

74   'Do you refuse now this silk,' said the fair lady,
      'because in itself it is poor? And so it appears.
      See how small 'tis in size, and smaller in value!
      But one who knew of the nature that is knit therewithin
      would appraise it probably at a price far higher.
      For whoever goes girdled with this green riband,
      while he keeps it well clasped closely about him,
      there is none so hardy under heaven that to hew him were able;
      for he could not be killed by any cunning of hand.'
      The knight then took note, and thought now in his heart,
      'twould be a prize in that peril that was appointed to him.
      When he gained the Green Chapel to get there his sentence,
      if by some sleight he were not slain, 'twould be a sovereign device.
      Then he bore with her rebuke, and debated not her words;
      and she pressed on him the belt, and proffered it in earnest;
      and he agreed, and she gave it very gladly indeed,
      and prayed him for her sake to part with it never,
      but on his honour hide it from her husband; and he then agreed
      that no one ever should know, nay, none in the world
            but they.
         With earnest heart and mood
         great thanks he oft did say.
         She then the knight so good
         a third time kissed that day.

75   Then she left him alone, her leave taking,
      for amusement from the man no more could she get.
      When she was gone Sir Gawain got him soon ready,
      arose and robed himself in raiment noble.
      He laid up the love-lace that the lady had given,
      hiding it heedfully where he after might find it.

74 «¿Despreciáis también esta seda», dijo la bella dama,
    «porque es pobre por sí misma? Tal parece.
    ¡Mirad cuán pequeña es en tamaño, y más pequeña en valor!
    Pero quien conociese la condición de lo que en ella
    va tejido la tasaría probablemente en un precio mucho mayor.
    Porque no habrá nadie tan duro bajo el cielo que pueda destruir
    a quien vaya ceñido con esta cinta verde,
    mientras la mantenga bien sujeta en él,
    pues no se le podrá matar por mucha maña que se muestre».
    Cayó en la cuenta el caballero, considerándolo en su corazón,
    de que sería buena protección para el peligro puesto para él.
    Cuando llegase a la Capilla Verde para cumplir allí
    su sentencia sería una soberana hazaña si así no hallaba la muerte.
    Dejó de resistirse y no discutió las palabras de la dama
    y aceptó su petición de ponerle el cinto, pues se lo ofreció
    gentilmente, dándoselo con mucho gusto; y le rogó
    por su bien que nunca se separara de él, y que por su honor
    no se lo mostrara a su marido; a que, salvo ellos,
    nunca nadie, pero nadie en el mundo, lo supiera accedió
            sin porfía.
        Con ánimo y corazón sincero
        le dio gracias en demasía.
        Entonces al buen caballero
        besó por tercera vez aquel día.

75 Después, despidiéndose de él, la dama lo dejó solo,
    pues no podía sacar más satisfacción de aquel hombre.
    Cuando se fue Sir Gawain se preparó presto,
    se levantó y se vistió con nobles vestimentas.
    Guardó el lazo de amor que le había dado la dama,
    escondiéndolo con cuidado donde pudiera después

Then first of all he chose to fare to the chapel,
privately approached a priest, and prayed that he there
would uplift his life, that he might learn better
how his soul should be saved, when he was sent from the world.
There he cleanly confessed him and declared his misdeeds,
both the more and the less, and for mercy he begged,
to absolve him of them all he besought the good man;
and he assoiled him and made him as safe and as clean
as for Doom's Day indeed, were it due on the morrow.
Thereafter more merry he made among the fair ladies,
with carol-dances gentle and all kinds of rejoicing,
than ever he did ere that day, till the darkness of night,
      in bliss.
  Each man there said: 'I vow
  a delight to all he is!
  Since hither he came till now,
  he was ne'er so gay as this.'

76 Now indoors let him dwell and have dearest delight,
while the free lord yet fares afield in his sports!
At last the fox he has felled that he followed so long;
for, as he spurred through a spinney to espy there the villain,
where the hounds he had heard that hard on him pressed,
Reynard on his road came through a rough thicket,
and all the rabble in a rush were right on his heels.
The man is aware of the wild thing, and watchful awaits him,

encontrarlo. Luego, en primer lugar, decidió ir a la capilla
para ver en privado a un preste, y allí pedirle
que le diese ánimos para que pudiera aprender mejor
cómo debía salvar su alma cuando marchase fuera del mundo.
Confesó entonces totalmente, y contó sus malas acciones,
tanto las mayores como las menores, y misericordia
y absolución de todas ellas tal pidió al buen hombre.
Éste le libró de toda culpa[32] y le dejó tan limpio y tan sano
como para el día del Juicio Final, si fuese mañana mismo.
Después de esto, halló gran contento entre las bellas damas,
bailando dulces carolas, con regocijo de todo tipo, disfrutando
hasta que llegó la noche oscura, como nunca lo había hecho
        hasta aquel día.
    «¡Qué deleite para todos!»,
    cada uno de los presentes decía.
    «Desde que llegó, tales modos
    no tuvo, ni tan feliz se le veía».

76 ¡Dejemos que dentro se quede en donoso deleite,
    mientras el dueño del castillo se sigue dedicando a su deporte!
    Por fin pudieron abatir al zorro que tanto perseguían
    pues, al pasar cerca del espino para ver al villano,
    tras sentir a los sabuesos que le seguían con saña,
    este Reynard en su camino se topó con un tupido matorral,
    con toda la rápida jauría pisándole los talones.
    El señor del castillo se da cuenta del curso de la fiera,

32. [*N. del T.*] En el original, «assoiled»; Christopher Tolkien define en el glosario final este término arcaico como «absolver». Ya que Tolkien hace uso de este
arcaísmo para evitar emplear de nuevo «absolver», utilizado en el verso precedente,
la traducción emplea el mismo procedimiento.

brings out his bright brand and at the beast hurls it;
and he blenched at the blade, and would have backed if he could.
A hound hastened up, and had him ere he could;
and right before the horse's feet they fell on him all,
and worried there the wily one with a wild clamour.
The lord quickly alights and lifts him at once,
snatching him swiftly from their slavering mouths,
holds him high o'er his head, hallooing loudly;
and there bay at him fiercely many furious hounds.
Huntsmen hurried thither, with horns full many
ever sounding the assembly, till they saw the master.
When together had come his company noble,
all that ever bore bugle were blowing at once,
and all the others hallooed that had not a horn:
it was the merriest music that ever men harkened,
the resounding song there raised that for Reynard's soul
    awoke.
    To hounds they pay their fees,
    their heads they fondly stroke,
    and Reynard then they seize,
    and off they skin his cloak.

77 And then homeward they hastened, for at hand was now night,
    making strong music on their mighty horns.
    The lord alighted at last at his beloved abode,
    found a fire in the hall, and fair by the hearth
    Sir Gawain the good, and gay was he too,
    among the ladies in delight his lot was most joyful.
    He was clad in a blue cloak that came to the ground;

y en atenta espera, desenvaina su fulgente filo y a la bestia
le lanza un mandoble, mas ésta lo esquiva con miedo, mostrando
deseo de retroceder si hubiese podido. Mas no pudo, pues
raudo un sabueso le saltó encima; a los pies
del caballo cayeron todos los demás finalmente sobre él
dando buena cuenta del astuto zorro con un clamor salvaje.
Desmonta raudo el señor y lo saca de seguido
de sus fauces voraces, y lo sostiene sobre su cabeza
dando fuertes gritos para llamar a los suyos mientras furiosos
los sabuesos seguían ladrando. Hasta allí llegaron
los cazadores corriendo, con muchos cuernos
sonando en sonora reunión, hasta que vieron a su líder.
Cuando se juntó la noble compañía al completo,
todos los que llevaban cuerno lo tocaron de nuevo,
y todos los demás que no tenían, gritaban fuerte:
era la más alegre y mejor música que jamás escucharon
los hombres, aquella canción que allí se cantó
y resonó para el alma de Reynard y su memoria
          recordar.
     A los sabuesos pagan en tropel,
     tras sus cabezas acariciar,
     y a Reynard le quitan la piel
     cual capa que fuesen a sacar.

77 Después, se dirigieron deprisa hacia su hogar,
pues la noche estaba al caer, haciendo
sonar con contundencia sus poderosos cuernos.
Llegó el señor por fin a su amada morada, bajó de su montura,
encontró un fuego en el salón sublime y
al buen Sir Gawain sentado junto al hogar, alegre
y bien dispuesto entre las damas que se deleitaban con él.

his surcoat well beseemed him with its soft lining,
and its hood of like hue that hung on his shoulder:
all fringed with white fur very finely were both.
He met indeed the master in the midst of the floor,
and in gaiety greeted him, and graciously said:
'In this case I will first our covenant fulfil
that to our good we agreed, when ungrudged went the drink.'
He clasps then the knight and kisses him thrice,
as long and deliciously as he could lay them upon him.
'By Christ!' the other quoth, 'you've come by a fortune
in winning such wares, were they worth what you paid.'
'Indeed, the price was not important,' promptly he answered,
'whereas plainly is paid now the profit I gained.'
'Marry!' said the other man, 'mine is not up to't;
for I have hunted all this day, and naught else have I got
but this foul fox-fell – the Fiend have the goods! –
and that is price very poor to pay for such treasures
as these you have thrust upon me, three such kisses
            so good.'
        ''Tis enough,' then said Gawain.
        'I thank you, by the Rood,'
        and how the fox was slain
        he told him as they stood.

78 With mirth and minstrelsy and meats at their pleasure
    as merry they made as any men could be;
    amid the laughter of ladies and light words of jest
    both Gawain and the good man could no gayer have proved,
    unless they had doted indeed or else drunken had been.

Llevaba una capa azul que llegaba hasta el suelo,
y una sobreveste de suave forro que muy bien le quedaba,
con capucha del mismo tono que colgaba de sus hombros:
ambos estaban bellamente orlados de blancas pieles.
Así, en medio de la sala salió al encuentro del señor
del castillo y con gran alegría lo saludó, diciéndole gentilmente:
«Esta vez cumpliré el primero con nuestro pacto,
que para nuestro bien acordamos, cuando bebimos buenamente».
Coge entonces al caballero y le da tres besos,
tan larga y deliciosamente como pudo plantárselos.
«¡Por Cristo!», dijo el otro, «que has cogido gran fortuna
al ganar tales prendas, si valiesen lo que pagaste».
«El precio, pues, no fue importante», respondió con prontitud,
«mientras mi pago sea ahora parejo a la ganancia que obtuve».
«¡Qué mal», dijo el otro hombre, «que lo mío no esté a la altura;
porque he cazado todo el día, y no he conseguido otra cosa
que este pobre pellejo de zorro! ¡Que al demonio le den
parecido!, pues es un precio muy pobre para pagar
tesoros tales como estos tres besos tan buenos
        que me has dado».
    «Te doy gracias», Gawain señaló,
    «por la Cruz, que me ha llegado».
    Y allí mismo el otro le contó
    cómo el zorro fue asesinado.

78 Con cantos, comida y contento en cantidad
    lo festejaron de la mejor manera posible.
    Rodeados de las risas de las damas y sus livianas palabras
    de broma, tanto Gawain como el buen hombre
    no podrían haberse puesto más alegres,

Both the host and his household went on with their games,
till the hour had approached when part must they all;
to bed were now bound the brave folk at last.
Bowing low his leave of the lord there first
the good knight then took, and graciously thanked him:
'For such a wondrous welcome as within these walls I have had,
for your honour at this high feast the High King reward you!
In your service I set myself, your servant, if you will.
For I must needs make a move tomorrow, as you know,
if you give me some good man to go, as you promised,
and guide me to the Green Chapel, as God may permit me
to face on New Year's day such doom as befalls me.'
'On my word,' said his host, 'with hearty good will
to all that ever I promised I promptly shall hold.'
Then a servant he assigns him to set him on the road,
and by the downs to conduct him, that without doubt or delay
he might through wild and through wood ways most
     straight pursue.
  Said Gawain, 'My thanks receive,
  such a favour you will do!'
  The knight then took his leave
  of those noble ladies two.

79 Sadly he kissed them and said his farewells,
and pressed oft upon them in plenty his thanks,
and they promptly the same again repaid him;

salvo que hubiesen perdido el sentido[33] o estuviesen borrachos.

Tanto el anfitrión como los suyos siguieron con sus juegos

hasta que se acercó la hora en la que debían despedirse.

Toda esta buena gente por fin se fue a la cama.

El buen caballero fue el primero en despedirse del señor del castillo

y lo hizo con una reverencia, dándole las gracias gentilmente:

«Que el Gran Rey de las alturas os recompense por rendirme

tal honor en este bello banquete, por la bienvenida

maravillosa que me habéis dispensado dentro de estos muros;

a vuestro servicio me pongo como vuestro servidor, si tal deseáis.

Pues debo partir mañana, como sabéis,

si me proporcionáis, como prometisteis, un buen guía

que me conduzca hasta la Capilla Verde, para que Dios

pueda permitirme encarar en el día de Año Nuevo el destino

que me aguarda». «Os doy mi palabra», dijo el anfitrión,

«que de buena voluntad cumpliré con prontitud lo prometido».

Le asignó entonces un criado para que le indicara el camino,

y le condujese por las colinas, para que sin duda ni demora

hallase recta ruta por los bosques y los más

     salvajes senderos.

  «Gracias os doy», Gawain señaló:

  «Me haréis el favor entero».

  Y con licencia se despidió

  de las dos damas el caballero.

79 Les dio un beso con tristeza y diciendo sus adioses

gran agradecimiento les dedicó en demasía,

y ambas le pagaron con presteza de la misma manera;

33. [*N. del T.*] En el original, «doted»; Christopher Tolkien define en el glosario final este término arcaico como «perder el juicio o el sentido».

to God's keeping they gave him, grievously sighing.
Then from the people of the castle he with courtesy parted;
all the men that he met he remembered with thanks
for their care for his comfort and their kind service,
and the trouble each had taken in attendance upon him;
and every one was as woeful to wish him adieu
as had they lived all their lives with his lordship in honour.
Then with link-men and lights he was led to his chamber
and brought sweetly to bed, there to be at his rest.
That soundly he slept then assert will I not,
for he had many matters in the morning to mind, if he
        would, in thought.
    There let him lie in peace,
    near now is the tryst he sought.
    If a while you will hold your peace,
    I will tell the deeds they wrought!

IV

Now New Year draws near and the night passes, day
comes driving the dark, as ordained by God; but
wild weathers of the world awake in the land, clouds
cast keenly the cold upon earth with bitter breath from the
North biting the naked. Snow comes shivering sharp to
shrivel the wild things, the whistling wind whirls from the
heights and drives every dale full of drifts very deep. Long

al cuidado de Dios lo confiaron, entre afligidos suspiros.

Después, con cortesía se despidió de las gentes del castillo,
dando gracias a todos con los que tuvo trato por su amabilidad,
por los cuidados dispensados para que cómodo estuviese,
por las molestias que se tomaron en tratarlo bien.
Todos tenían mucha pena por tener que decirle adiós,
como si hubiesen vivido toda su vida con aquel honorable caballero.
Luego, varios hombres que portaban luces[34] lo llevaron
a su cuarto dulcemente para que en su cama descansara.
Que durmiese profundamente no puedo afirmar, pues
la mañana iba a darle, si así lo deseaba, mucho
          en lo que pensar.
     Su cita no estaba distante,
     y así lo dejaron descansar.
     Si os calláis un instante,
     lo que pasó os voy a contar.

IV

Próximo se halla el Año Nuevo y pasa la noche
dejando que el día deshaga la oscuridad, como Dios
manda. Mas una salvaje meteorología se despierta
en la tierra; un frío intenso traen
las nubes del Norte con un gélido aliento
que dando dentelladas daña a los desprovistos.
Cae la nieve en cortantes copos que marchitan las cosas
salvajes, y el viento silba en remolinos que de lo alto

---

34. [*N. del T.*] En el original, «link-men»; Christopher Tolkien define en el
glosario final este término arcaico como «portadores de antorchas». Tolkien usa
«link-men and lights» por la aliteración; la traducción une ambos elementos para
mantener tanto el sentido como la aliteración en español.

the knight listens as he lies in his bed; though he lays down
his eyelids, very little he sleeps: at the crow of every cock
he recalls well his tryst. Briskly he rose from his bed ere the
break of day, for there was light from a lamp that illumined
his chamber. He called to his chamberlain, who quickly
him answered, and he bade him bring his byrnie and his
beast saddle. The man got him up and his gear fetched
him, and garbed then Sir Gawain in great array; first he
clad him in his clothes to keep out the cold, and after that
in his harness that with heed had been tended, both his
pauncer and his plates polished all brightly, the rings rid of
the rust on his rich byrnie: all was neat as if new, and the knight him
    thanked with delight.

He put on every piece
all burnished well and bright;
most gallant from here to Greece
for his courser called the knight.

81   While the proudest of his apparel he put on himself:
his coat-armour, with the cognisance of the clear symbol
upon velvet environed with virtuous gems
all bound and braided about it, with broidered seams
and with fine furs lined wondrous fairly within,
yet he overlooked not the lace that the lady had given him;
that Gawain forgot not, of his own good thinking;

vienen para llenar cada valle de profundos ventisqueros.
Tendido en su lecho largo tiempo escucha esto
el caballero, que poco duerme, aunque cierre los párpados.
Con el canto de cada gallo recuerda bien su cita.
De modo brusco se levantó del lecho
antes del amanecer, pues su aposento ya iluminaba
la luz de una lámpara. Llamó a su chambelán,
que raudo le respondió, y le ordenó que le trajese
la cota de malla y la silla de su montura.
Veloz le trajo todos sus pertrechos y vistió
a Gawain con grandes galas.
Prendas le puso primero para protegerse del frío,
después dispuso por encima el arnés que
con gran consideración había cuidado,
pues bien bruñido brillaba el peto y los anillos
de su hermosa cota lucían limpios y libres de herrumbre.
Todo parecía nuevo de tan pulcro, y por ello
al chambelán con deleite le dio gracias
      el caballero.
   Se puso todas las partes en él,
   brillantes y bruñidas con esmero;
   Era Gawain, que llamó por su corcel,
   de aquí a Grecia el más pinturero.

81 Se puso entonces las mejores y más dignas partes:
   la capa fina con su conocido y claro símbolo
   sobre veludo cubierto de virtuosas gemas,
   toda ella bellamente trenzada, con bordadas costuras
   y ribetes de finas pieles fantásticamente forradas por dentro;
   no pasó por alto, empero, aquel cinto de encaje
   que la dama le había dado; de esto no se olvidó

when he had belted his brand upon his buxom haunches,
he twined the love-token twice then about him,
and swiftly he swathed it sweetly about his waist,
that girdle of green silk, and gallant it looked
upon the royal red cloth that was rich to behold.
But he wore not for worth nor for wealth this girdle,
not for pride in the pendants, though polished they were,
not though the glittering gold there gleamed at the ends,
but so that himself he might save when suffer he must,
must abide bane without debating it with blade or with
      brand of war.
  When arrayed the knight so bold
  came out before the door,
     to all that high household
     great thanks he gave once more.

82 Now Gringolet was groomed, the great horse and high,
    who had been lodged to his liking and loyally tended:
    fain to gallop was that gallant horse for his good fettle.
    His master to him came and marked well his coat,
    and said: 'Now solemnly myself I swear on my troth
    there is a company in this castle that is careful of honour!
    Their lord that them leads, may his lot be joyful!
    Their beloved lady in life may delight befall her!
    If they out of charity thus cherish a guest,
    upholding their house in honour, may He them reward
    that upholds heaven on high, and all of you too!
    And if life a little longer I might lead upon earth,
    I would give you some guerdon gladly, were I able.'

Gawain, por su propio bien. Cuando terminó de colocar
el cinto de su espada, bien ceñido a sus turgentes
caderas, se puso aquella prenda de amor pasándola
dos veces a su alrededor para dejarla dulcemente
ceñida a su cintura. Le quedaba muy bien
aquel cinto de seda verde, y se veía soberbio sobre
aquellas ropas de regio rojo y ricas hechuras.
Pero no portaba este cinto ni por su valor ni por su riqueza,
ni por el porte de sus dijes, que bien bruñidos lucían,
ni por el oro brillante que en sus bordes fulgía,
sino porque podía salvarse a sí mismo cuando padeciese
la desgracia de aceptar su destino sin defenderse con la espada
            o con arma semejante.
    El audaz caballero bien vestido
    salió por la puerta adelante,
    y ante todos se mostró agradecido
    como ya había hecho antes.

82 Tras descansar como es debido, bien dispuesto estaba
Gringolet, su gran y galante caballo, listo para el galope.
Se acercó a él el caballero, y contemplando su capa
señaló: «Os doy solemnemente mi palabra
de que este castillo alberga compañía que cuida del honor.
¡Que la suerte le sea dichosa al señor que os sirve de guía!
¡Que la vida le venga con deleite a su amada dama!
Si por caridad de un convidado cuidan tan bien en esta casa
manteniendo su cumplida cortesía, ¡que aquél que cuida
del cielo les dé recompensa, y a todos los demás también!
Y si pudiera tener más tiempo de vida en este mundo
con gusto os daría algún galardón, si fuese capaz».
Puso entonces el pie en el estribo y montó en su caballo;

Then he steps in the stirrup and strides on his horse;
his shield his man showed him, and on shoulder he slung it,
Gringolet he goaded with his gilded heels,
and he plunged forth on the pavement, and prancing no
      more stood there.
  Ready now was his squire to ride
  that his helm and lance would bear.
  'Christ keep this castle!' he cried
  and wished it fortune fair.

83 The bridge was brought down and the broad gates then
    unbarred and swung back upon both hinges.
    The brave man blessed himself, and the boards crossing,
    bade the porter up rise, who before the prince kneeling
    gave him 'Good day, Sir Gawain!', and 'God save you!'
    Then he went on his way with the one man only
    to guide him as he goes to that grievous place
    where he is due to endure the dolorous blow.
    They go by banks and by braes where branches are bare,
    they climb along cliff s where clingeth the cold;
    the heavens are lifted high, but under them evilly
    mist hangs moist on the moor, melts on the mountains;
    every hill has a hat, a mist-mantle huge.
    Brooks break and boil on braes all about,
    bright bubbling on their banks where they bustle downwards.
    Very wild through the wood is the way they must take,
    until soon comes the season when the sun rises
        that day.
  On a high hill they abode,
  white snow beside them lay;
  the man that by him rode

su sirviente le llevó el escudo, y tras echárselo al hombro
Gawain espoleó a Gringolet con sus dorados talones,
y partió pisando fuerte sobre el pavimento de piedra, y allí
    más no permaneció.
Portando el yelmo y la lanza
su escudero tras él cabalgó.
«¡Cristo os guarde!». Tal loanza
les dio, y buena fortuna les deseó.

83 Con el puente bajado, las puertas de par en par
se abrieron sobre sus goznes. El bravo Gawain
se persignó y pasó por los tablones del puente,
pidiéndole al portero que se alzase, pues ante el príncipe
estaba arrodillado, diciendo: «¡Buenos días, Sir Gawain!» y
«¡Dios os salve!». Después, siguió su camino
con la única compañía de aquel hombre para conducirle
hasta ese lugar lamentable donde debía soportar el doloroso
golpe. Van por riberas y cañadas de ramas desnudas,
suben por acantilados donde severo se aferra el frío;
los cielos se alzan altos, pero bajo ellos la niebla se cierne
húmeda y maléfica sobre los páramos, mezclada con el monte;
cada colina tiene un sombrero como un enorme manto de niebla.
los arroyos bajan hirviendo y en sus riberas rompen
ladera abajo en brillantes burbujas. Por el bosque
muy salvaje es el sendero que deben seguir
hasta que pronto sea el momento en el que salga el sol
    y traiga el día.
En una alta colina moraban,
blanca nieve junto a ellos yacía;
el hombre que por él cabalgaba

there bade his master stay.

84   'For so far I have taken you, sir, at this time,
      and now you are near to that noted place
      that you have enquired and questioned so curiously after.
      But I will announce now the truth, since you are known to me,
      and you are a lord in this life that I love greatly,
      if you would follow my advice you would fare better.
      The place that you pass to, men perilous hold it,
      the worst wight in the world in that waste dwelleth;
      for he is stout and stern, and to strike he delights,
      and he mightier than any man upon middle-earth is,
      and his body is bigger than the four best men
      that are in Arthur's house, either Hestor or others.
      All goes as he chooses at the Green Chapel;
      no one passes by that place so proud in his arms
      that he hews not to death by dint of his hand.
      For he is a man monstrous, and mercy he knows not;
      for be it a churl or a chaplain that by the Chapel rideth,
      a monk or a mass-priest or any man besides,
      he would as soon have him slain as himself go alive.
      And so I say to you, as sure as you sit in your saddle,
      if you come there, you'll be killed, if the carl has his way.
      Trust me, that is true, though you had twenty lives

le dijo que allí permanecer debía.

84   «Pues hasta aquí os traje, señor; ya cerca tenéis
ese lugar concreto por el que con tanta curiosidad
habéis preguntado. Mas he de mostraros ahora
la verdad, pues sois un señor al que en esta vida
aprecio mucho, ya que os conozco bien. Si mi consejo
siguierais os iría mejor. El sitio al que vais lo guardan
hombres peligrosos, el ser[35] más horrendo del mundo mora
en ese baldío; pues es fiero y fuerte, y feliz
de asestar mandobles. En toda la Tierra Media
ninguno es más poderoso, pues más grande
es su cuerpo que el de los cuatro mejores hombres
de la casa de Arturo, que el de Héctor, o cualquier otro.
Todo va como él quiere en la Capilla Verde;
nadie pasa por allí por mucha fuerza que posea
que no acabe muerto por la fuerza de su mano, pues
es hombre monstruoso y misericordia no muestra;
ya sea hombre común[36] o capellán el que cabalgue por la Capilla,
monje o cura de los que dicen misa o cualquier otro,
tardaría tanto en darle muerte como él mismo en seguir vivo.
Y por eso os digo, tan seguro como que os sentáis
en vuestra montura, que si vais allí, os matarán,
si ese hombre[37] se sale con la suya. Creedme, es cierto,
aunque tuvieseis vos veinte vidas

35. [*N. del T.*] En el original, «wight»; Christopher Tolkien define en el glosario final este término arcaico como «ser, ente».

36. [*N. del T.*] En el original, «churl»; Christopher Tolkien define en el glosario final este término como «hombre común, campesino, no noble».

37. [*N. del T.*] En el original, «carl»; Christopher Tolkien define en el glosario final este término arcaico de claro origen germánico como «hombre».

          to yield.

He here has dwelt now long
and stirred much strife on field;
against his strokes so strong
yourself you cannot shield.

85   And so, good Sir Gawain, now go another way,
and let the man alone, for the love of God, sir!
Come to some other country, and there may Christ keep you!
And I shall haste me home again, and on my honour I promise
that I swear will by God and all His gracious saints,
so help me God and the Halidom, and other oaths a plenty,
that I will safe keep your secret, and say not a word
that ever you fain were to fl ee for any foe that I knew of.'
'Gramercy!' quoth Gawain, and regretfully answered:
'Well, man, I wish thee, who wishest my good,
and keep safe my secret, I am certain thou wouldst.
But however heedfully thou hid it, if I here departed
fain in fear now to flee, in the fashion thou speakest,
I should a knight coward be, I could not be excused.
Nay, I'll fare to the Chapel, whatever chance may befall,
and have such words with that wild man as my wish is
to say, come fair or come foul, as fate will allot

         me there.

He may be a fearsome knave
to tame, and club may bear;
but Hi s servants true to save
the Lord can well prepare.'

que perder.
Mucho tiempo aquí ha vivido
y a muchos hizo contender;
sus golpes tan fuertes han sido,
que tú mismo no te puedes proteger.

85 Por eso, buen Sir Gawain, seguid ahora otro sendero,
y dejad en paz a ese hombre, ¡por el amor de Dios, señor!
¡Partid a otro país, y que allí Cristo os guarde!
Y volveré yo mismo presto a casa, y por mi honor prometo
y por Dios juro, y por todos sus bondadosos santos
— y que me ayude Dios, por lo más sagrado y por cuantas cosas
se puedan jurar—, que guardaré a salvo vuestro secreto
y no diré ni palabra y nunca contaré que contemplé cómo
os faltaron las fuerzas y huisteis del enemigo».
«¡Merced a vos!», dijo Gawain, dando con pesar esta respuesta:
«Ya veo, buen hombre, que deseáis mi bien, y yo el vuestro,
y que a buen seguro salvaguardaríais mi secreto.
Mas, por muy cuidadosamente que lo ocultaseis, si partiese
yo de aquí temeroso y falto de fuerzas, como decís,
sería un caballero cobarde, no tendría excusa.
No, iré a la capilla, y que me depare el destino
lo que sea. Con ese salvaje conversaré pues tal
es mi deseo, sea bueno o malo lo que el destino
        me ponga delante.
    Puede ser un tipo fiero
    de domar, con un palo gigante;
    pero el Señor a sus siervos
    siempre ayuda bastante».

86 'Marry!' quoth the other man, 'now thou makest it so clear
    that thou wishest thine own bane to bring on thyself,
    and to lose thy life hast a liking, to delay thee I care not!
    Have here thy helm on thy head, thy spear in thy hand,
    and ride down by yon rock-side where runs this same track,
    till thou art brought to the bottom of the baleful valley.
    A little to thy left hand then look o'er the green,
    and thou wilt see on the slope the selfsame chapel,
    and the great man and grim on ground that it keeps.
    Now farewell in God's name, Gawain the noble!
    For all the gold in the world I would not go with thee,
    nor bear thee fellowship through this forest one foot further!'
    With that his bridle towards the wood back the man turneth,
    hits his horse with his heels as hard as he can,
    gallops on the greenway, and the good knight there leaves
        alone,
      Quoth Gawain: 'By God on high
      I will neither grieve nor groan.
      With God's will I comply,
      Whose protection I do own.'

87 Then he put spurs to Gringolet, and espying the track,
    thrust in along a bank by a thicket's border,
    rode down the rough brae right to the valley;
    and then he gazed all about: a grim place he thought it,
    and saw no sign of shelter on any side at all,
    only high hillsides sheer upon either hand,
    and notched knuckled crags with gnarled boulders;
    the very skies by the peaks were scraped, it appeared.
    Then he halted and held in his horse for the time,

86 «¡Vaya!», dijo el otro hombre, «dejáis tan claro
    que deseáis que vuestra propia perdición caiga
    sobre vos; ¡si gustáis de perder la vida
    no deseo demoraros! Coged la lanza en la mano,
    cubríos la cabeza con el yelmo, y cabalgad ladera abajo
    siguiendo las rocas y el curso de este mismo camino
    hasta que lleguéis al fondo del valle funesto.
    Ligeramente mirad hacía vuestra siniestra y sobre otra ladera
    que veréis más allá del verdor está la mismísima capilla
    y el hombre grande y lúgubre que la guarda con firmeza.
    ¡Adiós, pues, en nombre de Dios, Gawain el noble!
    Ni por todo el oro del mundo iría vos, ni a través
    de este bosque os llevaría un paso más». Tras esto,
    vuelve el guía sus bridas hacía el bosque y espolea
    a su caballo con sus talones tan fuerte como puede,
    galopa por la verde senda y deja solo
            al buen caballero.
        Dijo Gawain: «No me afligiré,
        pues del Dios en lo alto el deseo
        cumplo, ni tampoco gemiré
        pues su protección poseo».

87 Entonces, espoleo a Gringolet con ganas,
    y camino abajo cruzo la salvaje espesura, cabalgando
    por la agreste ladera abajo hasta llegar al valle. Luego,
    miró por todos lados: un lugar sombrío, pensó,
    mas no vio señal ninguna de refugio en ningún lado,
    sólo altas y escarpadas laderas a ambos lados,
    y riscos repletos de rocas rugosas como nudos;
    parecía que aquellos picos estuviesen rasgando los cielos.
    Entonces, se detuvo y contuvo a su caballo por un tiempo,

and changed oft his front the Chapel to find.
Such o n no side he saw, as seemed to him strange,
save a mound as it might be near the marge of a green,
a worn barrow on a brae by the brink of a water,
beside falls in a flood that was flowing down;
the burn bubbled therein, as if boiling it were.
He urged on his horse then, and came up to the mound,
there lightly alit, and lashed to a tree
his reins, with a rough branch rightly secured them.
Then he went to the barrow and about it he walked,
debating in his mind what might the thing be.
It had a hole at the end and at either side,
and with grass in green patches was grown all over,
and was all hollow within: nought but an old cavern,
or a cleft in an old crag; he could not it name
      aright.
   'Can this be the Chapel Green,
   O Lord?' said the gentle knight.
   'Here the Devil might say, I ween,
   his matins about midnight!'

88   'On my word,' quoth Wawain, ''tis a wilderness here!
   This oratory looks evil. With herbs overgrown
   it fits well that fellow transformed into green
   to follow here his devotions in the Devil's fashion.
   Now I feel in my five wits the Fiend 'tis himself
   that has trapped me with this tryst to destroy me here.

y cambió la dirección de su mirar buscando la Capilla.

No vio nada que le pareciera extraño, salvo

un montículo cerca de las márgenes[38] de un claro,

un túmulo erosionado en una ladera que lindaba

con un río pequeño de fuerte corriente que fluía

hacia abajo en la que brotaban burbujas como

si estuviese hirviendo. Azuzó su montura y al montículo

se acercó. Desmontó despacio y dejó las riendas

atadas a un árbol, prendidas de una rama gruesa.

Después, se dirigió al túmulo y caminó a su alrededor,

cavilando en su mente lo que podría ser esa cosa.

Tenía un agujero en el extremo y también dos en los lados

y por todas partes se veía cubierto de hierba verde;

completamente hueco, no era más que una caverna

vieja o una hendidura hecha en un vetusto

peñasco; no lo podía adecuadamente

    definir.

    «¿La Capilla Verde ésta ser podría,

    oh Señor?», dijo el caballero gentil.

    «Sus maitines opuestos al mediodía

    podría aquí el Diablo decir».

88 «¡En verdad», dijo Gawain, «se ve salvaje este baldío!

Parece un oratorio maligno, con malas hierbas

por todas partes, perfecto para que aquel tipo

que se volvió verde pueda aquí vivir

sus diabólicas devociones. Es el mismo demonio,

---

38. [*N. del T.*] En el original, «marge»; Christopher Tolkien define en el glosario final este término como «linde, límite, margen», claramente de uso aliterativo, cosa que se mantiene en la traducción.

This is a chapel of mischance, the church most accursed
that ever I entered. Evil betide it!'
With high helm on his head, his lance in his hand,
he roams up to the roof of that rough dwelling.
Then he heard from the high hill, in a hard rock-wall
beyond the stream on a steep, a sudden startling noise.
How it clattered in the cliff, as if to cleave it asunder,
as if one upon a grindstone were grinding a scythe!
How it whirred and it rasped as water in a mill-race!
How it rushed, and it rang, rueful to harken!
Then 'By God,' quoth Gawain, 'I guess this ado
is meant for my honour, meetly to hail me

      as knight!
   As God wills! Waylaway!
   That helps me not a mite.
   My life though down I lay,
   no noise can me affright.'

89   Then clearly the knight there called out aloud:
   'Who is master in this place to meet me at tryst?
   For now 'tis good Gawain on ground that here walks.
   If any aught hath to ask, let him hasten to me,
   either now or else never, his needs to further!'
   'Stay!' said one standing above on the steep o'er his head,
   'and thou shalt get in good time what to give thee I vowed.'
   Still with that rasping and racket he rushed on a while,
   and went back to his whetting, till he wished to descend.
   And then he climbed past a crag, and came from a hole,

bien lo siento con mis cinco sentidos,
el que me ha dado cita aquí para destruirme.
Es ésta una capilla malhadada, la iglesia más maldita
en la que jamás entré. ¡Que more el mal en ella!».
Con el yelmo colocado en la cabeza, y en la mano
su lanza subió al techo de aquella tosca morada.
Escuchó entonces, desde la alta colina, en una dura
pared de roca en una pendiente, pasado el río,
un súbito ruido estremecedor. ¡Cómo repiqueteaba
en el acantilado, como para partirlo en dos o en piedra
de amolar alguien estuviese amolando una guadaña!
¡Cómo zumbaba y chirriaba, como agua moviendo molino!
¡Qué potente sonaba, qué penoso era percibirlo!
«¡Por Dios», dijo después Gawain, «supongo que este
rifirrafe resuena en mi honor para como caballero
        aclamado ser!
    ¡Venga, que sea lo que Dios quiera!
    Esto de nada me va a valer.
    Aunque mi vida perder pueda,
    ningún ruido he de temer».

89 Después de esto, Gawain gritó en voz alta:
    «¿Quién es el dueño de este lugar que debe atender mi cita?
    Pues es el buen Gawain el que ahora pisa por estos pagos.
    ¡Si alguien tiene algo que preguntar, que presto
    se dirija a mí y demande lo que necesite, ahora o nunca!».
    «¡Deteneos!» dijo una voz desde lo alto delante de él.
    «A su debido tiempo tendréis lo que jure daros».
    Aquel ruido y estrépito siguió resonando un rato,
    como si amolasen, hasta que a éste le dio por descender
    y pasar al otro lado del peñasco, saliendo del agujero

hurtling out of a hid nook with a horrible weapon:
a Danish axe newly dressed the dint to return,
with cruel cutting-edge curved along the handle –
filed on a whetstone, and four feet in width,
'twas no less – along its lace of luminous hue;
and the great man in green still guised as before,
his locks and long beard, his legs and his face,
save that firm on his feet he fared on the ground,
steadied the haft on the stones and stalked beside it.
When he walked to the water, where he wade would not,
he hopped over on his axe and haughtily strode,
fierce and fell on a field where far all about

     lay snow.
  Sir Gawain the man met there,
  neither bent nor bowed he low.
  The other said: 'Now, sirrah fair,
  I true at tryst thee know!'

90 'Gawain,' said that green man, 'may God keep thee!
On my word, sir, I welcome thee with a will to my place,
and thou hast timed thy travels as trusty man should,
and thou hast forgot not the engagement agreed on between us:
at this time gone a twelvemonth thou took'st thy allowance,
and I should now this New Year nimbly repay thee.
And we are in this valley now verily on our own,
there are no people to part us – we can play as we like.
Have thy helm off thy head, and have here thy pay!
Bandy me no more debate than I brought before thee
when thou didst sweep off my head with one swipe only!'
'Nay', quoth Gawain, 'by God that gave me my soul,

por un hueco oculto. Portaba un arma horrible:
un hacha danesa bien dispuesta para devolverle
el golpe, con una hoja cruel y bien afilada, que se curvaba
a lo largo del mango y media más de un metro.
Tal era, y también tenía una correa de tono luminoso.
El gran hombre seguía siendo verde como antes
todo él, rizos y larga barba, rostro y piernas,
sólo que ahora iba de pie, pisando firme el suelo,
caminando por las piedras con el mango bien cogido.
Cuando llegó a la corriente de agua, donde no se podía
cruzar vadeando, la saltó con el hacha cual pértiga,
y de una fenomenal y fiera zancada fue
a caer sobre un campo completamente de nieve
     cubierto.
    Delante de Gawain estaba,
    sin reverencia ni aserto,
    «Buen señor», así señalaba:
    «que cumplís con la cita, es cierto».

90 «Gawain», dijo aquel hombre verde, «¡que Dios os guarde!
Bien os digo que sois más que bienvenidos a mi morada;
el tiempo transcurrido en vuestro viaje habéis medido
como hombre cumplidor, no habéis olvidado el compromiso
que acordamos. Pasaron doce meses desde que vuestra parte
cumplisteis, y ahora en este Año Nuevo que cumpla con la mía
es preciso. En verdad en este valle vamos por libre,
sin gente que nos pueda separar, podremos jugar a voluntad.
¡Quitaos el yelmo de la testa y tomad aquí vuestro pago!
No os defendáis más de lo que yo me defendí
cuando me segasteis la cabeza de un solo mandoble».
«No», dijo Gawain, «por Dios que me dio mi alma,

I shall grudge thee not a grain any grief that follows.
Only restrain thee to one stroke, and still shall I stand
and off'er thee no hindrance to act as thou likest
    right here.'
  With a nod of his neck he bowed,
  let bare the flesh appear;
  he would not by dread be cowed,
  no sign he gave of fear.

91 Then the great man in green gladly prepared him,
gathered up his grim tool there Gawain to smite;
with all the lust in his limbs aloft he heaved it,
shaped as mighty a stroke as if he meant to destroy him.
Had it driving come down as dour as he aimed it,
under his dint would have died the most doughty man ever.
But Gawain on that guisarm then glanced to one side,
as down it came gliding on the green there to end him,
and he shrank a little with his shoulders at the sharp iron.
With a jolt the other man jerked back the blade,
and reproved then the prince, proudly him taunting.
'Thou'rt not Gawain,' said the green man, 'who is so good reported,
who never flinched from any foes on fell or in dale;
and now thou fleest in fear, ere thou feelest a hurt!
Of such cowardice that knight I ne'er heard accused.
Neither blenched I nor backed, when thy blow, sir, thou aimedst,
nor uttered any cavil in the court of King Arthur.
My head flew to my feet, and yet fled I never;
but thou, ere thou hast any hurt, in thy heart quailest,
and so the nobler knight to be named I deserve
    therefore.'
  'I blenched once,' Gawain said,

no pienso ponerle pegas a la pena que me va a venir;
limitaos a lanzarme un sólo golpe, y me quedaré quieto,
sin poneros trabas para que actuéis como deseéis
  en este lugar».
 Presto el cuello ladeó,
 y su carne pudo mostrar;
 de miedo señales no dio,
 ni se dejaría amedrentar.

91 Entonces, el gran hombre vestido de verde
 con gusto agarró su fiero instrumento para golpear a Gawain;
 con toda la fuerza contenida en su cuerpo lo alzó con fiereza
 para darle un golpe tan fuerte como si quisiera destruirlo.
 De haberlo dado tan duro como lo deseaba
 hasta el más valiente hombre de la historia habría muerto.
 Mas Gawain, mirando de lado aquella bisarma que se movía
 deslizándose sobre el verde para darle muerte, se encogió
 un poco de hombros ante aquel fuerte filo de acero.
 Bruscamente retiró aquel hombre la bisarma hacia atrás,
 y reprendió al príncipe, burlándose de él con presunción.
 «Vos no sois Gawain», dijo el de verde, «el de tanta valía,
 del que cuentan que ni en los montes ni en los valles nunca
 huyó del enemigo; ¡y vos despavorido os vais, antes de sentir daño!
 Nunca escuché que de tal cobardía aquel caballero fuese acusado.
 Ni me puse pálido ni retrocedí ante vuestro golpe, ni proferí
 queja alguna, señor caballero, en la corte del rey Arturo.
 Mi cabeza cayó volando a mis pies y aun así, no escapé;
 mas vos, tenéis temor en el corazón antes de ser
 herido, y por eso, nombrado el más noble caballero
  merezco ser».
 Dijo Gawain: «Tuve miedo

'and I will do so no more.
But if on floor now falls my head,
I cannot it restore.

92   But get busy, I beg, sir, and bring me to the point.
Deal me my destiny, and do it out of hand!
For I shall stand from thee a stroke and stir not again
till thine axe hath hit me, have here my word on't!'
'Have at thee then!' said the other, and heaved it aloft,
and wratched him as wrathfully as if he were wild with rage.
He made at him a mighty aim, but the man he touched not,
holding back hastily his hand, ere hurt it might do.
Gawain warily awaited it, and winced with no limb,
but stood as still as a stone or the stump of a tree
that with a hundred ravelled roots in rocks is embedded.
This time merrily remarked then the man in the green:
'So, now thou hast thy heart whole, a hit I must make.
May the high order now keep thee that Arthur gave thee,
and guard thy gullet at this go, if it can gain thee that.'
Angrily with ire then answered Sir Gawain:
'Why! lash away, thou lusty man! Too long dost thou threaten.
'Tis thy heart methinks in thee that now quaileth!'
'In faith,' said the fellow, 'so fiercely thou speakest,
I no longer will linger delaying thy errand
          right now.'
    Then to strike he took his stance
    and grimaced with lip and brow.
    He that of rescue saw no chance
    was little pleased, I trow.

una vez, y más no lo voy a tener.

Pero si cae mi cabeza al suelo,

no me la podré volver a poner.

92 Pero os pido os pongáis a ello, señor, y procedáis presto,

Dadme mi destino, ¡y hacedlo sin demora! Pues que me deis

un mandoble aguantaré sin moverme de nuevo

hasta que vuestra hacha me haya golpeado. ¡Tenéis mi palabra!».

«¡Pues preparaos!», dijo el otro, y la puso tan en lo alto,

y lo golpeó tan furiosamente como poseído por la ira.

Cargó con fuerza contra él, mas no le tocó,

deteniendo su mano con denuedo antes de hacerle daño.

Gawain aguardó con cautela y no movió ni un músculo,

mas permaneció como una piedra o como el tronco de un árbol

que con cien raíces reviradas se incrusta en las rocas.

Esta vez le comentó con alegría el hombre de verde:

«Bueno, pues ahora que tenéis el valor de vuelta,

debo daros un golpe. Que la dignidad dada por Arturo

os guarde el gaznate, si esa ganancia puede otorgaros».

Furioso y lleno de rabia, Sir Gawain respondió:

«Dadme fuerte de una vez, hombre fiero. Demasiado

amenazáis. Creo que vuestro corazón ahora se muestra

feble». Dijo el hombre: «A fe mía que habláis fiero,

así que no me demoraré en daros ya mismo

vuestro merecido».

Se puso en posición de golpear

con el ceño bien fruncido.

Nadie va a rescatar

a Gawain, muy afligido.

93   Lightly his weapon he lifted, and let it down neatly
     with the bent horn of the blade towards the neck that was bare;
     though he hewed with a hammer-swing, he hurt him no more
     than to snick him on one side and sever the skin.
     Through the fair fat sank the edge, and the flesh entered,
     so that the shining blood o'er his shoulders was shed on the earth;
     and when the good knight saw the gore that gleamed on the snow,
     he sprang out with spurning feet a spear's length and more,
     in haste caught his helm and on his head cast it,
     under his fair shield he shot with a shake of his shoulders,
     brandished his bright sword, and boldly he spake –
     never since he as manchild of his mother was born
     was he ever on this earth half so happy a man:
     'Have done, sir, with thy dints! Now deal me no more!
     I have stood from thee a stroke without strife on this spot,
     and if thou offerest me others, I shall answer thee promptly,
     and give as good again, and as grim, be assured,
            shall pay.
        But one stroke here's my due,
        as the covenant clear did say
        that in Arthur's halls we drew.
        And so, good sir, now stay!'

94   From him the other stood off , and on his axe rested,
     held the haft to the ground, and on the head leaning,
     gazed at the good knight as on the green he there strode.
     To see him standing so stout, so stern there and fearless,
     armed and unafraid, his heart it well pleased.
     Then merrily he spoke with a mighty voice,

93 Levantó ligeramente su arma y la dejó caer limpiamente
con lo curvo de la hoja hacia el cuello desnudo;
mas, aunque le asestó un fuerte mandoble, mucho daño
no le causo, tan sólo un pequeño corte que le tajó la piel.
En la blanca grasa se hundió el fuerte filo, que penetró
en la carne y causó que su brillante sangre se derramase
en la tierra. Cuando el buen caballero vio su sangre
brillando en la nieve, dio un brinco con sus pies
de más de una lanza de largo y con ligereza
cogió su yelmo, se lo colocó en la cabeza,
se metió tras el escudo con un movimiento de hombros,
blandió su brillante espada, y con bravura habló,
pues nunca, desde que nació como hijo de su madre.
había sido en esta tierra un hombre tan feliz:
«¡Basta de golpes, señor! ¡No debéis darme más!
Que me dierais un golpe sin defenderme aguanté,
mas si nuevos mandobles ofrecéis, habré
de responderos raudo, os lo aseguro,
de la misma manera que vos empleéis
        y con igual valor.
    Sólo uno me debíais dar
    según nuestro pacto anterior,
    hecho en el mismo hogar
    de Arturo. ¡Parad, pues, señor!».

94 De él se separó el otro y descansó sobre su hacha,
sostuvo el mango en suelo y apoyándose en la hoja
miró al buen caballero mientras caminaba por el prado.
Al verle de pie, tan valiente, tan robusto y resuelto,
pertrechado y sin mostrar miedo, su corazón se alegró.
Entonces con una voz potente que poderosa

and loudly it rang, as to that lord he said:
'Fearless knight on this field, so fierce do not be!
No man here unmannerly hath thee maltreated,
nor aught given thee not granted by agreement at court.
A hack I thee vowed, and thou'st had it, so hold thee content;
I remit thee the remnant of all rights I might claim.
If I brisker had been, a buff et, it may be,
I could have handed thee more harshly, and harm could have done

thee.

First I menaced thee in play with no more than a trial,
and clove thee with no cleft: I had a claim to the feint,
for the fast pact we affirmed on the first evening,
and thou fairly and unfailing didst faith with me keep,
all thy gains thou me gavest, as good man ought.
The other trial for the morning, man, I thee tendered
when thou kissedst my comely wife, and the kisses didst render.
For the two here I offered only two harmless feints

to make.

The true shall truly repay,
for no peril then need he quake.
Thou didst fail on the third day,
and so that tap now take!

95   For it is my weed that thou wearest, that very woven girdle:
my own wife it awarded thee, I wot well indeed.
Now I am aware of thy kisses, and thy courteous ways,
and of thy wooing by my wife: I worked that myself!
I sent her to test thee, and thou seem'st to me truly
the fair knight most faultless that e'er foot set on earth!

sonaba se puso a hablar con aquel señor diciendo:
«¡Intrépido caballero, no seáis en este campo tan fiero!
Nadie os ha maltratado mostrando pocos modales,
ni se os dio nada no concedido por el acuerdo de la corte.
Un hachazo os prometí y tal os he proporcionado. Contentaos.
Hago remisión del resto de derechos que pudiese reclamar.
Hubiera podido ser bastante más brusco en mi mandoble,
mostrar más dureza con vos, causaros más daño.
Primero os puse a prueba con una amenaza de broma,
fingiendo heriros sin causaros daño. Derecho a la finta
tenía tras el pacto presto que acordamos la primera noche,
y me mostrasteis fidelidad fuerte sin fisuras, pues
me distéis todas vuestras ganancias, como era debido.
El otro mandoble de prueba, señor, fue por lo de la mañana
siguiente, cuando besasteis a mi bella esposa, y los besos
me devolvisteis. Por estas dos cosas, dos fintas fingidas
    os quise ofrecer.
  Lealtad recibe el leal,
  y nada habrá de temer.
  Al tercer día, lo hicisteis mal,
  de ahí el corte que podéis ver.

95 Pues esa prenda que portáis, ese mismo cinto tejido
mi propia esposa os lo dio como premio, bien lo sé.
Soy conocedor de vuestros besos y corteses maneras,
de cómo mi esposa os cortejó: ¡Yo mismo
lo planeé! La envié a probaros y me parecéis en verdad
el mejor caballero, el de menor tacha que haya pisado la tierra.

As a pearl than white pease is prized more highly,
so is Gawain, in good faith, than other gallant knights.
But in this you lacked, sir, a little, and of loyalty came short.
But that was for no artful wickedness, nor for wooing either,
but be cause you loved your own life: the less do I blame you.'
The other stern knight in a study then stood a long while,
in such grief and disgust he had a grue in his heart;
all the blood from his breast in his blush mingled,
and he shrank into himself with shame at that speech.
The first words on that field that he found then to say
were: 'Cursed be ye, Coveting, and Cowardice also!
In you is vileness, and vice that virtue destroyeth.'
He took then the treacherous thing, and untying the knot
fiercely flung he the belt at the feet of the knight:
'See there the falsifier, and foul be its fate!
Through care for thy blow Cowardice brought me
to consent to Coveting, my true kind to forsake,
which is free-hand and faithful word that are fitting to knights.
Now I am faulty and false, who afraid have been ever
of treachery and troth-breach: the two now my curse

    may bear!
  I confess, sir, here to you
  all faulty has been my fare.
  Let me gain your grace anew,
  and after I will beware.'

Como la perla es más preciada que el guisante[39] blanco,

así es en buena fe Gawain mejor que otros galantes caballeros.

En esto, señor, fallasteis un poco, y os faltó lealtad.

Mas no fue por maldad artera, ni por querer seducir,

sino porque amabais vuestra propia vida; poco os culpo».

Largo rato se quedó el caballero pensando perplejo en todo aquello,

tan afligido y disgustado que un terror trémulo[40] tuvo en su corazón;

Se le subió de súbito toda la sangre del pecho al rostro,

y se encogió sobre sí mismo de vergüenza ante ese discurso.

Las primeras palabras que en aquel prado pudo pronunciar

fueron: «¡Malditas seáis, Codicia y Cobardía!

En vosotras está la vileza y el vicio que la virtud destruye».

Tomó entonces la cosa traicionera, y tras desatar su nudo

lanzó ferozmente aquel lazo a los pies del caballero:

«¡Mirad ahí la falsaria prenda, que infame sea su sino!

Por miedo a vuestro mandoble me condujo la cobardía

a consentir la codicia, olvidándome de las verdaderas cualidades

que le corresponden al caballero: la lealtad y la liberalidad.

Ahora falso soy y faltas tengo, yo, que siempre

he temido a la traición y a quebrantar mis promesas.

¡A estas dos taras por siempre tendré

    que maldecir!

  Por este mal he de confesar

  que me he dejado conducir.

  Dejadme vuestra gracia ganar

  de nuevo, y me sabré corregir».

---

39. [*N. del T.*] En el original, «pease»; esta palabra es una variante arcaica de *pea* «guisante», y como tal la define Christopher Tolkien en el glosario final.

40. [*N. del T.*] En el original, «grue»; Christopher Tolkien define en el glosario final este término como «temblor causado por el terror». Hay un claro uso aliterativo, cosa que se mantiene en la traducción.

96   Then the other man laughed and lightly answered:
      'I hold it healed beyond doubt, the harm that I had.
      Thou hast confessed thee so clean and acknowledged thine errors,
      and hast the penance plain to see from the point of
      my blade,
      that I hold thee purged of that debt, made as pure and as clean
      as hadst thou done no ill deed since the day thou wert born.
      And I give thee, sir, the girdle with gold at its hems,
      for it is green like my gown. So, Sir Gawain, you may
      think of this our contest when in the throng thou walkest
      among princes of high praise; 'twill be a plain reminder
      of the chance of the Green Chapel between chivalrous knights.
      And now you shall in this New Year come anon to my house,
      and in our revels the rest of this rich season
            shall go.'
         The lord pressed him hard to wend,
         and said, 'my wife, I know,
         we soon shall make your friend,
         who was your bitter foe.'

97   'Nay forsooth!' the knight said, and seized then his helm,
      and duly it doffed, and the doughty man thanked:
      'I have lingered too long! May your life now be blest,
      and He promptly repay you Who apportions all honours!
      And give my regards to her grace, your goodly consort,
      both to her and to the other, to mine honoured ladies,
      who thus their servant with their designs have subtly beguiled.
      But no marvel it is if mad be a fool,
      and by the wiles of woman to woe be brought.
      For even so Adam by one on earth was beguiled,
      and Solomon by several, and to Samson moreover

96   Entonces el otro hombre se rio y respondió con ligereza:
     «Doy por curado sin duda el daño que tuve.
     Puro sois tras haber confesado y asumido vuestras culpas,
     y bien se ve la penitencia puesta con la punta de mi espada.
     Sin deudas que pagar perdonado quedáis, tan puro
     y tan limpio como si nada malo hubieseis cometido
     desde el mismo día en que nacisteis.
     Os doy, además, señor, el cinto de dorados dobladillos,
     verde como mi vestimenta. Así, Sir Gawain,
     podréis pensar en esta nuestra pelea cuando os halléis
     rodeado de príncipes de alta alcurnia; será un recuerdo
     palpable de lo pasado en la Capilla Verde entre corteses
     caballeros. Venid a mi casa ahora, en este Año Nuevo,
     para que lo que queda de estas suntuosas fiestas
              podamos celebrar».
         Y dijo: «Mi esposa, bien lo sé,
         en amiga voy a transformar,
         la que acérrima enemiga fue».
         Y le instó a ir a su hogar.

97   Dándole las gracias a aquel hombre donoso dijo
     el caballero, tras tomar su yelmo y quitárselo:
     «¡No, no, de verdad! Me he demorado demasiado.
     Que sea vuestra vida bendecida y que Aquél
     que reparte todos los honores os pague con prontitud.
     Presentad mis respetos a vuestra dama y cortés consorte,
     tanto a ella como a la otra, y también a todas
     mis otras damas destacadas que con sus designios
     llevaron a engaño sutilmente a éste su leal servidor.
     Mas no hay que maravillarse de que a un loco
     sentido le falte y sea conducido al infortunio

his doom by Delilah was dealt; and David was after
blinded by Bathsheba, and he bitterly suffered.
Now if these came to grief through their guile, a gain 'twould be vast
to love them well and believe them not, if it lay in man's power!
Since these were aforetime the fairest, by fortune most blest,
eminent among all the others who under heaven bemused

     were too,
  and all of them were betrayed
  by women that they knew,
  though a fool I now am made,
  some excuse I think my due.'

98 'But for your girdle,' quoth Gawain, 'may God you repay!
That I will gain with good will, not for the gold so joyous
of the cincture, nor the silk, nor the swinging pendants,
nor for wealth, nor for worth, nor for workmanship fine;
but as a token of my trespass I shall turn to it often
when I ride in renown, ruefully recalling
the failure and the frailty of the flesh so perverse,
so tender, so ready to take taints of defilement.
And thus, when pride my heart pricks for prowess in arms,
one look at this love-lace shall lowlier make it.
But one thing I would pray you, if it displeaseth you not,
since you are the lord of yonder land, where I lodged for a while
in your house and in honour – may He you reward
Who upholdeth the heavens and on high sitteth! –
how do you announce your true name? And then nothing further.'
'That I will tell thee truly,' then returned the other.

por las malas maneras de una mujer. En este mundo Adán
fue engañado por una, y Salomón por muchas, y lo mismo
le pasó a Sansón, derrotado por Dalila; David fue después
cegado por Betsabé, y bastante amargura padeció. Ahora bien,
si éstos sufrieron siendo engañados por ellas, sería
una gran ganancia amarlas bien sin creerlas, si tenemos
fuerza para ello, pues éstos fueron por la fortuna
los más bendecidos, los más nobles, los mejores y más eminentes
de entre todos los muchos que moran bajo el manto
      del cielo,
  y todos fueron traicionados
  por mujeres conocidas; creo
  que puedo ser excusado,
  aunque me hayan vuelto lelo».

98 «Y sobre vuestro cinto», dijo Gawain, «¡que Dios os lo pague!
Pues lo guardaré gustoso, no por ser cíngulo de galante oro,
ni por ser de seda, ni por sus dijes de suave oscilar,
ni por su precio, ni por su valor, ni por su fino porte;
sino como señal de mi transgresión, que miraré a menudo
cuando cabalgue con renombre, recordando con pesar
el fracaso y la fragilidad de la carne tan perversa,
tan llena de ternura, tan dispuesta a recibir las taras
de la corrupción. Y así, cuando mi corazón se lance
a realizar proezas de armas punzado por el pundonor,
una ligera mirada a este lazo de amor habrá de calmarlo.
Mas una cosa quería rogaros, si no os molesta;
ya que sois el señor de aquellas tierras donde tuve un tiempo
morada en vuestro hogar y fui honrado —que os lo recompense
Aquél que sostiene los cielos y se sienta en las alturas—,
¿sería posible saber vuestro verdadero nombre? Y más nada».

'Bertilak de Hautdesert hereabouts I am called,
[who thus have been enchanted and changed in my hue]
by the might of Morgan le Fay that in my mansion dwelleth,
and by cunning of lore and crafts well learned.
The magic arts of Merlin she many hath mastered;
for deeply in dear love she dealt on a time
with that accomplished clerk, as at Camelot runs
    the fame;
  and Morgan the Goddess
  is therefore now her name.
  None power and pride possess
  too high for her to tame.

99 She made me go in this guise to your goodly court
to put its pride to the proof, if the report were true
that runs of the great renown of the Round Table.
She put this magic upon me to deprive you of your wits,
in hope Guinevere to hurt, that she in horror might die
aghast at that glamoury that gruesomely spake
with its head in its hand before the high table.
She it is that is at home, that ancient lady;
she is indeed thine own aunt, Arthur's half-sister,
daughter of the Duchess of Tintagel on whom doughty Sir Uther
after begat Arthur, who in honour is now.
Therefore I urge thee in earnest, sir, to thine aunt return!

«Eso sí que os lo diré con gusto», le dijo el otro.

«Bertilak de Hautdesert me llaman por estas tierras. Y transformado
y cambiado de color he sido por el poder
del hada Morgana, que mora en mi mansión,
por su artero y sabio conocimiento de cuestiones ancestrales.
Es maestra en las artes mágicas del mismo Merlín,
con quien tuvo trato un tiempo, pues estuvo profundamente
enamorada de aquel sabio consumado, como en Camelot es
      cosa conocida.
    Nadie posee tanto poder
    que a Morgana el hada,
    que ahora diosa es llamada,
    sea capaz de vencer.

99 Ella me hizo ir de esta guisa a vuestra honorable corte
para poner su orgullo a prueba, si es cierto
lo que se cuenta del gran renombre de la Mesa Redonda.
Puso esta magia sobre mí para privarte de tu entendimiento
con la esperanza de dañar a Ginebra y darle una muerte horrible,
espantada por aquel prodigio primoroso[41] que hablaba
de modo repugnante con la cabeza en la mano ante aquella mesa
principal. Tal dama antigua es la que tengo en casa;
de hecho, es tu propia tía, hermanastra de Arturo, hija
de la duquesa de Tintagel a quien el bravo Sir Uther dejó
encinta de Arturo, quien tiene ahora todos los honores.
¡Por eso os pido, señor, que volváis con vuestra tía

---

41. [*N. del T.*] En el original, «glamoury»; Christopher Tolkien define en el
glosario final este término arcaico como «encantamiento, ser encantado». Hay un
claro uso aliterativo, cosa que se mantiene en la traducción.

In my hall make merry! My household thee loveth,
and I wish thee as well, upon my word, sir knight,
as any that go under God, for thy great loyalty.'
But he denied him with a 'Nay! by no means I will!'
They clasp then and kiss and to the care give each other
of the Prince of Paradise; and they part on that field
      so cold,
   To the king's court on courser keen
   then hastened Gawain the bold,
   and the knight in the glittering green
   to ways of his own did hold.

100 Wild ways in the world Wawain now rideth
on Gringolet: by the grace of God he still lived.
Oft in house he was harboured and lay oft in the open,
oft vanquished his foe in adventures as he fared
which I intend not this time in my tale to recount.
The hurt was healed that he had in his neck,
and the bright-hued belt he bore now about it
obliquely like a baldric bound at his side,
under his left arm with a knot that lace was fastened
to betoken he had been detected in the taint of a fault;
and so at last he came to the Court again safely.
Delight there was awakened, when the lords were aware
that good Gawain had returned: glad news they thought it.
The king kissed the knight, and the queen also,
and then in turn many a true knight that attended to greet him.
About his quest they enquire, and he recounts all the marvels,
declares all the hardships and care that he had,
what chanced at the Chapel, what cheer made the knight,

y que en mi sala sublime halléis contento! Todos los que
integran mi casa y corte os aman, señor caballero,
y por vuestra gran lealtad os doy mi palabra de que os deseo
lo mejor, como a cualquiera que se conduzca bajo Dios».
Mas Gawain declinó diciendo: «¡No! ¡De ningún modo lo haré!».
Después, se dieron un fuerte abrazo, se besaron y se encomendaron
al Príncipe del Paraíso; partió Gawain de aquel lugar
     tan frío,
  a lomos de su montura
  a la corte del rey, su tío,
  y el caballero de verde figura
  fue por su propio camino.

100 Por las salvajes sendas del mundo cabalga ahora
  Gawain sobre Gringolet; por la gracia de Dios,
aún seguía con vida. Muchas veces halló refugio
bajo techo; muchas otras, tuvo que dormir al sereno;
otras muchas, venció al enemigo en aventuras vividas
en su viaje, que no voy a contar en esta ocasión.
Se le curó la herida que tenía en el cuello,
y el cinto de colores brillantes llevaba ahora sobre él
puesto en bandolera como un tahalí bajo su brazo
izquierdo, bien ceñido y cerrado con un fuerte nudo
como prueba de que una vez cometió una falta;
y así, por fin, llegó sano y salvo a la corte.
Todo allí se llenó de alegría cuando los señores supieron
que el buen Gawain había regresado. Buena nueva, sin duda.
El rey besó al caballero, y también la reina,
y luego, muchos de los mejores caballeros acudieron a saludarle.
Le preguntaron por su búsqueda, y él les habló de todos los prodigios
vistos, de todas las penas y penurias pasadas,

the love of the lady, and the lace at the last.
The notch in his neck naked he showed them
that he had for his dishonesty from the hands of the
      knight in blame.
    It was torment to tell the truth:
    in his face the blood did flame;
    he groaned for grief and ruth
    when he showed it, to his shame.

101 'Lo! Lord,' he said at last, and the lace handled,
    'This is the band! For this a rebuke I bear in my neck!
    This is the grief and disgrace I have got for myself
    from the covetousness and cowardice that o'ercame me there!
    This is the token of the troth-breach that I am detected in,
    and needs must I wear it while in the world I remain;
    for a man may cover his blemish, but unbind it he cannot,
    for where once 'tis applied, thence part will it never.'
    The king comforted the knight, and all the Court also
    laughed loudly thereat, and this law made in mirth
    the lords and the ladies that whoso belonged to the Table,
    every knight of the Brotherhood, a baldric should have,
    a band of bright green obliquely about him,
    and this for love of that knight as a livery should wear.
    For that was reckoned the distinction of the Round Table,
    and honour was his that had it evermore after,
    as it is written in the best of the books of romance.

de lo ocurrido en la Capilla, del buen trato del caballero,
del amor de la dama, y del cinto, después.
La marca les mostró en su cuello desnudo,
hecha por las manos del caballero como castigo
    a su deslealtad.
    En su rostro flameó el rubor,
    fue un tormento decir la verdad;
    sintió pesadumbre[42] y dolor
    cuando mostro tal calamidad.

101 «¡Mirad, mi Señor», dijo al fin, mostrando el cinto,
    «¡Ésta es la banda! ¡Por esta prenda porto en mi pescuezo
    tal marca! ¡Me he procurado pena y desgracia
    a causa de la codicia y cobardía que allí me
    sobrevino! Ésta es la señal de la tara que tuve,
    y debo llevarla mientras more en este mundo;
    pues puede un hombre disfrazar sus defectos,
    mas no deshacerse de ellos. No desaparecerán jamás
    una vez cometidos». Al caballero consoló
    el rey, y toda la corte comenzó a reírse a carcajadas
    por eso. En gran regocijo, sentencia dictaron las damas
    y los caballeros, decretando que todo miembro de la Mesa,
    cada caballero de la Hermandad, debería llevar un tahalí,
    una banda de color verde brillante a modo de bandolera,
    como distintivo del cariño que sienten por este caballero.
    Éste sería por siempre el símbolo de la Mesa Redonda,
    y honra tendría quien la tuviese puesta encima.

42. [*N. del T.*] En el original, «ruth»; Christopher Tolkien define en el glosario final este término arcaico como *remorse,* con el sentido de «remordimento, pesadumbre». Hay un claro uso aliterativo, cosa que se mantiene en la traducción.

Thus in Arthur his days happened this marvel,
as the Book of the Brut beareth us witness;
since Brutus the bold knight to Britain came first,
after the siege and the assault had ceased at Troy,
    I trow,
  many a marvel such before,
  has happened here ere now.
  To His bliss us bring Who bore
  the Crown of Thorns on brow!   AMEN

HONY SOYT QUI MAL PENCE

Tal cosa se cuenta escrita en los mejores libros que contienen
romances. Así, en los días del rey Arturo tuvo
lugar esta maravilla, como el Libro de Bruto atestigua.
ya que Bruto, el bravo caballero, a Britania llegó el primero,
cuando el asedio y el asalto cesaron en Troya,

     lo creo así.

Mucha maravilla sucedió,

antes de ahora, aquí.

Quien corona de espinas llevó

que nos de su dicha, sí.   AMÉN

HONY SOYT QUI MAL PENCE[43]

43. [*N. del T.*] El manuscrito original de *Sir Gawain,* escrito en inglés medio,
contiene esta frase en francés medieval como cierre del poema. Tanto las ediciones
como las traducciones suelen conservarlo tal cual, añadiendo una nota con su significado: «vergüenza para quien piense mal».

CONFERENCIA SOBRE *SIR GAWAIN*
EN MEMORIA DE W.P. KER

Es un gran honor ser invitado a dar una conferencia en esta antigua universidad, y hacerlo en honor del ilustre nombre de W. P. Ker. Una vez me permitió utilizar durante un tiempo su ejemplar de *Sir Gawain y el Caballero Verde*. Demostró claramente que —como de costumbre, a pesar de la enorme variedad de sus lecturas y de su experiencia en literatura— había leído esta obra con gran atención. Se trata, en efecto, de un poema que merece una atención minuciosa y detallada, y después (no antes, según un procedimiento crítico demasiado común) una cuidadosa consideración y reconsideración. Es una de las obras maestras del arte del siglo xiv en Inglaterra y de la literatura inglesa en su conjunto. Es una de esas obras mayores que no sólo soportan el abuso que de ellas se hace en las instituciones de enseñanza al convertirse en un *texto,* un texto *de lectura obligatoria,* (de hecho, la prueba más severa), sino que ceden más y más bajo esta presión. Porque pertenecen a ese tipo de literatura que tiene profundas raíces en el pasado, más profundas incluso de lo que su autor era consciente. Está hecho de historias contadas antes y en otros lugares, y de elementos que derivan de tiempos remotos, más allá de la visión o la conciencia del poeta: como *Beowulf,* o algunas de las principales obras de Shakespeare, como *El rey Lear* o *Hamlet.*

Es una pregunta interesante: ¿cuál es ese sabor, esa atmósfera, esa virtud que tienen estas obras tan *enraizadas,* y que compensa los inevitables defectos y ajustes imperfectos que deben aparecer, cuando las tramas, los motivos, los símbolos, se vuelven a manejar y se ponen al servicio de las mentes ya cambiadas de una época posterior, y se usan para la expresión de ideas muy diferentes de las que las produjeron? Pero, aunque *Sir Gawain* sería un texto muy adecuado en el que basar un debate sobre esta cuestión, no es ése el tipo de cosas sobre las que deseo hablar hoy. No me interesa en este momento investigar los orígenes del relato o sus detalles, ni la cuestión de cómo llegaron al autor del poema antes de que se pusiera a trabajar en él. Deseo hablar de su tratamiento del asunto, o de un aspecto particular de éste: el movimiento de su mente, a medida que escribía y (no lo dudo) reescribía la historia, hasta darle la forma que ha llegado hasta nosotros. Pero no hay que olvidar la otra cuestión. La Antigüedad, como un telón de fondo con muchas figuras, se cierne siempre detrás de la escena. Detrás de nuestro poema acechan las figuras del mito más antiguo, y a través de los versos se oyen los ecos de antiguos cultos, creencias y símbolos alejados de la conciencia de un moralista culto (pero también poeta) de finales del siglo XIV. Su historia no *trata* de esas cosas antiguas, pero recibe de ellas parte de su vida, de su viveza, de su tensión. Así ocurre con los grandes cuentos de hadas, entre los que se encuentra éste. De hecho, no hay mejor medio para la enseñanza moral que un buen cuento de hadas (y me refiero a un cuento real y profundamente arraigado, contado como un cuento, y no como una alegoría moral apenas disfrazada). Como el autor de *Sir Gawain,* al parecer, percibió; o sintió instintivamente, más que conscientemente: por ser un hombre del siglo XIV, un siglo serio, didáctico, enciclopédico, por no decir pedante, heredó lo «mágico», en lugar de volverse deliberadamente hacia él.

De todas las muchas cosas nuevas, entonces, sobre las que uno podría esperar decir algo nuevo —incluso ahora, cuando este poema se ha convertido en el tema de varias ediciones, traducciones,

discusiones y numerosos artículos—, tales como el Juego de la Decapitación, la Anfitriona Peligrosa, el Hombre Verde, la figura míti-
ca parecida al Sol que se cierne detrás del cortés Gawain, sobrino del
Rey Arturo, de un modo tan remoto como el Niño-Oso acecha
detrás del heroico Beowulf, sobrino del Rey Hygelac; o como la influencia irlandesa en Bretaña, y la influencia de ambas en Francia, y
el retorno francés; o llegando hasta la propia época de nuestro autor:
el «Renacimiento Aliterativo», y el debate contemporáneo sobre su
uso en la narrativa, casi perdido ahora, salvo por breves ecos en *Sir
Gawain* y en Chaucer (quien, creo, fue conocedor de *Sir Gawain,* y
probablemente también de su autor), de todos estos y otros asuntos,
digo, que el título *Sir Gawain y el Caballero Verde* podría sugerir,
deseo referirme a uno, muy desatendido, y sin embargo, creo, de
importancia más fundamental: el núcleo, el *quid* mismo del poema
tal y como se hizo finalmente, su gran tercera «parte», y dentro de
ésta, la tentación de Sir Gawain y su confesión.

Al hablar de este asunto, la tentación y confesión de Gawain,
debo basarme, por supuesto, en un conocimiento del poema en su
conjunto, en sí mismo o en una traducción. Cuando la cita sea
esencial, utilizaré una traducción que acabo de terminar, ya que la
he hecho con dos objetivos (hasta cierto punto, espero, logrados):
preservar la métrica y la aliteración originales, sin las cuales la traducción tiene poco valor excepto como chuleta; y preservar, para
exhibir en un lenguaje moderno inteligible, la nobleza y la cortesía
de este poema compuesto por un poeta para quien la «cortesía» significaba tanto.

Como no hablo del poema en su conjunto, ni de su admirable
construcción, sólo necesito indicar un punto en esto, que es significativo para mi propósito. El poema está dividido en cuatro partes o
cantos; mas el tercero es con mucho el más grande, mucho más de
una cuarta parte del conjunto (872 versos de un total de 2530): un

indicador numérico, por así decirlo, del interés primario real del poeta. Y, sin embargo, en realidad ha intentado ocultar la evidencia numérica adjuntando a la segunda sección, hábil pero artificialmente, parte de lo que realmente pertenece a la situación de la tercera. La tentación de Sir Gawain comienza realmente al principio de la estrofa 39 (verso 928), si no antes, y dura más de mil versos. Todo lo demás es por comparación, aunque sea muy pictórico, poco importante. La tentación era para este poeta la razón de ser de su poema; todo lo demás era para él escenario, fondo, o bien engranaje: un artificio para poner a Sir Gawain en la situación que deseaba estudiar.

Por lo tanto, sólo necesito recordarles brevemente lo que ocurrió antes. Tenemos el escenario, con un breve esbozo de la magnificencia de la corte artúrica en medio de la fiesta más importante del año (para los ingleses), la Navidad. El día de Año Nuevo, durante la cena, entra en la sala un gran Caballero Verde montado en un caballo verde, con un hacha verde, y lanza su desafío: cualquier hombre de la corte que tenga valor puede tomar el hacha y asestarle al Caballero Verde un sólo golpe sin oposición, a condición de que prometa, al cabo de un año y un día, permitir que el Caballero Verde le aseste otro golpe sin oposición a cambio.

Al final, es Sir Gawain quien acepta el desafío. Pero de todo esto sólo quiero señalar un aspecto importante. Desde este mismo comienzo podemos percibir ya el propósito moral del poeta en acción, o podemos hacerlo en una relectura, tras una reflexión. Es necesario para la tentación que las acciones de Gawain sean susceptibles de aprobación moral; y en medio de todo lo «mágico» el poeta se esfuerza por demostrar que lo fueron. Acepta el desafío para rescatar al rey de la falsa posición en la que su temeridad le ha colocado. El motivo de Gawain no es el orgullo por sus propias proezas, ni la jactancia, ni siquiera la frivolidad desenfadada de los caballeros que hacen apuestas y votos absurdos en medio de las fiestas navideñas. Su motivo es humilde: proteger a Arturo, su pariente mayor, su rey, el líder de la Mesa Redonda, de la indignidad y el peligro, y arriesgarse en su lugar, como menor de los caballeros (tal como declara) cuya pérdida podría soportarse más fácilmente. Por lo tanto, está implicado en el asunto, en la medida en que era posible hacer que el cuento de hadas se desarrollara, como una cuestión de deber, humildad y sacrificio personal. Y como el absurdo del desafío no podía eliminarse del todo —absurdo, es decir, si la historia ha de desarrollarse en un plano moral serio, en el que cada acción del héroe, Gawain, ha de ser escudriñada y evaluada moralmente—, el propio rey es criticado, tanto por el autor como narrador, como por los señores de la corte.

Un punto más, al que volveremos más adelante. Desde el principio Gawain es engañado, o al menos atrapado. Acepta el desafío, asestar el golpe *quat-so bifallez after* («cualesquiera que sean las consecuencias») y en el plazo de un año presentarse, sin sustituto ni ayudante, para recibir un golpe de vuelta con cualquier arma que el Caballero Verde elija. Apenas se ha involucrado, se le informa de que debe buscar al Caballero Verde él mismo, para conseguir su «pago», allí donde vive en alguna región sin nombre. Acepta esta onerosa adición. Pero cuando ha asestado el golpe y decapitado al caballero, se tiende la trampa; pues el retador no muere, sino que recoge su propia cabeza, vuelve a montar a caballo y se marcha, después de que la horrible cabeza cortada, en alto en su mano, haya advertido a Gawain que sea fiel a su juramento.

A nosotros, y sin duda a muchos de los lectores de nuestro poeta, esto no nos sorprende. Si se nos presenta a un hombre verde, con pelo y cara verdes, montado en un caballo verde, en la corte del rey Arturo, esperamos «magia»; y Arturo y Gawain deberían haberla esperado también, creemos. Como parecen haberlo hecho la mayoría de los presentes: «pensaron que era un fantasma, un mago de fantasía» (11.240). Pero este poeta estaba como decidido a dar por sentada la historia y su engranaje, y luego examinar los problemas de conducta, especialmente en lo que se refiere a Sir Gawain, que surgieron. Una de las cosas que más le preocupan es *lewté*, «mantener la fe». Por lo tanto, es muy importante considerar desde el principio las relaciones entre el Caballero Verde y Gawain, y la naturaleza exacta del contrato entre ellos, como si se tratara de un compromiso normal y posible entre dos «caballeros». Así, el poeta se esfuerza, creo yo, en indicar que la «magia», aunque pueda ser temida como posibilidad por el retado, es ocultada por el retador en la redacción del acuerdo. El rey se toma el reto al pie de la letra, como una locura: es decir, pidiendo ser asesinado en el acto; y más tarde, cuando Gawain está preparando su golpe:

'Take care, cousin,' quoth the king, 'one cut to address,
and if thou learnest him his lesson, I believe very well
that thou wilt bear any blow that he gives back later.'   (17.372-4)

«Ten cuidado, primo», dijo el rey, «con un corte tienes
que lidiar, y si le enseñas su lección, creo que muy bien
soportarás cualquier golpe que él te devuelva después».   (17.372-4)

Y así, aunque la buena fe de Gawain está implicada —según sus propias palabras: *quat-so bifallez after*—, su oponente ha ocultado en realidad el hecho de que no podía ser asesinado de esta manera, al estar protegido por la magia. Y Gawain está ahora comprometido en una peligrosa búsqueda y viaje cuyo único final probable será su muerte. Porque (aún) no tiene magia; y cuando llegue el momento deberá partir, el libertador de su rey y pariente, y el defensor del honor de su orden, con valor inquebrantable y *lewté*, solo y sin protección.

Por fin llega el momento, y Sir Gawain se prepara para partir en busca del Caballero Verde y de la Capilla Verde donde se ha fijado la cita. Y entonces, al menos, el poeta no deja lugar a dudas, piensen lo que piensen de mi introducción de consideraciones éticas en la primera parte y en la escena de cuento de hadas de la Decapitación. Describe la armadura de Sir Gawain, y aunque ahora podemos quedar atrapados por el contraste de su brillante escarlata y su reluciente oro con el verde del retador, y reflexionar sobre su posible significado heredado, el interés del poeta no está ahí. De hecho, sólo dedica unas pocas líneas a todo el engranaje y el color rojo *(red y goulez)* sólo se nombra dos veces. Lo que le interesa es el escudo. El escudo de Gawain lo utiliza para exponer su propia mente y propósito, y a ello dedica tres estrofas enteras. Sobre el escudo impone —y podemos usar deliberadamente esta palabra, porque aquí sin duda tenemos una adición propia— en lugar de la carga heráldica que se encuentran en otros romances (león, águila o grifo), el símbolo del pentáculo. Ahora bien, no importa mucho el significado o significados que se atribuyan a este símbolo en otros lugares o con anterioridad. [1][44] Del mismo modo que no importa mucho qué otros significados más antiguos se atribuyeron al verde o al rojo, al acebo o a las hachas. Porque el significado que el pentáculo ha de tener en este poema es claro, suficientemente claro, es decir, en sentido general [2]: ha de significar «perfección», en efecto, pero perfección en la religión (la fe cristiana), en la piedad y la moralidad, y la «cortesía» que fluye de ellas en las relaciones humanas; perfección en los detalles de cada una, y un vínculo perfecto e ininterrumpido entre los planos superior e inferior. Es con este signo en su escudo (y, como más tarde sabremos, bordado también en su capa fina), impuesto por nuestro poeta

---

44. [*N. del T.*] Entre corchetes se indica, para distinguirlas de las notas al pie, la numeración de las notas que aparecen al final de la conferencia en el apartado *Notas*.

(pues las razones que da para su uso son en sí mismas y en el estilo de su enumeración tales que el propio Sir Gawain no podría haber tenido, y menos aún afirmado abiertamente, para la adopción de este cargo), es con este signo con el que Sir Gawain sale de Camelot.

Su largo y peligroso viaje en busca de la Capilla Verde se describe breve y, en general, adecuadamente. Adecuadamente, es decir, aunque en algunos puntos sea superficial y en otros oscuro para los comentaristas, para el propósito del poeta. Ahora está ansioso por llegar al castillo de la tentación. No necesitamos preocuparnos en esta ocasión de ningún otro punto hasta que el castillo esté a la vista. Y cuando lo haga, nos ocuparemos de lo que el autor ha hecho de él, no de los materiales, totalmente diferentes en su significado, con los que se puede pensar que lo ha construido.

¿Cómo encuentra Gawain el castillo? En respuesta a una plegaria. Lleva viajando desde el día de Todos los Santos. Ahora es Nochebuena y está perdido en un país salvaje y extraño de bosques enmarañados; pero su principal preocupación es no perderse la misa de la mañana de Navidad. Estaba

> troubled lest a truant at that time he should prove
> from the service of the sweet Lord, who on that selfsame night
> of a maid became man our mourning to conquer.
> And therefore sighing he said: 'I beseech thee, O Lord,
> and Mary who is the mildest mother most dear,
> for some harbour where with honour I might hear the Mass
> and thy Matins tomorrow. This meekly I ask,
> and thereto promptly I pray with Pater and Ave and Creed.'
>
> (32.750–8)

> preocupado por no ser capaz de cumplir
> con el servicio debido a nuestro amado Señor, quien

en aquella misma noche como hombre nació
de una doncella, destinado a dar fin a nuestro duelo.
Por eso, suspirando, dijo: «Te suplico a ti, Señor,
y a ti María, que eres la madre más dulce y querida,
que me deis algún lugar donde pueda cobijarme
y oír mañana con honor la misa y los maitines. Mansamente
esto pido, y pronto pago os daré con un Padrenuestro, un Credo
y un Ave María».   (32.750-8)

Cuando ha rezado así, ha hecho un acto de contrición y se ha bendecido tres veces con la señal de la cruz, de repente vislumbra a través de los árboles el hermoso castillo blanco, y cabalga hacia una cortés bienvenida y la respuesta a su plegaria.

De qué piedras más antiguas se haya construido la brillante pero sólida magnificencia de este castillo, sea cual fuere el giro que tome la historia, sean cuales fueren los detalles que se descubran y que el autor heredó y pasó por alto o no supo acomodar a su nuevo propósito, esto está claro: nuestro poeta no lleva a Gawain a una guarida de demonios, enemigos de la humanidad, sino a un salón cortés y cristiano, donde se honra a la Corte de Arturo y a la Mesa Redonda, donde las campanas de la capilla suenan a vísperas y donde sopla el aire amable de la cristiandad.

On the morn when every man remembers the time
that our dear Lord for our doom to die was born,
in every home wakes happiness on earth for His sake.
So did it there on that day with the dearest delights.   (41.995–8)

Por la mañana, cuando todo el mundo recuerda el momento
en el que nuestro querido Señor nació para morir por nosotros,
cada casa en esta tierra se despierta feliz para honrarle.

Así fue aquel día en el castillo, con las más queridas delicias.

(41.995-8)

Allí Gawain debía sentirse y estar «en casa» por un corto tiempo, debía encontrarse inesperadamente en medio de la vida y la sociedad que más le gustaba, y donde su propia habilidad y placer en la conversación cortés le asegurarían el más alto honor.

Sin embargo, su tentación ha comenzado. Quizá no lo apreciemos en una primera lectura, pero cualquier reconsideración nos revelará que este extraño relato, esta *mayn meruayle*[45] (creamos o no en ella), ha sido cuidadosamente redibujado por una mano hábil dirigida por una mente sabia y noble. Es en el mismo escenario al que Gawain está acostumbrado, y en el que hasta ahora ha alcanzado la más alta reputación, donde va a ser puesto a prueba, dentro de la cristiandad y, por tanto, como cristiano. Él mismo y todo lo que representa deben ser evaluados.

Y si el pentáculo con su toque de pedantería erudita, en guerra al parecer con el instinto artístico de un poeta narrativo [3], pudo hacernos temer por un momento que íbamos a perder lo mágico sólo para ganar una alegoría formalizada, ahora nos tranquiliza rápidamente. La «perfección» de Gawain puede haber sido dada como un estándar al que aspirar (ya que con no menos ideal podría alcanzar casi la perfección), pero él mismo no es presentado como una alegoría matemática, sino como un hombre, un ser humano individual. Su propia «cortesía» no procede únicamente de los ideales o las modas de su tiempo imaginado, sino de su propio carácter. Disfruta intensamente de la dulce compañía de las damas gentiles, y enseguida se siente profundamente conmovido por la belleza. Así se describe su primer encuentro con la bella dama del castillo. Gawain había

45. [*N. del T.*] En inglés medio en el original, «gran maravilla».

asistido a las vísperas en la capilla, y cuando terminan, la dama se le acerca desde su banco privado.

> And from her closet she came with many comely maidens.
> She was fairer in face, in her flesh and her skin,
> her proportions, her complexion, and her port than all others,
> and more lovely than Guinevere to Gawain she looked.
> He came through the chancel to pay court to her grace ...
> (39.942–6)

> salió del oratorio con muchas doncellas muy hermosas.
> Comparada con las demás, la dama era más hermosa
> de cara, de cuerpo, de complexión,
> de piel, de proporciones, y de porte.
> A Gawain le pareció más hermosa que Ginebra.
> Pasó por el presbiterio para rendir pleitesía a su belleza.   (39.942-6)

A esto le sigue una breve descripción de su belleza en contraste con la anciana, arrugada y fea dama que estaba a su lado:

> For if the younger was youthful, yellow was the elder;
> with rose-hue the one face was richly mantled,
> rough wrinkled cheeks rolled on the other;
> on the kerchiefs of the one many clear pearls were,
> her breast and bright throat were bare displayed,
> fairer than white snow that falls on the hills;
> the other was clad with a cloth that enclosed all her neck,
> enveloped was her black chin with chalk-white veils ...   (39.951–8)

> pues si la más joven era ciertamente juvenil,
> cetrina y macilenta se mostraba la mayor.

Cubierto de un rico color rosáceo tenía una el rostro;
A la otra le colgaban de la cara las mejillas arrugadas.
En las pañoletas de una había muchas perlas claras,
y se mostraban desnudos su pecho y su cuello, preciosos ambos,
más bellos que la blanca nieve que cae sobre las colinas.
Tenía la otra una toca que le tapaba todo el cuello;
su negra barbilla iba envuelta en velos blancos como la tiza; (39.951-8)

When Gawain glimpsed that gay lady that so gracious looked,
with leave sought of the lord towards the ladies he went;
the elder he saluted, low to her bowing,
about the lovelier he laid then lightly his arms
and kissed her in courtly wise with courtesy speaking.   (40.970–4)

Cuando Gawain contempló a aquella alegre y grácil dama
con permiso del señor se dirigió hacia las damas;
saludó a la mayor, con muy cumplida reverencia,
a la más hermosa abrazó con delicadeza y le dio
un beso cortés, seguido de un cortés parlamento.   (40.970-4)

Y al día siguiente, en la cena de Navidad, se sienta en el estrado junto a ella, y de todo el júbilo y esplendor de la fiesta el autor (como él mismo dice) sólo se ocupa de describir su deleite.

Yet I ween that Wawain and that woman so fair
in companionship took such pleasure together
in sweet society soft words speaking,
their courteous converse clean and clear of all evil,
that with their pleasant pastime no prince's sport
        compares.
    Drums beat, and trumps men wind,

> many pipers play their airs;
> each man his needs did mind,
> and they two minded theirs.   (41.1010–19)

Tan sólo diré que creo que aquella mujer tan hermosa
y Gawain gozaban tanto de estar juntos,
en dulce compañía, diciéndose suaves susurros
de cortés y clara conversación, limpia de todo mal,
que su agradable pasatiempo con ningún otro propio de príncipes
    se podía comparar.
    Suenan trompetas y percusión,
    y muchos gaiteros se ponen a tocar;
    cada uno tenía propia ocupación,
    y estos dos no dejaban de hablar.   (41.1010-19)

Éste es el escenario, pero la situación aún no está totalmente preparada. Aunque Gawain descansa durante un tiempo, no olvida su búsqueda. Durante cuatro días disfruta del jolgorio, pero al anochecer del cuarto día, cuando sólo quedan tres del año viejo para que llegue el Año Nuevo, pide permiso para partir al día siguiente. No cuenta más de su misión que está obligado a intentar encontrar un lugar llamado la Capilla Verde y llegar a él en la mañana de Año Nuevo. Entonces el señor le dice que puede descansar tranquilamente tres días más y completar la cura de todas las penurias de su viaje, porque la Capilla Verde no está ni a dos millas de distancia. Se le encontrará un guía que le conduzca hasta allí en esa misma mañana.

En este punto, el autor realiza una de sus muchas hábiles combinaciones de elementos de cuentos de hadas antiguos con el personaje de Gawain (tal como él lo representa) para proporcionar el engranaje de su propia versión. En lo que sigue vislumbramos al Anfitrión Peligroso que debe ser obedecido en cada orden, por tonta o

escandalosa que parezca; pero también vemos esa calidez, casi podríamos decir exceso impetuoso, de cortesía que caracteriza a
Gawain. Así como cuando acordó el pacto con el Caballero Verde
dijo en gran medida «cualesquiera que sean las consecuencias» y así
se metió en más de lo que esperaba, de igual modo ahora, en deleite y gratitud, grita:

> 'Now I thank you a thousand times for this beyond all!
> Now my quest is accomplished, as you crave it, I will
> dwell a few days here, and else do what you order.'   (44.1080–2)

> «Os lo tengo que agradecer mil veces por encima de todo.
> Ahora que mi búsqueda está cumplida, como pedís,
> me quedaré aquí unos días o haré lo que me ordenéis».   (44.1080-2)

El señor se da cuenta inmediatamente y le obliga a cumplir su palabra: Gawain debe dormir hasta tarde y pasar los días con la dama,
mientras el señor sale de caza. Y entonces se propone un pacto aparentemente absurdo:

> 'One thing more,' said the master, 'we'll make an agreement:
> whatever I win in the wood at once shall be yours,
> and whatever gain you may get you shall give in exchange.
> Shall we swap thus, sweet man – come, say what you think! –
> whether one's luck be light, or one's lot be better?'
> 'By God,' quoth good Gawain, 'I agree to it all,
> and whatever play you propose seems pleasant to me.'
> 'Done! 'Tis a bargain! Who'll bring us the drink?'
> So said the lord of that land. They laughed one and all;
> they drank and they dallied, and they did as they pleased,
> these lords and ladies, as long as they wished,

and then with customs of France and many courtly phrases
they stood in sweet debate and soft words bandied,
and lovingly they kissed, their leave taking.
With trusty attendants and torches gleaming
they were brought at the last to their beds so soft,
>   one and all.
>   Yet ere to bed they came,
>   he the bargain did oft recall;
>   he knew how to play a game
>   the old governor of that hall.   (45.1105–25)

«Una cosa más», dijo el dueño, «hagamos un trato:
todo lo que tenga de ganancia en el bosque será vuestro,
y todo lo que ganéis vos aquí dentro me lo daréis a cambio.
¡Venga, contadme qué pensáis! ¿Hacemos este canje,
buen señor, tanto si la suerte de uno es mejor que la del otro?».
«Por Dios», dijo el buen Gawain, «que estoy de acuerdo en todo,
y cualquier juego que propongáis me parece agradable».
«¡Hecho! ¡Tenemos un trato! ¿Quién nos traerá de beber?».
Tal dijo el señor de aquella tierra. Todos rieron,
bebieron, lo pasaron bien, e hicieron lo que les plugo,
estos señores y señoras, todo el tiempo que quisieron,
y luego, a la moda de Francia, con muchas frases cortesanas
se quedaron departiendo dulcemente, pronunciaron suaves palabras
y amorosamente se dieron besos, despidiéndose después.
Por fieles sirvientes con antorchas bien brillantes
fueron llevados al fin a sus lechos tan suaves,
>   todos y cada uno.
>   Pero antes de irse a acostar,
>   en el trato pensó a menudo;
>   pues en aquella sala sabía jugar

su viejo señor como ninguno.   (45.1105-25)

Así termina la segunda parte y comienza la gran tercera parte, de la
que deseo hablar especialmente. Hablaré poco de su admirable
construcción, ya que se ha comentado a menudo. De hecho (una
vez concedido un interés por el deporte contemporáneo y sus detalles, o incluso sin esa concesión) su excelencia es suficientemente
obvia para cualquier lector atento: la forma en que las cacerías se
«interfolian» entre las tentaciones; el significativo diminuendo desde las manadas de ciervos (de verdadero valor económico en invierno) abatidos en la primera cacería hasta el «pobre pellejo de zorro»
del último día, que contrasta con el creciente peligro de las tentaciones; el propósito dramático de las cacerías, no sólo en cuanto al
tiempo y a la conservación de una doble visión con los tres actores
principales siempre a la vista, sino también en cuanto a alargar y dar
más peso a los tres días vitales de todo el año de la acción general:
todo esto no necesita explicación [4]. Pero las cacerías tienen también otra función, esencial para el desarrollo del relato en esta versión, que me interesa más. Como ya he indicado, cualquier
consideración de los «análogos», especialmente los menos cortesanos, o de hecho cualquier examen minucioso de nuestro texto sin
referencia a otros, sugerirá que nuestro poeta ha hecho todo lo posible por convertir el lugar de la tentación en un verdadero castillo
caballeresco, no en un espejismo de encantamiento ni en una morada de hadas, donde rigen las leyes de la cortesía, la hospitalidad y la
moralidad. Las cacerías desempeñan un papel importante en este
cambio de atmósfera. El señor se comporta como cabría esperar
que se comportara un verdadero señor pudiente en esa temporada.
Debe apartarse del camino, pero no permanece misteriosamente
distante, ni desaparece sin más. Su ausencia y la oportunidad de la
dama se explican así con naturalidad; y esto ayuda a que las tenta-

ciones sean también más naturales, y a que se sitúen en un plano moral normal.

Creo que no habría, y estoy seguro de que el autor pretendía que no la hubiera, más sospechas, en la mente de los lectores u oyentes orginales de su historia [5], de la que había en la mente del propio Sir Gawain (como se muestra claramente) de que las tentaciones eran todo un «montaje», sólo parte de los peligros y pruebas a los que había sido arrastrado desde la corte de Arturo para ser destruido o totalmente deshonrado. De hecho, cabe preguntarse si el autor no ha ido demasiado lejos. ¿No tiene su artificio una grave debilidad? Todo —aparte quizás de la inusual pero no increíble magnificencia— es tan normal en el castillo que al reflexionar pronto surge la pregunta: «¿Qué habría pasado si Gawain no hubiera superado la prueba?». Porque al final nos enteramos de que el señor y la señora estaban conspirando; sin embargo, la prueba pretendía ser real, para procurar, si era posible, la caída de Gawain y la desgracia de su «alta condición». La dama era, de hecho, su «enemiga acérrima». ¿Cómo se la protegía entonces, si su señor estaba lejos, gritando y cazando en el bosque? No es respuesta a esta pregunta remitirse a costumbres antiguas y bárbaras o a relatos de los que aún se conserva su recuerdo. Porque no estamos en ese mundo, y si el autor sabía algo de él, lo ha rechazado por completo. Pero no ha rechazado totalmente la «magia». Y la respuesta puede ser que el «cuento de hadas», aunque oculto, o dado por sentado como parte del engranaje de los acontecimientos, es realmente tan integral a esta parte de la narración como a aquéllas en las que es más obvio e inalterado, como la incursión del Caballero Verde. Sólo la *fayrȝe*[46] (11.240) bastará para hacer inteligible y viable la trama del señor y la señora en el mundo imaginado que el autor ha concebido. Debemos suponer que, al

---

46. [*N. del T.*] En inglés medio en el original, «magia, fantasía».

igual que Sir Bertilak podía volverse verde de nuevo y cambiar de forma para la cita en la Capilla, la dama podría haberse protegido mediante algún cambio repentino, o poder destructor, al que Sir Gawain habría quedado expuesto al caer en la tentación, aunque sólo fuera por voluntad [6]. La tentación es real y peligrosa en extremo en el plano moral (pues la propia opinión de Gawain sobre las circunstancias es lo único que importa en ese plano [7]); sin embargo, en el trasfondo, para aquellos capaces de percibir el aroma de «lo mágico» en un romance, hay una terrible amenaza de desastre y destrucción. La lucha se vuelve intensa hasta un grado que difícilmente podría alcanzar una historia meramente realista de cómo un piadoso caballero resistió una tentación de adulterio (cuando era huésped) [8]. Es una de las propiedades del cuento de hadas ampliar así la escena y los actores; o más bien es una de las propiedades que se destilan por alquimia literaria cuando viejas historias de raíces profundas son manipuladas de nuevo por un verdadero poeta con imaginación propia.

En mi opinión, pues, las tentaciones de Sir Gawain, su comportamiento ante ellas, y la crítica a su código, eran para nuestro autor su historia, a la que todo lo demás estaba supeditado. No voy a discutir esto. El peso, la extensión y la detallada elaboración de la tercera parte (y del final de la segunda parte que define la situación) son, como he dicho, prueba suficiente para mostrar dónde se concentraba al menos la atención primordial del poeta.

Me referiré ahora a las escenas de la tentación, especialmente a aquellos puntos en ellas que son más significativos, según creo, de los puntos de vista y el propósito del autor: las claves a la pregunta «¿de qué trata realmente este poema?» tal como él lo presenta. Para ello es necesario tener frescas en la mente las conversaciones de Gawain con la Dama del Castillo.

(Aquí se leyeron en voz alta las escenas de la tentación traducidas). [9]

De estas escenas seleccionaré algunos puntos para comentar. El 29 de diciembre, la dama llega a la habitación de Gawain antes de que esté completamente despierto, se sienta junto a su cama y, cuando se despierta, lo abraza (49.1224-5). Le dice que todo está bien y le asedia con todas sus fuerzas. La dama es muy hermosa, Gawain se sintió desde el principio, como hemos visto, muy atraído por ella, y no sólo se ve gravemente tentado en esta ocasión, sino que la declaración de la dama (49.1235-40) *mantiene la tentación durante todo su trato con ella*. A partir de entonces, toda su conversación y su charla se deslizan perpetuamente hacia el adulterio.

Después de la primera tentación no se relata ninguna conversación privada entre Gawain y la dama (excepto en su habitación) —está o bien con las dos damas juntas, o bien acompañado después de la vuelta a casa del señor—, salvo sólo por la noche después de la segunda tentación. Y bien podemos considerar el cambio que se ha producido, contrastando la escena después de la cena del 30 de diciembre con el aire imperturbable de la cena del día de Navidad (que ya he recitado anteriormente):

> Much gladness and gaiety began then to spring
> round the fire on the hearth, and freely and oft
> at supper and later: many songs of delight,
> such as canticles of Christmas, and new carol-dances,
> amid all the mannerly mirth that men can tell of;
> and ever our noble knight was next to the lady.
> Such glances she gave him of her gracious favour,
> secretly stealing sweet looks that strong man to charm,
> that he was passing perplexed, and ill-pleased at heart.
> Yet he would fain not of his courtesy coldly refuse her,
> but graciously engaged her, however against the grain
>   the play.   (66.1652–63)

(...) Mucha alegría y regocijo sin reservas surgió
allí alrededor del fuego del hogar, en la cena y después;
muchos cantos deliciosos hubo, nuevas carolas, y canciones
de Navidad: el más noble divertimento que se podía narrar.
y siempre nuestro noble caballero estuvo situado
junto a la dama, que le dirigía tales miradas para conseguir
sus finos favores, sacándole en secreto dulces miradas
para cautivarle, que nuestro fuerte caballero quedó
más que perplejo y muy molesto en su corazón. Mas,
por su cortés condición no quiso rechazarla con frialdad,
sino que con cortesía la trató, aunque la cosa le causaba
pesadumbre.   (66.1652-63)

Creo que ésta es una buena traducción de un pasaje que contiene
algunas dificultades verbales y, posiblemente, textuales; pero ni
esta versión ni el original deben malinterpretarse. El estado de ánimo de Gawain no es el de alguien que ha sido «rechazado» o se ha
disgustado, sino el de un hombre que no sabe qué hacer. Está en
el medio mismo de la tentación. Toda su educación le obliga a
seguir jugando, pero la dama ya ha puesto de manifiesto la debilidad de tal «crianza», que es un arma peligrosa en tal situación, tan
peligrosa como un puñado de bonitos cohetes cerca de un auténtico polvorín. Inmediatamente después, el miedo o la prudencia
sugieren la huida, y Gawain intenta eludir su promesa de cumplir
los deseos del señor y quedarse tres noches más. Pero se ve atrapado de nuevo por su propia cortesía. No tiene mejor excusa que
decir que se acerca la hora de su cita y que será mejor que salga por
la mañana.

El señor responde fácilmente fingiendo que duda de su buena fe
y repite que da su palabra de que Sir Gawain llegará a tiempo a la
Capilla Verde. Que este intento de huida por parte de Gawain se

debe a la sabiduría moral (es decir, al miedo a sí mismo) y no al disgusto queda claro en la continuación.

Aparte de esta alusión, sin embargo, en las dos primeras escenas el autor se ha contentado con relatar sucesos y dichos sin revelar los sentimientos de Gawain (o sus propias opiniones). Pero en cuanto llegamos a la tercera escena el tono cambia. Hasta ahora, Gawain se había ocupado principalmente de un problema de «cortesía», y le vemos utilizar el ingenio y los buenos modales por los que era famoso con gran habilidad, y aún (hasta la noche del 30 de diciembre) con cierta confianza. Pero con las estrofas 70 y 71 (versos 1750 y ss.) llegamos al «meollo» del asunto. Gawain se encuentra ahora en grave peligro. La sabia huida ha resultado imposible sin faltar a su palabra y a las reglas de cortesía hacia su anfitrión [10]. Su sueño ha sido oscuro, perturbado por el miedo a la muerte. Y cuando la dama aparece de nuevo, la recibe con puro placer y deleite por su belleza. La última mañana del año viejo volvió a su habitación:

> in a gay mantle that to the ground was measured
> and was fur-lined most fairly with fells well trimmed,
> with no comely coif on her head, only the clear jewels
> that were twined in her tressure by twenties in clusters;
> her noble face and her neck all naked were laid,
> her breast bare in front and at the back also.
> She came through the chamber-door and closed it behind her,
> wide set a window, and to wake him she called,
> thus greeting him gaily with her gracious words of
>> cheer:
>> 'Ah! man, how canst thou sleep,
>> the morning is so clear!'
>> He lay in darkness deep,

but her call he then could hear.

In heavy darkness drowsing he dream-words muttered,
as a man whose mind was bemused with many mournful thoughts,
how destiny should his doom on that day bring him
when he at the Green Chapel the great man would meet,
and be obliged his blow to abide without debate at all.
But when so comely she came, he recalled then his wits,
swept aside his slumbers, and swiftly made answer.
The lady in lovely guise came laughing sweetly,
bent down o'er his dear face, and deftly kissed him.
He greeted her graciously with a glad welcome,
seeing her so glorious and gaily attired,
so faultless in her features and so fine in her hues
that at once joy up-welling went warm to his heart.
With smiles sweet and soft they turned swiftly to mirth,
and only brightness and bliss was broached there between
       them so gay.
   They spoke then speeches good,
   much pleasure was in that play;
   great peril between them stood,
   unless Mary for her knight should pray   (69–70.1736–69)

llevando un hermoso manto que llegaba hasta el suelo
e iba forrado de pieles perfectamente cosidas.
En la cabeza no llevaba cofia elegante, tan sólo
sus piedras preciosas puestas en una redecilla
de veinte en veinte; desnudos llevaba rostro y cuello,
y un escote descubierto por detrás y por delante.
Entró por la puerta del cuarto, cerrándola tras de sí,
y abrió de par en par una ventana. Para despertarlo

lo llamó saludándole con dulces palabras llenas
    de beldad:
  «Vaya, hombre. ¡Cómo podéis dormir,
  en una mañana de tanta claridad!».
  Pudo bien su llamada oír
  aunque yacía en profunda oscuridad.

En la pesada oscuridad palabras de ensueño
murmuraba medio dormido, como hombre cuya mente
estaba perturbada por muchos pensamientos lúgubres
sobre lo que el destino le depararía ese día,
cuando en la Capilla Verde se encontrase con el gran hombre
y se viese obligado a recibir el golpe convenido sin combate alguno.
Mas cuando la dama llegó tan atractiva, el caballero el sentido
recobró, se deshizo de sus sueños y rápidamente le respondió.
La dama, de adorable aspecto, se acercó dulcemente
riendo, se inclinó sobre su bello rostro
y le dio un beso con mucha destreza. En amable bienvenida
Gawain le dio un gentil saludo, pues gloriosa
la veía, vestida con hermosura, sin defectos
ni faltas, con tan finos detalles, que de alegría se inundó
su corazón. Entre sonrisas dulces y suaves a departir
alegres comenzaron, disfrutando de goce y felicidad
    en demasía.
  Se dijeron palabras hermosas,
  mucho placer en aquel juego había;
  se hallaban en situación peligrosa,
  a menos que por él rezara María.   (69-70.1736-69)

Y con eso tenemos la reentrada, por primera vez desde el pentáculo y
el escudo de Gawain (al que aquí se alude), de la religión, de algo más

elevado que y más allá de un código de modales educados o pulidos que han sido, y van a ser una y otra vez, no sólo un arma ineficaz en última instancia, sino un peligro real, que juega a favor del enemigo.

Inmediatamente después se introduce la palabra *synne,* por primera y única vez en este poema altamente moral, y así con mayor énfasis; y lo que es más, se establece una distinción, el propio Gawain se ve obligado a establecerla, una distinción entre «pecado» (la ley moral) y «cortesía»:

> For she, queenly and peerless, pressed him so closely,
> led him so near the line, that at last he must needs
> either refuse her with off ence or her favours there take.
> He cared for his courtesy, lest a caitiff 11 he proved,
> yet more for his sad case, if he should sin commit
> and to the owner of the house, to his host, be a traitor.
> 'God help me!' said he.
>> 'Happen that shall not!' (71.1770–6)

> Pues la dama, regia y sin par, le ponía en tal brete,
> le llevaba tan al límite que al final sólo tenía dos opciones:
> o rechazarla de malos modos, o aceptar sus favores.
> Le preocupaba su cortés comportamiento,
> pues no quería ni parecer un patán [11] ni, si pecaba,
> ser tomado por traidor por su huésped,
> por el dueño del castillo. «¡Que Dios me ayude!», dijo,
>> «¡Que no suceda!». (…) (71.1770-6)

El final de la última escena de la tentación, con el completo cambio de terreno de la dama tras su derrota final en la cuestión principal (o superior, o la única real), es, por supuesto, una complejidad añadida en este complejo poema, que debe considerarse en su lugar.

Pero debemos pasar de inmediato a la escena que sigue a la tentación: la confesión de Gawain (75.1874-84).

Gollancz merece al menos el mérito de haber tomado nota de la confesión [12], que hasta entonces había recibido poca o ninguna atención. Pero se le escapó por completo el punto o los puntos en cuestión. A continuación, me detendré especialmente en ellos. No es demasiado decir que toda interpretación y valoración de *Sir Gawain y el Caballero Verde* depende de lo que uno piense de la trigésima estrofa de la tercera parte [estrofa 75]. O bien el poeta sabía lo que hacía, quería decir lo que decía y colocó esta estrofa donde quería que estuviera, en cuyo caso debemos pensar seriamente en ello y considerar sus intenciones; o bien no lo sabía, y no era más que un embrollador que encadenaba escenas convencionales, y su obra no merece una larga consideración en absoluto, excepto, tal vez, como un trastero de viejas historias y motivos medio conseguidos y menos que medio comprendidos, sólo un cuento de hadas para adultos, y no muy bueno.

Es evidente que Gollancz pensó esto último, pues en sus notas hace la sorprendente observación de que, aunque el poeta no se da cuenta de ello (¡!), *Gawain hace una confesión sacrílega. Pues confiesa que ha aceptado el cinto con la intención de conservarlo.* Esto es un completo disparate. Ni siquiera resiste la referencia al texto, como veremos. Pero, en primer lugar, es bastante increíble que un poeta de gran seriedad [13] que ya ha insertado con un propósito moral explícito una larga digresión sobre el pentáculo y el escudo de Sir Gawain incluya un pasaje sobre la confesión y la absolución (asuntos que él consideraba con la mayor solemnidad, independientemente de lo que los críticos puedan pensar ahora) de manera bastante casual, y sin «darse cuenta» de un punto tan menor como el «sacrilegio». Si era tan tonto, uno se pregunta por qué los editores se molestan en editar sus obras.

Veamos, pues, el texto. Primero: puesto que el autor no especifica lo que Gawain confesó, no podemos decir lo que omitió, y por lo tanto es gratuitamente tonto afirmar que ocultó algo. Se nos dice, sin embargo, que él *schewed his misdedez, of þe more and þe mynne,* es decir, que confesó todos sus pecados (o sea, todo lo que era necesario confesar) tanto grandes como pequeños. Si esto no es suficientemente definitivo, queda aún más claro que la confesión de Gawain fue buena, y no «sacrílega», y que la absolución fue efectiva [14], por la declaración de que esto fue así:

> There he cleanly confessed him and declared his misdeeds,
> both the more and the less, and for mercy he begged,
> to absolve him of them all he besought the good man;
> and he assoiled him and made him as safe and as clean
> as for Doom's Day indeed, were it due on the morrow.   (75.1880–4)

> Confesó entonces totalmente, y contó sus malas acciones,
> tanto las mayores como las menores, y misericordia
> y absolución de todas ellas tal pidió al buen hombre.
> Éste le libró de toda culpa y le dejó tan limpio y tan sano
> como para el día del Juicio Final, si fuese mañana mismo.
> (75.1880-4)

Y por si esto fuera poco, el poeta continúa describiendo la consiguiente ligereza del corazón de Gawain.

> Thereafter more merry he made among the fair ladies,
> with carol-dances gentle and all kinds of rejoicing,
> than ever he did ere that day, till the darkness of night,
>   in bliss.
>   Each man there said: 'I vow

a delight to all he is!
Since hither he came till now,
he was ne'er so gay as this.'   (75.1885–92)

Después de esto, halló gran contento entre las bellas damas,
bailando dulces carolas, con regocijo de todo tipo, disfrutando
hasta que llegó la noche oscura, como nunca lo había hecho
          hasta aquel día.
«¡Qué deleite para todos!»,
cada uno de los presentes decía.
«Desde que llegó, tales modos
no tuvo, ni tan feliz se le veía».   (75.1885-92)

¿Hace falta decir que un corazón ligero no es ciertamente el estado
de ánimo inducido por una mala confesión y la ocultación deliberada del pecado?

La confesión de Gawain se representa como buena, entonces.
Por lo tanto, nos vemos obligados a aceptar la situación creada deliberadamente por el autor; nos vemos impulsados a considerar la
relación de todas estas reglas de comportamiento, estos juegos y
cortesías, con el pecado, la moral, la salvación de las almas, con lo
que el autor habría considerado valores eternos y universales. Y eso,
seguramente, es precisamente por lo que se introduce la confesión,
y en este momento. Gawain, en su última y peligrosa situación crítica, se vio obligado a partir en dos su «código» y a distinguir sus
componentes de buenos modales y buena moral. Ahora nos vemos
obligados a considerar estas cuestiones más a fondo.

Se ve así que la primera implicación de la confesión es que el
quedarse con el cinto no era una fechoría o un pecado en el plano
moral en opinión del autor. Porque sólo hay dos alternativas: o (a)
Gawain no menciona el cinto en absoluto, estando suficientemente

instruido para distinguir entre tales pasatiempos y asuntos serios; o (b) si la menciona, su confesor le instruyó mejor. Lo primero es quizá lo menos probable, ya que la educación de Gawain en este sentido, podríamos decir, acababa de comenzar; mientras que se nos dice que antes de confesarse Gawain pidió consejo al sacerdote. [15]

De hecho, hemos llegado al punto de intersección de dos planos diferentes: de un mundo de valores real y permanente, y de otro irreal y pasajero: la moral, por un lado, y, por otro, un código de honor, o un juego con reglas. El código personal de la mayoría de la gente era, y sigue siendo para muchos, como el de Sir Gawain, una estrecha mezcla de los dos; y las infracciones en cualquier punto de ese código personal tienen un aroma emocional muy similar. Sólo una crisis, o una reflexión seria sin crisis (lo cual es raro) servirá para desenmarañar los elementos; y el proceso puede ser doloroso, como descubrió Gawain.

Un «juego con reglas» puede ocuparse, por supuesto, de asuntos triviales o de otros más serios en una escala ascendente, como, por ejemplo, de juegos con las cartas boca arriba. Cuanto más se ocupen o se involucren en asuntos y deberes reales, más implicaciones morales tendrán; las cosas «hechas» o «no hechas» tendrán dos caras, el ritual o las reglas del juego, y las reglas eternas; y por lo tanto habrá más ocasiones para un *dilema,* un conflicto de reglas. Y cuanto más seriamente te tomes tus juegos, más severo y doloroso será el dilema. Sir Gawain pertenecía (como se le describe) por clase, tradición y formación a la clase que se toma sus juegos con gran seriedad. Su sufrimiento era agudo. Se podría decir que fue seleccionado por esa razón, por un autor que pertenecía a la misma clase y tradición y sabía lo que se sentía desde dentro, pero que también estaba interesado en los problemas de conducta y había reflexionado sobre ellos.

Se podría considerar una pregunta justa para intercalar en este momento: «¿No es una *falta de arte,* un error poético, permitir que un asunto tan serio como una confesión real y la absolución se entrometan en este punto? ¿No lo es forzar y obligar al lector a prestar atención a esta divergencia de valores (en la que puede no estar muy interesado)? De hecho, ¿no lo es introducir tales asuntos en un cuento de hadas, no lo es someter a un examen serio cosas tan absurdas como cambiar un venado por un beso?».

En este momento no me interesa mucho responder a tal pregunta, pues lo que más me interesa es afirmar, demostrar (espero), que eso es lo que el autor de *Sir Gawain y el Caballero Verde* en realidad ha hecho, y que sus operaciones sobre su material serán ininteligibles o muy mal comprendidas si no se reconoce eso. Pero si se planteara la cuestión, yo respondería: hay una fuerza y una vida en este poema que casi todo el mundo admite. Es más probable que *se deba* a la mayor seriedad del autor que a que haya sobrevivido a pesar de ella. Pero mucho depende de lo que usted quiera, o crea que quiere. ¿Exiges que el autor tenga los objetos que tú esperarías que tuviera, o las opiniones que preferirías que sostuviera? ¿Que sea, por ejemplo, un anticuario antropológico? ¿O que simplemente se dedique a contar bien un cuento de hadas apasionante, de tal manera que produzca una credibilidad literaria suficiente para el entretenimiento? ¿Y cómo lo hará, en términos de su propio tiempo y pensamiento? Seguramente, si ese simple objeto fuera su único objetivo (algo bastante improbable en el complejo y didáctico siglo XIV), en el proceso de dar vida a viejas leyendas, ¿tendería inevitablemente a considerar problemas de conducta contemporáneos o permanentes? Es por ello por lo que ha vivificado a sus personajes, y por lo que ha dado nueva vida a viejas historias, totalmente diferentes de su significado anterior (del que probablemente tenía conocimiento, y ciertamente le importaba, mucho menos de lo que a algunos hombres de hoy en día). Es un caso de verter vino nuevo en odres viejos, sin duda, y hay algunas grietas y fugas inevitables. Pero, en cualquier caso, esta cuestión ética me parece más vívida por su curioso y extraño escenario, y más interesante en sí misma que todas las conjeturas sobre épocas más primitivas. Pero entonces pienso que el siglo XIV es superior a la barbarie, y que la teología y la ética están por encima del folclore.

No insisto, por supuesto, en que el autor haya tenido como propósito consciente indagar en la relación entre las normas de conducta reales y las artificiales cuando empezó a abordar esta historia. Imagino que este poema tardó algún tiempo en escribirse, que a menudo fue alterado, ampliado aquí y recortado allá. Pero las cuestiones morales están ahí, inherentes al cuento, y surgirán y se presentarán naturalmente para que se les preste atención en la medida en que el cuento se trate con realismo, y en la medida en que el autor sea un hombre de pensamiento e inteligencia, algo más que un cuentista. En cualquier caso, está claro que antes de llegar a su versión final, el autor era plenamente consciente de lo que estaba haciendo: escribir un poema «moral» y un estudio de la virtud y los modales caballerescos bajo presión, ya que incluyó dos estrofas («aunque pueda demorarme en mi relato» y aunque ahora no nos guste) sobre el pentáculo, mientras enviaba a su caballero a juicio. Y antes de poner el pasaje sobre la confesión al final del juicio mayor, ya ha llamado nuestra atención sobre la divergencia de valores, por la clara distinción expresada en los versos 1773-4; versos que sitúan la ley moral por encima de las leyes de la «cortesía», y rechazan explícitamente, y hacen que Gawain rechace, el adulterio como parte de la cortesía posible para un perfecto caballero. ¡Un punto de vista muy contemporáneo y muy inglés! [16]

Pero con la invitación abierta al adulterio de los versos 49.1237-40, que es sin duda una de las razones por las que se coloca al principio, podemos ver la vacuidad de toda la esgrima cortés que sigue. Desde ese momento, Gawain no puede dudar del objetivo de la dama: *haf wonnen hym to woȝe* («seducirlo para que su pasión pusiera en práctica», 61.1550). Se le ataca por dos frentes, y en realidad ha abandonado desde el principio el «servicio», la sumisión absoluta del «verdadero sirviente» a la voluntad y los deseos de la dama; aunque se esfuerza en todo momento por mantener la sombra verbal de ello, la dulzura del habla y los modales educados.

> By God, I would be glad, if good to you seemed
> whatever I could say, or in service could off er
> to the pleasure of your excellence – it would be pure delight
> (50.1245–7)

> Por Dios que me daría placer, si bien os pareciese
> lo que pudiera decir, daros cualquier servicio que le fuese
> placentero a vuestra excelencia; sería un puro deleite»   (50.1245-7)

> But I am proud of the praise you are pleased to give me,
> and as your servant in earnest my sovereign I hold you   (51.1277–8)

> pero estoy orgulloso de los cumplidos que os complace hacerme,
> y como vuestro solemne siervo mi soberana os considero,   (51.1277-8)

> All your will I would wish to work, as I am able,
> being so beholden in honour, and, so help me the Lord,
> desiring ever the servant of yourself to remain   (61.1546–8)

> Toda vuestra voluntad desearía cumplir,
> en la medida de mis fuerzas, pues
> me debo al honor y, con la ayuda de Dios,
> no deseo más que ser siempre vuestro servidor».   (61.1546-8)

Todas estas expresiones se han convertido en meras pretensiones, reducidas a un nivel apenas superior al de los juegos navideños, cuando la *wylnyng*[47] (1546) de la dama ha sido y es persistentemente rechazada.

La mera práctica cortesana en el juego de los modales y la destreza en el habla permitieron a Gawain evitar ser abiertamente un *crapayn*[48], evitar la «vileinye» en sus palabras, es decir, las expresiones groseras o brutalmente francas (fueran justas y verdaderas o no) [17]. Pero, aunque lo haga con encantadora elegancia, la ley del «servicio» a los deseos de la dama está de hecho quebrantada. Y el motivo de la ruptura, de toda su hábil defensa, desde el principio sólo puede ser moral, aunque esto no se diga hasta 71.1773-4. Si no hubiera habido otra salida, Gawain habría tenido que abandonar incluso su cortés técnica de modales y *rechazarla de malos modos* (1772). Pero nunca fue «conducido más cerca de la línea» como para decir: «que ni tengo ni en el futuro tendré amante, en realidad» (71.1790-1), lo que a pesar de su «suave sonrisa» es bastante claro y *a worde þat worst is of alle*[49] (72.1792). Pero la dama no lo lleva más lejos, pues sin duda el autor no deseaba que la gentileza de Gawain se resquebrajara. Aprobaba los modales gentiles y la ausencia de «vileinye» cuando se aliaban con la virtud y, fundada en ella, destilaban cortesía en un «amor cortés» sin adulterio. [18]

Debemos reconocer entonces que la introducción de la confesión de Sir Gawain y su ubicación precisa en el poema fue deliberada; y que es una indicación de la opinión del autor de que los juegos y los modales no eran importantes, en última instancia

47. [*N. del T.*] En inglés medio en el original, «voluntad, deseo».

48. [*N. del T.*] En inglés medio en el original, «patán».

49. [*N. del T.*] En inglés medio en el original, «las peores palabras que podría haber».

(«para la "salvación"», 75.1879), y estaban en cualquier caso en un plano inferior a la verdadera virtud, a la que deben ceder en caso de conflicto. Incluso el Caballero Verde reconoce la distinción y declara que Gawain es «el mejor caballero, el de menor tacha que haya pisado la tierra» (95.2363) con respecto a la cuestión moral principal.

Pero no hemos terminado con las cuestiones menores interesantes. El Caballero Verde prosigue: *Bot here yow lakked a lyttel, sir, and lewté yow wonted* [50] (95.2366). ¿Qué era esta *lewté*? La palabra no se traduce bien por «lealtad», a pesar del parentesco claro de ambas palabras; porque «lealtad» se aplica ahora principalmente a la honestidad y firmeza en alguna relación o deber personal o público importante (como con el rey o el país, los parientes o los amigos queridos). «Legalidad» sería igualmente afín y mejor; pues *lewté* podría significar no más que «atenerse a las reglas» de cualquier grado o sanción. Así, nuestro autor puede llamar *lel letteres* («letras leales, escritas de modo veraz») a las aliteraciones que se producen en los lugares adecuados de un verso, según reglas estrictamente métricas (2.35).

¿Qué reglas se acusa entonces a Gawain de infringir al aceptar, guardar y ocultar el cinto? Podrían ser tres: aceptar un regalo sin devolverlo; no entregarlo como parte de la «ganancia» del tercer día (según ese pacto jocoso, definitivamente llamado *layke* o juego); usarlo como protección en la cita futura. Creo que está claro que el Caballero Verde sólo considera la segunda de estas opciones. Dice:

The true shall truly repay,

---

50. [*N. del T.*] En inglés medio en el original, «En esto, señor, fallasteis un poco, y os faltó lealtad».

for no peril then need he quake.
Thou didst fail on the third day …   (94.2354-6)

Lealtad recibe el leal,
y nada habrá de temer.
Al tercer día, lo hicisteis mal …   (94.2354-6)

For it is my weed that thou wearest …   (95.2358)

Pues esa prenda que portáis …   (95.2358)

Desafía a Gawain de hombre a hombre, como contrincantes en un juego. Y creo que está claro que en esto expresa la opinión del autor.

Pues el autor no era un hombre de mente simple. Los que adoptan un punto de vista moral severo e intransigente no son necesariamente ingenuos. Puede que él pensara que la cuestión principal estaba clara en teoría, pero nada en la forma en que aborda su historia sugiere que pensara que la conducta moral fuera algo sencillo e indoloro en la práctica. Y de todos modos era, como podríamos decir, un caballero y un deportista, y estaba intrigado por la cuestión menor. De hecho, la moral de su poema, aunque complicada, también se enriquece con esta exhibición de un choque de reglas en un plano inferior. Ha ideado o planteado un problema muy interesante.

Gawain es inducido a aceptar un regalo de despedida de la dama. Del fallo técnico de «codicia» (tomar sin recompensa) ha sido explícitamente absuelto: no tenía nada que pudiera dar a cambio que no fuera insultante por su disparidad de valor (72. 1798 ss.); no pensó en la belleza o el valor monetario del cinto (81.2037-40). Pero fue llevado a una posición de la que no podía retirarse por el pensamiento de que posiblemente le salvaría la vida cuando llegara a la cita. Ahora bien, el autor no examina en ninguna parte la ética del Juego de la Decapitación; pero si lo hacemos, no encontraremos que Gawain hubiera roto ningún artículo de su pacto al llevar el cinto con ese propósito. Todo lo que había prometido hacer era venir en persona, no enviar a un sustituto (el significado probable de la línea 17.384: *wyth no wyȝ ellez on lyue,* «sólo a mí en el mundo entero habréis de responder»); venir a una hora señalada, y entonces aguantar un golpe sin resistencia. Por lo tanto, en este caso no necesita un abogado, aunque uno podría señalar rápidamente que Gawain fue engañado para acceder al pacto antes de que el Caballero Verde le revelara que estaba protegido mágicamente, y su promesa podría ser considerada éticamente nula, e incluso al nivel de un mero «juego», un poco de su magia privada sólo podría considerarse perfectamente justa. Pero el autor no estaba considerando este caso; aunque no ignoraba el punto, como vemos en la protesta de Gawain:

> But if on fl oor now falls my head,
> I cannot it restore.   (91.2282–3)

> Pero si cae mi cabeza al suelo,
> no me la podré volver a poner.   (91.2282-3)

Por tanto, nos limitamos a considerar los acontecimientos ocurridos en el castillo y el pacto deportivo con el señor. Gawain había aceptado el cinto como regalo por temor a la decapitación. Pero nuevamente lo habían atrapado. La dama fue astuta en la elección del momento oportuno. Le insistió con el tema del cinto y en el momento en que él bajó las defensas, se lo dio, cerrando así la trampa. Ella le rogó que no se lo dijera a su marido. Él acepto. Casi no podía hacer nada más; pero con su generosidad característica, incluso con su exceso impetuoso, que ya hemos señalado, juró no decírselo a nadie más en el mundo [19]. Por supuesto, deseaba el cinto por la posibilidad (parece que nunca lo valoró más que por eso) de que pudiera salvarlo de la muerte; pero incluso si no lo hubiera hecho, se habría encontrado con un dilema de «cortesía». Haber rechazado el cinto, una vez aceptado; o haber rechazado la solicitud: ninguna de las dos opciones habría sido «cortés». No le correspondía a él preguntar por qué debía mantener el cinto en secreto; presumiblemente era para mantener a la dama a salvo de la vergüenza, ya que no había razón para suponer que no fuera suyo para darlo. En cualquier caso, era tan suyo para dárselo como sus besos, y en ese aspecto él ya la había protegido de la vergüenza al negarse a decir de quién los había obtenido [20]. No se dice en este momento de aceptación y promesa que Gawain haya recordado en absoluto su pacto de juego con el señor. Pero finalmente no se le puede excusar por ese motivo. Porque no podía dejar esa cuestión en el olvido por mucho tiempo. Cuando el señor regresase a casa por la noche, seguramente habría de recordarlo. Y lo hizo. No se dice exactamente así; pero lo vemos claramente en la estrofa 77: en las prisas de Gawain por terminar el asunto. «Esta vez cumpliré el primero con nuestro pacto», grita (como de costumbre, yendo más allá de lo necesario, ya sea al hacer o al romper una promesa), mientras se dirige al encuentro del señor a mitad del camino (versos 1932-1934).

Es entonces, y sólo en este punto, que podemos pillar a Gawain en una falta, tal como está. «Primero cumpliré el pacto que hicimos», dice, y por lo que valía ese pacto no lo hace. No dice nada sobre el cinto. Y está intranquilo. «Vale, me ha llegado», grita, cuando el señor (con un significado que él aún no puede percibir, ni nosotros hasta que hayamos leído todo el cuento) dice que un pobre pellejo de zorro es un precio muy pobre para pagar tesoros tales como esos tres besos.

Bien, ahí lo tenemos. *Þrid tyme þrowe best,* pero *at þe þrid þou fayled þore.*[51] No me corresponde argumentar que Gawain no «fracasó» en absoluto; porque tampoco era esa la tesis del autor. Pero sí considerar en qué grado y en qué plano fracasó, según el autor, hasta donde se pueda discernir; pues esos puntos le preocupaban profundamente. Me parece claro por su manejo de esta historia, que para él había *tres* planos: meros pasatiempos de broma, como el jugado entre Gawain y el señor del castillo; «cortesía», [21] como un código de modales «gentiles» o educados, que incluía un modo especial de deferencia hacia las mujeres, y que podía considerarse que incluía, como lo hacía la dama, el más serio y, por lo tanto, más peligroso, «juego» de la cortés práctica amorosa, que podría competir con las leyes morales; y finalmente la moral, las virtudes y los pecados reales. Éstos podrían competir entre sí. Si es así, se debe obedecer la ley superior. Desde la primera llegada de Sir Gawain al castillo se están preparando situaciones en las que se producirán competiciones de este tipo, con dilemas de conducta. El autor está interesado principalmente en la competencia entre «cortesía» y virtud (pureza y lealtad); nos muestra su creciente divergencia y nos muestra a Gawain en la crisis de la tentación reconociendo esto y eligiendo la virtud en lugar de la cortesía, pero conservando una cortesía en los modales y una gentileza en el habla que pertenecen al verdadero espíritu cortés. Creo que su intención con la confesión también era mostrar que el grado más bajo, el «pasatiempo jocoso», no era en última instancia un asunto importante en absoluto; pero sólo después de haberse divertido, por así decirlo, exhibiendo un dilema que la cortesía artificial podía producir incluso

51. [*N. del T.*] Tolkien cita aquí dos frases concretas del poema en su inglés medio original: «A la tercera va la vencida» (67.1680) y «al tercer día lo hicisteis mal» (94.2356).

en un nivel inferior. En este caso, dado que no surgieron cuestiones de pecado y virtud, Gawain puso las reglas de cortesía en lo más alto de la escala y obedeció a la dama, aunque eso le llevó a romper su palabra (aunque eso sólo en un juego sin seriedad). Pero, ¡ay!, como creo que habría dicho nuestro autor, las reglas de la cortesía artificial no podrían excusarlo realmente, al no tener una validez universal y superior, como lo son las de la moralidad, ni siquiera si la cortesía sola hubiera sido el motivo para tomar el cinto. Pero no lo fue. Nunca se habría encontrado en una situación en la que estaba obligado a guardar secreto, contrariamente al pacto de los juegos, si no hubiera querido poseer el cinto por su posible poder: deseaba salvar su vida, un motivo simple y honesto, y por medios que de ninguna manera eran contrarios a su pacto original con el Caballero Verde, y sólo entraban en conflicto con el pacto aparentemente absurdo y puramente jocoso con el señor del castillo. Ésa fue su única falta.

Podemos observar que cada uno de estos «planos» tiene su propio tribunal. La ley moral hace referencia a la Iglesia. *Lewté*, «jugar el juego» cuando se trata de un mero juego, de hombre a hombre, hace referencia al Caballero Verde, quien de hecho habla del procedimiento en términos simuladamente religiosos, aunque (cabe señalarse) los aplica sólo al juego: las cosas superiores ya han sido juzgadas; «confesión» y una «penitencia» en la punta de su filo. La cortesía hace referencia al tribunal supremo para tales asuntos, la corte del Rey Arturo con su *kydde cortaysye;*[52] y el caso contra el acusado es *sobrereído.*[53]

---

52. [*N. del T.*] Tolkien cita aquí, de nuevo, el poema en su inglés medio original: «afamada cortesía, caballeros (o caballería) de renombre» (12.263).

53. [*N. del T.*] Tolkien hace aquí un hábil juego de palabras: «and the case against the defendant is laughed out». Ya que usa términos legales (corte, tribunal, caso, acusado) en toda la argumentación, Tolkien señala que el caso contra el acusado no se toma en consideración, se concluye, se sobresee, a base de risas, y

Pero todavía hay otro tribunal: el del propio Sir Gawain y su propio juicio. Digamos de inmediato que no es competente para juzgar este caso imparcialmente y que su sentencia no puede considerarse válida. Al principio, no es extraño que se encuentre en un estado mental emocional muy perturbado, después de haber hecho pedazos no sólo todo su «código», sino también de haber recibido dolorosas heridas en su orgullo. Es poco probable que su primera protesta contra sí mismo sea más justa que su amarga generalización contra las mujeres [22]. Pero no deja de ser muy interesante considerar lo que tiene que decir; porque es un personaje muy rotundo y no un mero vehículo de opiniones y análisis. Este poeta tenía habilidad para el dibujo de personajes. Aunque la dama, cuando tiene un papel hablado, sólo tiene un rol simple y una línea a seguir (dirigida por una «enemistad» inexplicable), todo lo que dice tiene un tono propio inconfundible. Mejor aún es Sir Bertilak, y mayor es la habilidad con la que se le hace comportarse y hablar de manera creíble tanto como Caballero Verde como como Anfitrión, de modo que, si estos dos no hubieran sido uno, cualquiera de ellos habría sido adecuadamente dibujado como individuo, mas al final podríamos creer que hemos escuchado al mismo personaje en todo momento: es esto más que nada lo que hace que un lector acepte su identidad tan incondicionalmente como Gawain sin (en este poema) ningún desencanto o cambio de forma después de la revelación. Pero ambos actores son secundarios y su función principal es proporcionar la situación para el juicio de Gawain. Gawain tiene plena realidad literaria.

éstas son el único argumento legal que la corte del Rey Aturo parece usar. Ese «laughed out», mezcla de «rule out» (con el sentido de descartar, desestimar) y «laugh / laugh out oud» (reírse a carcajadas), bien puede verterse, en su participio, como «sobrereído», con el sentido de sobreseído o desestimado a base de carcajadas.

Su «perfección» se hace más humana y creíble, y por lo tanto más apreciable como nobleza genuina, por el pequeño defecto [23]. Pero, en mi opinión, nada le hace «cobrar vida» como hombre real tanto como la descripción de sus «reacciones» a la revelación: aquí la palabra «reacción», de la que tanto se abusa, puede usarse con cierta justicia, pues sus palabras y su comportamiento son en gran medida una cuestión de instinto y emoción. Podemos considerar el contraste entre las estrofas en que se exponen éstas y los versos en que se describen sus peligrosos viajes, versos a la vez pintorescos y someros. Pero este poeta no estaba realmente interesado en el cuento de hadas o en el romance por sí mismos. También es, en mi opinión, un último golpe de maestría artística que un poema tan concentrado en la virtud y en los problemas de conducta termine con un atisbo de las «reacciones» de un hombre verdaderamente «gentil», pero no profundamente reflexivo, ante una falta en una parte de su código personal que no se juzga esencial desde un juicio externo y desapasionado. Un poema que, de hecho, debería terminar con un atisbo de esa escala doble con la que miden todas las personas razonablemente caritativas: cuanto más estricto para uno mismo, más indulgente para los demás [24]. *Þe kyng comfortez þe knyt, and alle þe court als laȝen loude þerat.*[54]

¿Qué siente y dice Gawain? Se acusa a sí mismo de *couardise* y *couetyse*.[55] Largo rato se quedó pensando.

in such grief and disgust he had a grue in his heart;
all the blood from his breast in his blush mingled,
and he shrank into himself with shame at that speech.
The first words on that field that he found then to say

54. [*N. del T.*] Cita *verbatim* del poema en inglés medio original: «Al caballero consoló el rey, y toda la corte comenzó a reírse a carcajadas» (101.2513).
55. [*N. del T.*] En inglés medio en el original: «cobardía, codicia».

were: 'Cursed be ye, Coveting, and Cowardice also!
In you is vileness, and vice that virtue destroyeth.'
He took then the treacherous thing, and untying the knot
fiercely flung he the belt at the feet of the knight:
'See there the falsifier, and foul be its fate!
Through care for thy blow Cowardice brought me
to consent to Coveting, my true kind25 to forsake,
which is free-hand and faithful word that are fi tting to knights.
Now I am faulty and false, who afraid have been ever
of treachery and troth-breach: the two now my curse
     may bear!   (95.2370–84)

tan afligido y disgustado que un terror trémulo tuvo en su corazón;
Se le subió de súbito toda la sangre del pecho al rostro,
y se encogió sobre sí mismo de vergüenza ante ese discurso.
Las primeras palabras que en aquel prado pudo pronunciar
fueron: «¡Malditas seáis, Codicia y Cobardía!
En vosotras está la vileza y el vicio que la virtud destruye».
Tomó entonces la cosa traicionera, y tras desatar su nudo
lanzó ferozmente aquel lazo a los pies del caballero:
«¡Mirad ahí la falsaria prenda, que infame sea su sino!
Por miedo a vuestro mandoble me condujo la cobardía
a consentir la codicia, olvidándome de las verdaderas cualidades [25]
que le corresponden al caballero: la lealtad y la liberalidad.
Ahora falso soy y faltas tengo, yo, que siempre
he temido a la traición y a quebrantar mis promesas.
¡A estas dos taras por siempre tendré
     que maldecir!   (95.2370-84)

Más tarde, de regreso a la Corte, relata sus aventuras en este orden
[26]: sus penurias; cómo fueron las cosas en la cita, y el porte del

Caballero Verde; los amores de la dama; y (por último) el asunto del
cinto. Luego mostró la cicatriz en el cuello que le hicieron como
reprimenda por su *vnleuté:*

> It was torment to tell the truth:
> in his face the blood did flame;
> he groaned for grief and ruth
> when he showed it, to his shame.

> 'Lo! Lord,' he said at last, and the lace handled,
> 'This is the band! For this a rebuke I bear in my neck!
> This is the grief and disgrace I have got for myself
> from the covetousness and cowardice that o'ercame me there!
> This is the token of the troth-breach that I am detected in,
> and needs must I wear it while in the world I remain.'
>
> (100–1.2501–10)

> En su rostro flameó el rubor,
> fue un tormento decir la verdad;
> sintió pesadumbre y dolor
> cuando mostro tal calamidad.

> «¡Mirad, mi Señor», dijo al fin, mostrando el cinto,
> «¡Ésta es la banda! ¡Por esta prenda porto en mi pescuezo
> tal marca. ¡Me he procurado pena y desgracia
> a causa de la codicia y cobardía que allí me
> sobrevino! Ésta es la señal de la tara que tuve,
> y debo llevarla mientras more en este mundo;   (100-1.2501-10)

A esto le siguen dos versos, el primero de las cuales no está claro,
pero que juntos (independientemente de cómo se interpreten o

modifiquen) expresan sin duda el sentimiento de Gawain de que nada podrá borrar esta mancha. Esto concuerda con su «exceso» cuando se conmueve; pero es fiel a las emociones de muchos otros. Porque uno puede creer en el perdón de los pecados (como él), incluso perdonarse a sí mismo los suyos y ciertamente olvidarlos, ¡pero el aguijón de la vergüenza en niveles moralmente menos importantes o insignificantes se dejará sentir todavía después de largos años, tan afilado como si se estuviese clavando de nuevo!

La emoción de Sir Gawain es, pues, de ardiente vergüenza; y la cobardía y la codicia son la carga de acusarse a sí mismo. La cobardía es la principal, pues por ella cayó en la codicia. Esto debe significar que, como caballero de la Mesa Redonda, Gawain no reclama al Caballero Verde por la injusticia del pacto de decapitación (aunque lo haya mencionado en los versos 2282-3), se atiene a sus propias palabras *quat-so bifallez after* (382), y elige someterse al juicio por el simple motivo de que se trataba de una prueba del valor absoluto de un caballero de su Orden: habiendo dado su palabra, estaba obligado a mantenerla incluso con la muerte como consecuencia, y a afrontarla con un valor humano inquebrantable. Era, por las circunstancias, el representante de la Mesa Redonda y debería haber mantenido su posición sin ayuda.

A ese nivel tan simple, pero tan elevado, se siente avergonzado y, en consecuencia, emocionalmente perturbado. Así, llama «cobardía» a su renuncia a desperdiciar su vida sin asestar un golpe, o a entregar un talismán que posiblemente podría haberle salvado. Llama «codicia» a su aceptación de un regalo de una dama que no pudo devolver inmediatamente, aunque se le exigió después de dos negativas, y a pesar de que no lo valoraba por su precio. De hecho, no era más que «codicia» en los términos del juego con el señor del castillo:

retener cualquier parte del *waith*[56] porque la quería para sí (por cualquier motivo). Llama «traición» [27] a la violación de las reglas de un mero pasatiempo, que sólo podría haber considerado jocoso o caprichoso (sea lo que fuere lo que se escondía en el proponente del juego), ¡ya que evidentemente no podía haber intercambio real entre las ganancias de un cazador y las de un hombre que holgazaneaba en casa!

Y así terminamos. Nuestro autor no nos lleva más allá. Hemos visto a un gentil caballero cortesano aprender por amarga experiencia los peligros de la Cortesía, y la irrealidad en última instancia de las protestas de completo «servicio» a una dama como «soberana» cuya voluntad es ley [28]; y en ese último recurso le hemos visto preferir una ley superior. Pero, aunque por esa ley superior demostró ser «intachable», la exposición de la «cortesía» de este tipo fue más allá, y ha tenido que sufrir la mortificación final de descubrir que la voluntad de la dama era en realidad su propia desgracia, y que todas sus halagadoras protestas de amor eran falsas. En un momento de amargura ha rechazado toda su «cortaysye» y ha clamado contra las mujeres como impostoras:

> a gain 'twould be vast
> to love them well and believe them not, if it lay in man's power!
> (97.2420–1)

> (…) sería
> una gran ganancia amarlas bien sin creerlas, si tenemos
> fuerza para ello (…)   (97.2420-1)

---

56. [*N. del T.*] En inglés medio en el original: «carne que se obtiene en una cacería». Es decir, lo cazado. Obviamente, aquí tiene el sentido de «ganancia».

Pero ése no ha sido todo su sufrimiento como caballero: ha sido engañado para «no jugar el juego» y faltar a su palabra en un deporte; y le hemos visto pasar por una agonía de vergüenza emocional ante este fracaso en un plano inferior que sólo encaja realmente con el fracaso en el plano superior. Todo esto me parece vívidamente verdadero y creíble, y no me estoy burlando de ello si digo que, como espectáculo final, vemos a Gawain arrancándose la corbata de la escuela (como indigno de llevarla), y cabalgando a casa con una pluma blanca clavada en su gorra, sólo para que ésta sea adoptada como los colores de los Primeros Once, mientras el asunto termina con las risas del Tribunal de Honor.

Pero, por último, ¡cuán fiel es al carácter descrito de Gawain este exceso de vergüenza, este ir más allá de todo lo requerido al adoptar una insignia de desgracia para que todos la vean siempre, *in tokenyng he watz tane in tech of a faute* (100.2488)![57] Y qué fiel es también al tono y el aire de este poema, tan preocupado por la «confesión» y la penitencia.

> Grace innogh þe mon may haue
> Þat synnez þenne new, ȝif him repente,
> Bot wyth sorȝ and syt he mot it craue,
> And byde þe payne þerto is bent

dice el poeta en su *Perla* (56.661-4) [29]. Después de la vergüenza, el arrepentimiento, y luego la confesión sin reservas con pena y penitencia, y por fin no sólo el perdón, sino la redención, de modo que el «daño» que no se oculta, y el reproche que se soporta voluntariamente, se convierte en gloria, *euer-more after*, «por siempre». Y

---

57. [*N. del T.*] En inglés medio en el original: «como prueba de que una vez cometió una falta».

con ello toda la escena, durante un tiempo tan vívida, tan presente,
incluso tópica, comienza a desvanecerse en el Pasado. *Gawayn with
his olde curteisye* vuelve a *Fairye* [58][30] pues

> as it is written in the best of the books of romance.
> Thus in Arthur his days happened this marvel,
> as the Book of the Brut beareth us witness;
> since Brutus the bold knight to Britain came first,
> after the siege and the assault had ceased at Troy,
> > I trow,
> > many a marvel such before
> > has happened here ere now.
> > To his bliss us bring Who bore
> > the Crown of Thorns on brow!
> > > Amen.   (101.2521–30)

tal cosa se cuenta escrita en los mejores libros que contienen
romances. Así, en los días del rey Arturo tuvo
lugar esta maravilla, como el Libro de Bruto atestigua.
ya que Bruto, el bravo caballero, a Britania llegó el primero,
cuando el asedio y el asalto cesaron en Troya,
> lo creo así.
> Mucha maravilla sucedió,
> antes de ahora, aquí.
> Quien corona de espinas llevó
> que nos de su dicha, sí.
> > Amén.   (101.2521-30)

---

58. [*N. del T.*] En inglés medio en el original: «Gawain con su antigua cortesía»; *Fayrie* es también inglés medio con el sentido de «lo mágico, la tierra de las
hadas», concepto éste de gran importancia en el *legendarium* de Tolkien.

Epílogo: versos 1885-92.[59]

En la discusión anterior se dijo que el corazón ligero de Gawain era prueba suficiente de que había hecho una «buena confesión». Con esto quise decir que la alegría que procede de una «ligereza de corazón» puede ser, y a menudo es, el resultado de la recepción adecuada de un sacramento por parte de uno de los fieles, y ello con total independencia de otras penas o preocupaciones: como, en el caso de Gawain, el miedo al golpe, el miedo a la muerte. Pero esto puede ser, y ha sido, cuestionado. Se ha preguntado: ¿No se debe su alegría más bien a que tiene el cinto y, por tanto, ya no teme la cita? O se ha sugerido que el humor de Gawain se debe más bien a la desesperación: ¡dejadme comer y estar alegre, que mañana me muero!

No estamos ante un autor simplón, ni ante una época simplona, y no es necesario suponer que sólo es posible una explicación del estado de ánimo de Gawain (es decir, que estaba en la mente del poeta). Gawain está siendo dibujado con entendimiento, y se le hace sentir, hablar y comportarse como lo haría un hombre en su situación en conjunto: consuelo en la religión, cinto mágico (o al menos la creencia de que tal cosa era posible), un peligro mortal al acecho, y todo eso. Pero creo, no obstante, que la colocación de los versos que describen su estado de ánimo inmediatamente después de la absolución (*And sypen* 1885), y el uso de las palabras *ioye* y *blys*,[60] son suficientes para mostrar que el autor pretendía que la confesión fuera la razón principal del aumento de alegría de Gawain; y no estaba pensando en absoluto en una alegría salvaje de desesperación.

Pero el cinto requiere más atención. Creo que es significativo que Gawain no muestre en ningún momento confianza en la eficacia del

---

59. Citados anteriormente en traducción.
60. [*N. del T.*] En inglés medio en el original: «y después», «deleite», «regocijo».

cinto, ¡ni siquiera esperanza en él como para causar una alegría despreocupada! De hecho, su esperanza en el parece haber disminuido continuamente desde el momento de su confesión. Es cierto que, en el momento de la aceptación y antes de su visita al sacerdote, dio las gracias a la señora abundantemente y de todo corazón por ello (¡una persona tan cortés no podía hacer menos!), pero incluso en el momento en que la idea de la ayuda para escapar de la muerte se despierta por primera vez en su mente (verso 1855 y siguientes) y es más fuerte, antes de que haya tenido tiempo de reflexionar, todo lo que el poeta relata estrictamente que piensa es: «Sería una cosa maravillosa de tener en el desesperado negocio que se me ha asignado. Si de algún modo pudiera escapar de ser asesinado, sería un truco espléndido». No suena lo suficientemente seguro, como explicación de que ese día estuviera más alegre que nunca. En cualquier caso, esa noche duerme muy mal y oye cantar a todos los gallos, temiendo la hora de la cita. En los versos 83.2075-6 leemos *þat tene place þer þe ruful race he schulde resayue* («ese lugar lamentable donde debía soportar el doloroso golpe»), que claramente se refiere a la reflexión de Gawain mientras él y su guía se ponen en camino. En los versos 85.2138-9 declara abiertamente a su guía que confía en Dios, de quien es siervo [31]. Del mismo modo, en los versos 86.2158-9, refiriéndose sin duda a su confesión y preparación para la muerte, dice: *to Goddez wylle I am ful bayn, and to hym hef me tone.*[61] De nuevo en los versos 88.2208-11 supera el miedo no por ningún pensamiento o mención de la «joya para el peligro» sino por la sumisión a la voluntad de Dios. En los versos 90.2255 ss. siente un gran temor ante la muerte inminente y se esfuerza por disimularlo, pero no lo consigue del todo. En los versos 91.2265-7 espera que el golpe le mate. Y

---

61. [*N. del T.*] En inglés medio en el original: «del Dios en lo alto el deseo cumplo (…) pues su protección poseo».

finalmente en los versos 92.2307-8 leemos: *no meruayle þaȝ hym myslyke þat hoped of no rescowe.*[62]

Ahora bien, todo este miedo y este armarse de valor para enfrentarse a la muerte concuerdan perfectamente con el consuelo de la religión y con un estado de ánimo de alegría después de haber sido atacado, pero no concuerdan en absoluto con la posesión de un talismán en el que se cree como protección contra los daños corporales, según las palabras de la dama seductora:

> For whoever goes girdled with this green riband,
> while he keeps it well clasped closely about him,
> there is none so hardy under heaven that to hew him were able;
> for he could not be killed by any cunning of hand.   (74.1851–4)

> Porque no habrá nadie tan duro bajo el cielo que pueda destruir
> a quien vaya ceñido con esta cinta verde,
> mientras la mantenga bien sujeta en él,
> pues no se le podrá matar por mucha maña que se muestre.
>
> (74.1851-4)

Podemos decir, entonces, que, desde el momento de su aceptación, ciertamente desde el momento de su absolución, el cinto no parece haber sido un consuelo para Gawain [32]. Si no fuera por los versos 81.2030-40, en los que Gawain se pone el cinto *for gode of hymseluen,*[63] bien podríamos haber supuesto que, tras la confesión, había resuelto no usarlo, aunque ahora no podía devolvérselo por cortesía ni romper su promesa de secreto. Desde la partida de

---

62. [*N. del T.*] En inglés medio en el original: «Nadie va a rescatar a Gawain, muy afligido».

63. [*N. del T.*] En inglés medio en el original: «Por su propio bien».

Gawain hasta su vergüenza por la revelación, el poeta ha ignorado el cinto, o ha representado a Gawain ignorándolo. El consuelo y la fuerza que tiene, más allá de su propio valor natural, sólo los obtiene de la religión. No cabe duda de que esta perspectiva moral y religiosa puede desagradar, pero el poeta la tiene; y si uno no reconoce esto (con o sin desagrado), se perderá el significado y el sentido del poema, o en todo caso el sentido que el autor pretendía.

No obstante, puede objetarse que aquí estoy presionando demasiado al autor. Si Gawain no hubiera mostrado miedo *alguno*, sino que se hubiera mostrado alegremente confiado en su cinto mágico (*no more mate ne dismayd for hys mayn dintez*[64] de lo que el Caballero Verde confiaba en la magia de Morgana le Fay), entonces la última escena, la cita, habría perdido toda su esencia. Además, teniendo en cuenta la magia e incluso la creencia general en la posibilidad de cintos encantados y cosas por el estilo, habría sido necesaria una fe muy viva en este cinto en particular para llevar a un hombre a semejante cita sin que le temblaran los hombros. Bueno, admitámoslo. De hecho, sólo refuerza el punto que he planteado. *No* se describe a Gawain con una fe muy viva en el cinto, aunque sea sólo, o en parte, por meras razones narrativas. Por lo tanto, su «alegría» en Nochevieja no se deriva de ello, sino de la absolución correspondiente, y Gawain aparece como un hombre con «buena conciencia» y su confesión no fue «sacrílega».

Pero al margen de la técnica narrativa, el poeta pretendía evidentemente destacar el lado moral y (si se quiere) más elevado del carácter de Gawain. Porque eso es sencillamente lo que ha hecho siempre, ya sea con total adecuación a su material narrativo heredado o no. Y así, aunque Gawain no acepta el cinto sólo por cortesía, y es tentado

---

64. [*N. del T.*] En inglés medio en el original, 15.336: «No más molesto o angustiado por la fuerza de aquellos abaneos».

por la esperanza de la ayuda mágica, y cuando se coloca sus armas no lo olvida, sino que se lo pone *for gode of hymseluen* y *for sauen hymself*,[65] este motivo es minimizado, y a Gawain no se le representa como teniendo confianza en él en absoluto cuando llega al punto desesperado — porque él, no menos que el horrible Caballero Verde, y su *magia*, y toda *magia* por extensión,[66] está en última instancia bajo Dios. Una reflexión que hace que el cinto mágico parezca más bien débil, como sin duda pretendía el poeta que fuera.

Se supone, pues, que debemos considerar a Sir Gawain, después de su última confesión, como alguien con la conciencia tranquila y tan capaz como cualquier otro hombre valiente y piadoso (si no tanto como un santo) de apoyarse en la espera de la muerte con el pensamiento de la protección última de Dios a los justos. Esto implica no sólo que ha sobrevivido a las tentaciones de la dama, sino que toda su aventura y su cita son *para él* justas, o al menos justificadas y lícitas. Ahora vemos la gran importancia de la descripción, en la primera parte, de la forma en que Sir Gawain se vio envuelto en el asunto, y el propósito de las notables críticas al Rey Arturo expresadas en la corte (en la segunda parte, estrofa 29). De este modo, se demuestra que Gawain no se puso en peligro por nobleza, ni por una costumbre fantástica o una promesa vanagloriosa, ni por pundonor en la proeza o por considerarse el mejor caballero de su Orden: todos los motivos posibles que, desde un punto de vista estrictamente moral, podrían hacer que todo el asunto fuera para él estúpido o censurable, un mero riesgo voluntario o un derroche de vida sin causa suficiente. La voluntariedad y el orgullo recaen sobre el Rey; Gawain se implica por humildad y por deber hacia su rey y pariente.

---

65. [*N. del T.*] En inglés medio en el original: «Por su propio bien, para salvarse a sí mismo».

66. [*N. del T.*] En el original, *faerie,* término ya explicado con anterioridad.

Podemos imaginar, en efecto, al autor insertando este curioso pasaje tras una reflexión. Después de hacer de la conducta de Gawain en su aventura el tema de un análisis moral en un plano serio, vería que en ese caso la aventura debe ser para Gawain digna de elogio, juzgada en el mismo plano. De hecho, el autor ha tomado esta historia, o mezcla de historias, con todas sus improbabilidades, su falta de motivos racionales seguros y su incoherencia, y se ha esforzado por convertirla en el *engranaje* mediante la cual un hombre virtuoso se ve envuelto en un peligro mortal que es noble, o al menos apropiado (no erróneo ni tonto), que afronte; y se ve así arrastrado a las consiguientes tentaciones en las que no incurre voluntaria o intencionadamente. El Pentáculo sustituye al Grifo[67] en el escudo de Gawain como parte de un plan deliberado, al menos en la versión final que tenemos. Ese plan, y esa elección y énfasis, deben ser reconocidos.

Otra cuestión es si este tratamiento está justificado o es artísticamente acertado. Por mi parte, diría que la crítica a Arturo, y el hacer de Gawain un apoderado del rey con motivos totalmente humildes y desinteresados, es para este poema [33] necesario, y acertado, y realista. El Pentáculo está justificado, y sólo fracasa (al menos para mi gusto, y supongo que para el de muchos de mi generación) porque es «pedante», muy del siglo XIV, casi chauceriano, en su pedantería, y demasiado largo y elaborado, y (sobre todo) porque resultó

---

67. [*N. del T.*] El Grifo es un ser mitológico cuya parte delantera es la de un águila gigante, generalmente dotada de plumaje blanco, grandes garras y pico extremadamente afilado. La parte trasera corresponde al cuerpo de un león, con pelaje pajizo, larga cola y patas musculadas en extremo. Aunque aparece en multitud de culturas y tradiciones, su uso en la heráldica medieval era muy común y de múltiple simbología. El «Gryffindor» de la saga *Harry Potter* está conectado semánticamente con esto, pues quiere decir «Grifo de oro», a pesar de que el animal heráldico que representa a dicha casa sea un león dorado y no un grifo.

demasiado difícil para la habilidad del autor con el verso alitertivo que utiliza. El tratamiento del cinto, que vacila entre la creencia y el desprecio, es razonablemente acertado, si no se examina este asunto con demasiada atención. Un cierto grado de creencia en él es necesario para la última escena de tentación; y resulta ser el único cebo eficaz que la dama tiene para sus trampas, conduciendo así al único «fallo» (en el plano más bajo del «juego») que hace que la conducta real de Gawain y su casi perfección sean mucho más creíbles que la perfección matemática del Pentáculo.

Pero esta creencia, o esperanza, debe ser minimizada al principio de la última parte, incluso si se tratara de un mero romance despreocupado de cuestiones morales, ya que la confianza en el cinto estropearía las últimas escenas incluso en un relato de este tipo. La debilidad del cinto, como talismán capaz (o que se cree capaz) de defender a un hombre de las heridas, es inherente. En realidad, esta debilidad es *menos* flagrante de lo que podría ser, precisamente debido a la seriedad del autor y a la piedad que ha atribuido a su modelo de caballeros; porque el desprecio del talismán en la crisis es más creíble en un personaje como el Gawain de este poema que en un simple aventurero. Y, sin embargo, lamento, no el defecto de Gawain, no que la dama encontrara un pequeño cebo para su víctima, sino que el poeta no pudiera pensar en otra cosa que Gawain pudiera haber aceptado e inducido a ocultar, y que, sin embargo, no hubiera afectado a su visión de su peligrosa cita. Pero a mí no se me ocurre ninguna, de modo que tal crítica, *kesting such cavillacioun*,[68] es ociosa.

Sir Gawain y el Caballero Verde sigue siendo el poema narrativo mejor concebido y estructurado del siglo XIV, de hecho, de la Edad Media en lengua inglesa, con una sola excepción. Tiene un rival, un candidato a ser su igual, no su superior en la obra maestra de

---

68. [*N. del T.*] En inglés medio en el original: «plantearse tal cavilación».

Chaucer *Troilo y Criseida.* Es una obra más grande en temática, más extensa, más intrincada y quizá más sutil, aunque no más sabia ni más perspicaz, y ciertamente menos noble. Y ambos poemas tratan, desde ángulos diferentes, los problemas que tanto ocuparon al pensamiento inglés de ese período: las relaciones de la cortesía y el amor con la moral y las costumbres cristianas y la ley eterna.

Notas

[1] El poeta de Gawain es el primero del que tenemos constancia en lengua vernácula que usa este nombre, el único de hecho, en inglés medio, aunque afirma que los ingleses lo llaman en todas partes Nudo sin Fin. Al menos se puede decir lo siguiente: la falta de constancia debe ser accidental, ya que la forma que utiliza, *penta(u)ngel*, es una que ya muestra claros rastros de uso popular, siendo una forma alterada de la correcta y erudita *pentaculum* por asociación con «ángulo». Además, aunque muy preocupado por el simbolismo, habla como si su público pudiera visualizar la forma de la figura.

[2] El intento de describir la compleja figura y su simbolismo era en realidad demasiado incluso para la considerable habilidad de nuestro poeta con los largos versos aliterativos. En cualquier caso, dado que parte de su significado era la interrelación de la fe religiosa, la piedad y la cortesía en las relaciones humanas, el intento de enumerar las «virtudes» pone de manifiesto la arbitrariedad de su división y de sus nombres individuales en un momento dado, y el flujo constante del significado de estos nombres (como *pité* o *fraunchyse*) de una época a otra.[69]

[3] Por qué el pentáculo es propio de este príncipe tan noble
me propongo contaros ahora, aunque pueda demorarme en mi relato.

(27.623-4)

[4] Aunque, en realidad, creo que la crítica ha tendido a explayarse demasiado. Por lo que yo sé, sólo se ha descuidado un punto: el autor se ha preocupado de demostrar que fue el propio señor en persona, y no los de la partida de caza en general, quien mató y obtuvo la *ganancia* que intercambió con Gawain. Esto está claro en los casos del jabalí y el zorro. Pero incluso en la primera cacería se indica: «Cuando el sol comenzó a declinar había matado tal número / de ciervas y ciervos que dicha certeza podría ponerse en duda.» (53.1321-2). Pero (puesto que no parece que hubiera otras personas de rango en la cacería) el señor del castillo es probablemente el *mejor* de los citados en el verso 1325, que supervisa el despiece de su propio y selecto «montón de presas». En este caso, el *didden* de 1327 es uno de los numerosos errores del MS, con el plural sustituido por el singular según la sugerencia inmediata de un contexto no del todo claro para el copista. Era el señor quien elegía los animales más gordos de

---

69. [*N. del T.*] En inglés medio en el original: «piedad, generosidad/magnanimidad».

su propia «matanza» y daba órdenes para que se preparasen adecuadamente para la presentación de *his venysoun*[70] (1375). Esto puede parecer un punto minúsculo, y alejado de las cosas que aquí se están considerando, pero creo que está relacionado con el tema de la *lewté* y el cumplimiento de la palabra dada que se va a examinar.

[5]   A no ser, quizá, en la mente de quienes tienen demasiada experiencia literaria. Pero incluso ellos deben darse cuenta de que se supone que vemos las cosas con los ojos de Gawain y percibimos el aire con sus sentidos, y es evidente que él no sospecha nada.

[6]   Quiero decir que si le hubiéramos planteado esta pregunta al autor nos habría dado una respuesta, porque había reflexionado sobre todo lo que tenía un aspecto moral; y creo que su respuesta habría sido, en el lenguaje de su época, la que estoy tratando de dar.

[7]   De hecho, su resistencia le honra aún más, ya que no es consciente de ningún peligro, salvo el del «pecado», y se resiste por motivos morales, sin miedo a los poderes mágicos o incluso a ser descubierto.

[8]   El texto mecanografiado ponía: «no podría alcanzar. O no lo haría. Porque esto [es] un modo de hacer sentir la tensión real que uno debería sentir en una narración de lucha moral». Cuando se cambió «no podría alcanzar» por «difícilmente podría alcanzar», la frase siguiente quedó entre corchetes como si se tratara de una exclusión. [Nota del Editor]

[9]   Esta frase es de Tolkien. Sobre este particular, véase el prefacio. [Nota del Editor]

[10]   Escrito a lápiz en el texto mecanografiado: «un sacrificio que aún no está dispuesto a hacer», para ser colocado, bien al final de la frase o después de «sin faltar a su palabra». [Nota del Editor]

[11]   Un granuja y un zafio.[71]

[12]   La referencia es a *Sir Gawain and the Green Knight*, editado por Sir Israel Gollancz, Early English Text Society 1940, p. 123, nota al verso 1880. [Nota del Editor]

[13]   Y uno, cabe añadir, que más allá de cualquier duda real también escribió *Perla*, por no hablar de *Pureza* y *Paciencia*.

---

70. [*N. del T.*] En inglés medio en el original: «su venado».

71. [*N. del T.*] Tolkien explica en esta nota la palabra «caitiff». En el glosario final, Christopher Tolkien la define así: *Patán* «caitiff» Zafio, de mente y maneras toscas.

[14] Puesto que la eficacia de la confesión depende totalmente de las disposiciones del penitente, y ninguna palabra del sacerdote puede remediar las malas intenciones o la ocultación voluntaria del pecado relatado.

[15] No afirmo, por supuesto, que un pacto genuino, incluso en el deporte, no tenga nunca implicaciones morales ni implique obligaciones. Pero sí quiero decir que, en opinión del autor, los «juegos navideños» como los que jugaron el señor y Gawain no son de ese orden. A este punto volveré.

[16] El hecho de que Gawain le añada a *synne* una consideración que hace el pecado más atroz u odioso, la traición de un invitado a su anfitrión, es éticamente sólido y fiel al personaje. También es muy propio de este poema, que se ocupa de la lealtad en todos los planos. Aquí encontramos a Gawain rechazando una deslealtad que habría sido realmente pecaminosa, de modo que podemos ver la falta de lealtad de la que se le acusa después en su escala adecuada.

[17] Así, Chaucer nos dice de su *perfit gentil knight* que él *neuer yet no vileinye ne saide... unto no maner wight;*[72] y más tarde se defiende engañosamente contra una acusación de *vileinye* (precisamente con un lenguaje bajo y grosero) que podría igualarse a sus innobles cuentos y personajes.

[18] Que hubiera calificado de *vileinye* la invitación de la dama es otra cuestión. De hecho, las acciones del señor y la dama no se juzgan en absoluto. Sólo se examina la conducta de Gawain, como representante de la Cortesía y la Piedad. Los hechos y las palabras de los demás se utilizan en su mayor parte únicamente para proporcionar las situaciones en las que se exhibirán su carácter y su comportamiento.

[19] Que luego expía, con el mismo espíritu, diciéndoselo a todo el mundo.

[20] Aunque podríamos pensar, si estuviéramos dispuestos a someter este detalle de cuento de hadas a un escrutinio que apenas es lo suficientemente sustancial como para soportarlo, que un beso no se puede pagar, y en cualquier caso, si no se nombra su fuente, entonces no se puede decir con razón que el beso de una esposa haya sido entregado al marido. Pero incluso este punto no ha sido ignorado por el autor. Los dos golpes pueden haber sido *boute scape* «fingidos, sin causar daño» (94.2353), en lo que respecta a la carne de Gawain, pero fueron dolorosos de soportar. El Caballero Verde (o Sir Bertilak) no parece

---

72. [*N. del T.*] Tolkien cita aquí los versos 70-2 del «Prólogo general» de *Los cuentos de Canterbury*, donde Chaucer describe al caballero, protagonista del primer relato: «Caballero perfecto y gentil. Nunca ha dicho nada vil a ningún tipo de persona».

haber pensado que recibir besos de su esposa fuera un asunto del todo insignificante, incluso si la «cortesía» era la razón de su aceptación.

[21] En el sentido mundano ordinario. Si nuestro autor también escribió *Perla* (como me parece seguro), ha complicado las cosas, para aquellos que desean considerar su mente y sus puntos de vista como un todo, al usar allí «cortesía» en un sentido más elevado: los modales no de las cortes terrenales, sino de la Corte del Cielo; la Generosidad y Gracia Divinas, y la humildad y caridad sin paliativos de los Bienaventurados; el espíritu, es decir, del que incluso la «cortesía» mundana debe proceder, si ha de ser viva y sincera, y también pura. Probablemente hay un rastro de esto en la conjunción de *clannes* «pureza» y *cortaysye* «cortesía» (28.653) en el «quinto cinco» del Pentáculo, que trata de la virtud en las relaciones humanas.

[22] Esto puede parecer a primera vista un defecto, aunque sea el único defecto grave de este poema. De hecho, creo que está puesto en una forma poco apropiada para Gawain, de modo que parece más bien una frase de *auctor*, una pieza de pedantería eclesiástica. Pero, fundamentalmente, es fiel al carácter general de Gawain, tal como se le describe, y creíble según su «reacción» en ese momento concreto. Gawain siempre tiende a ir un poco más allá de lo que el caso requiere. Sólo necesita decir: muchos hombres más grandes que yo han sido engañados por mujeres, así que hay alguna excusa para mí. No necesita decir que sería muy beneficioso para los hombres amar a las mujeres y, sin embargo, no confiar nunca en ellas. Pero lo hace. Y eso no sólo es muy propio de este Gawain, sino que no es antinatural en cualquier «cortesano» cuya misma cortesía y orgullo se han convertido en el medio de exponerlo a la vergüenza. ¡Que sea un mero juego y fingimiento, entonces!, grita en ese momento.

[23] Aunque cabe reflexionar que su cuasi perfección no se habría alcanzado a menos que se hubiera fijado como ideal la perfección absoluta o matemática simbolizada por el Pentáculo.

[24] Cuanto más caritativo, más amplia suele ser la divergencia, como puede verse en los santos que han sido severos consigo mismos.

[25] Con la palabra *kynde* en el original el autor puede referirse al carácter natural de Gawain; pero el sentido menos introspectivo «mi clase», el comportamiento apropiado de los miembros de su orden (caballeros), es quizás mejor.[73]

[26] El orden probablemente no es significativo (ni estrictamente posible), salvo la reserva del cinto para el último lugar.

---

73. [*N. del T.*] Es decir, a las «verdaderas cualidades que le corresponden como caballero», tal y como tradujimos en el verso correspondiente.

[27] No siempre una palabra tan fuerte como ahora, sin embargo, cuando la asociación con «traición» y «traidor» (originalmente sin relación) la ha hecho
aplicable sólo a actos de gran bajeza y grave daño.

[28] A menos que ella misma obedezca alguna ley superior a sí misma o al «amor».

[29] En la traducción que mi padre hizo de *Perla* estas líneas se vierten así:
Gracia suficiente de nuevo al pecar
el hombre recibe, si se arrepiente;
pero al desearla debe afligirse y suspirar,
y soportar los dolores consiguientes. [Nota del Editor]

[30] Chaucer, «El cuento del Escudero», versos 95-6. El pasaje en el que aparecen
estos versos fue (en parte) la base de la opinión de mi padre, mencionada al
principio de esta conferencia, de que Chaucer conocía *Sir Gawain y el Caballero Verde*. [Nota del Editor]

[31] Aunque el instrumento de Dios podría ser, en efecto, el cinto, en un mundo
donde tales cosas fueran posibles, y lícitas.

[32] Es un punto interesante, que no puede haber sido involuntario por parte del
poeta, que el cinto por el que Gawain rompió las reglas de su juego, y así
hizo la única falta en la perfección de su conducta en todos los niveles, nunca fue de hecho de ninguna utilidad para él en absoluto, ni siquiera como
una esperanza.

[33] Podría considerarse lamentable en el Romance Artúrico en su conjunto. Per-
sonalmente no creo que menospreciar al Rey (como *sumquat childgered*,[74] y
cosas por el estilo) le sirva para nada.

74. [*N. del T.*] Del verso 86 del poema: «alegre como un muchacho».

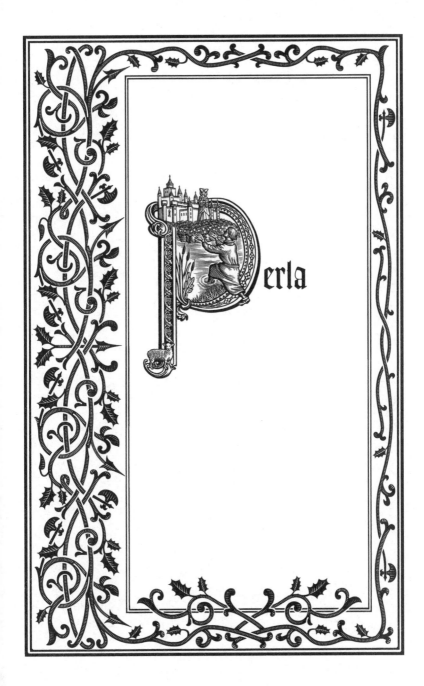

Perla

PERLA

Cuando *Perla* se leyó por primera vez en los tiempos modernos, se aceptó como lo que pretende ser, una elegía por la muerte de una niña, la hija del poeta. La interpretación personal fue cuestionada por primera vez en 1904 por W. H. Schofield, quien argumentó que la doncella del poema era una figura alegórica de un tipo habitual en el género literario de las visiones medievales, una abstracción que representaba la «limpia doncellez». Su opinión no fue generalmente aceptada, pero resultó ser el punto de partida de un largo debate entre los defensores de la opinión más antigua y los exponentes de otras teorías: que todo el poema es una alegoría, aunque cada intérprete le ha dado un significado diferente; o que no es más que un tratado teológico en verso. Se necesitaría mucho espacio para exponer de nuevo este debate, incluso en breve resumen, y el trabajo no sería rentable; pero no ha sido totalmente un desperdicio, ya que se ha aprendido mucho, y tal estudio ha profundizado en la apreciación del poema y ha puesto de manifiesto más claramente los elementos alegóricos y simbólicos que sin duda incluye.

Puede resultar difícil mantener una distinción clara entre «alegoría» y «simbolismo», pero es adecuado, o al menos útil, limitar la alegoría a la narración, al relato (por breve que sea) de acontecimientos; y el simbolismo al uso de signos o cosas visibles para representar otras cosas o ideas. Las perlas eran un símbolo de pureza que atraía especialmente a la imaginación de la Edad Media (y sobre todo del siglo XIV); pero esto no convierte a una persona que lleva perlas, o incluso a una que se llama Perla o Margarita, en una figura alegórica. Para ser una «alegoría», un poema debe, en su conjunto y con una coherencia justa, describir en otros términos algún acontecimiento o proceso; toda su narrativa y todos sus detalles significativos deben cohesionarse y trabajar juntos con este fin. Hay alegorías menores dentro de *Perla;* la parábola de los trabajadores de la viña (estrofas 42-49) es una alegoría autónoma; y las estrofas iniciales del poema, donde la perla se desliza de la mano del poeta a través de la hierba hasta el suelo, es una alegoría en pequeño de la muerte y entierro de la niña. Pero la descripción alegórica de un acontecimiento no lo convierte en alegórico. Y este uso inicial es sólo una de las muchas aplicaciones del símbolo de la perla, inteligible si la referencia del poema es personal, incoherente si se busca la alegoría total. Porque en *Perla* hay una serie de detalles precisos que no pueden subordinarse a ninguna interpretación alegórica general, y estos detalles son de especial importancia, ya que se refieren a la figura central, la doncella de la visión, en quien debemos concentrar la alegoría sin distracciones, si es que en algo debemos concentrarla.

Así pues, la base de la crítica deben ser las referencias a la niña o doncella y a sus relaciones con el soñador; y nunca se ha encontrado ninguna buena razón para considerarlas otra cosa que afirmaciones «de facto»: las experiencias reales que están en la base del poema.

Cuando el soñador ve por primera vez a la doncella en el jardín paradisíaco, dice (estrofa 21):

> Art þou my perle þat I haf playned,
> Regretted by myn one on nyȝte?
> Much longeyng haf I for þe layned
> Syþen into gresse þou my aglyȝte.

Esto nos explica la alegoría menor de las estrofas iniciales y revela que la perla que perdió era una doncella que murió. Pues la doncella de la visión acepta la identificación, y ella misma se refiere a su muerte en la estrofa 64. En la estrofa 35 dice que entonces era muy joven, y el soñador le dice que ha muerto. Todo el argumento teológico que sigue presupone la infancia de la niña cuando dejó este mundo.

La relación real de la niña en el mundo con el soñador se menciona en la estrofa 20: cuando la vio por primera vez en su visión, la reconoció; la conocía bien, la había visto antes (estrofa 14); y así, ahora que la contemplaba visible en la orilla más lejana del arroyo, era el hombre más feliz «de aquí a Grecia», porque

Ho watȝ me nerre þen aunte o nece.

«Estaba más cercana a mí que una tía o una sobrina». *Nerre,* en el lenguaje de la época, sólo puede significar aquí «más cercano en parentesco». En este sentido era normal y muy frecuente. Y aunque es cierto que «más cercana a mí que una tía o una sobrina» podría, aun así, referirse a una hermana, la disparidad de edad hace que la suposición de esta relación sea mucho menos probable. La profundidad del dolor por una niña tan pequeña pertenece más bien a la paternidad. Y parece haber un significado especial en la situación en la que la lección doctrinal dada por la doncella celestial viene de alguien sin sabiduría terrenal a su propia maestra e instructora en el orden natural.

Un lector moderno puede estar dispuesto a aceptar la base personal del poema y, sin embargo, sentir que no hay necesidad de suponer ningún fundamento inmediato o particular en lo autobiográfico. Es cierto que no es necesario para la visión, que se presenta claramente en términos literarios o bíblicos; el duelo y el dolor también pueden ser ficciones imaginativas, adoptadas precisamente porque aumentan el interés de la discusión teológica entre la doncella y el soñador.

Esto plantea una cuestión difícil e importante para la historia literaria general: si en el siglo XIV había aparecido ya el «yo» puramente ficticio, una primera persona fingida como narrador que no tenía existencia fuera de la imaginación del autor real. Probablemente no; al menos no en el tipo de literatura que nos ocupa: visiones relatadas por un soñador. El viajero ficticio ya había aparecido en la obra de Sir John Mandeville, autor de unos «viajes» que no parece ni que fueran suyos por haberlos escrito, ni de hecho, según los críticos modernos, por haberlos realizado, pues no parece haber viajado nunca mucho más allá de su estudio; y es difícil decidir si se trata de un caso de fraude destinado a engañar (como sin duda ocurrió), o de un ejemplo de ficción en prosa (en el sentido literario) que todavía se viste con el disfraz de verdad según la convención contemporánea.

Esta convención era fuerte, y no tan «convencional» como le puede parecer a los lectores modernos. Aunque quienes tenían experiencia literaria podían utilizarla como un mero recurso para asegurarse la credibilidad literaria (como a menudo hacía Chaucer), representaba un hábito mental muy arraigado y estaba fuertemente asociado con el espíritu moral y didáctico de la época. Los relatos del pasado requerían solemnes autoridades, y los relatos de cosas nuevas al menos un testigo ocular, el autor. Ésta fue una de las razones de la popularidad de las visiones: permitían situar las maravillas dentro del mundo real, vinculándolas con una persona, un lugar, un momento concreto, al tiempo que les proporcionaban una explicación en las fantasías del sueño, y una defensa contra las críticas en el notorio engaño de los sueños. Así, incluso la alegoría explícita se presentaba generalmente como algo visto en el sueño. Hasta qué

punto se suponía que una visión narrada de este tipo, del tipo más
serio, se parecía a una experiencia onírica real es otra cuestión. De
hecho, sería muy improbable que un poeta moderno propusiera un
sueño que se pareciera en algo a la visión de *Perla,* incluso teniendo
en cuenta los arreglos y la deformación del arte consciente. Pero
estamos hablando de un período en que los hombres, conscientes de
los caprichos de los sueños, todavía pensaban que entre sus travesu-
ras había visiones de la verdad. Y su imaginación despierta estaba
fuertemente conmovida por los símbolos y las figuras de la alegoría,
y se llenaba vívidamente con las imágenes evocadas por las escrituras, directamente o a través de la riqueza del arte medieval. Y pensaban que, en ocasiones, como Dios quería, a algunos que dormían
se les aparecían rostros benditos y les hablaban voces proféticas. No
les parecía tan increíble que el sueño de un poeta, herido por un
gran dolor y con el espíritu turbado, pudiera parecerse a la visión
de *Perla.*[75] Sea como fuere, la visión narrada en los escritos medievales más serios representaba, si no un sueño real, al menos un proceso real de pensamiento que culminaba en alguna resolución o punto
de inflexión de la vida interior, como en Dante y en *Perla.* Y en todas las formas, más ligeras o más graves, el «yo» del soñador seguía
siendo el testigo ocular, el autor, y los hechos a los que se refería
fuera del sueño (especialmente los que se referían a sí mismo) estaban en un plano diferente, destinados a ser tomados como literalmente verdaderos, e incluso por los críticos modernos así son

75. Ek oother seyn that thorugh impressiouns,
As if a wight hath faste a thyng in mynde,
That thereof comen swiche avysiouns.
(*Troilus and Criseyde,* v. 372–4)
[*N. del T.*] En inglés medio en el original: «Mas otros dicen que mediante im-
presiones / como las que uno tiene al fijar una cosa en la mente /es de donde vienen
tales visiones.».

tomados. En la *Divina Commedia,* el *Nel mezzo del cammin di nostra vita* del verso inicial, o la *decenne sete* del *Purgatorio xxxii,* se refieren a fechas y acontecimientos reales: el trigésimo quinto año de la vida de Dante en 1300, y la muerte de Beatrice Portinari en 1290. Del mismo modo, las referencias a Malvern en el Prólogo y en el Passus VII de *Piers Plowman,* así como las numerosas alusiones a Londres, se toman como hechos de la vida de alguien, sea quien sea el autor (o autores) del poema, según la opinión del crítico.

Es cierto que el «soñador» puede convertirse en una figura sombría de escasa sustancia biográfica: poco queda del Chaucer real en el «yo» que es el narrador en *El libro de la Duquesa.* Sin embargo, esta visión ficticia y convencional se basa en un hecho real: la muerte de Blanche, la esposa de Juan de Gante, en 1369. Ése era su verdadero nombre, Blanca (como se la llama en el poema). Por muy elevada que sea la imagen que se dibuja de su hermosura y bondad, su repentina muerte fue un suceso lamentable. Ciertamente puede haber conmovido a Chaucer mucho menos profundamente que la muerte de alguien «más cercano que una tía o una sobrina»; pero aun así, es esta gota viva de realidad, este eco de muerte repentina y pérdida en el mundo, lo que da a este poema temprano de Chaucer un tono y un sentimiento que lo eleva por encima de los recursos literarios con los que lo creó. En cuanto al poema *Perla,* mucho más importante, es muchísimo más probable que también se basara en un dolor real y que extrajera su dulzura de una amargura real.

Y, sin embargo, para la crítica específica del poema, la decisión sobre este punto no es de la mayor importancia. La realidad del duelo no salvará a la poesía si es mala, ni le prestará ningún interés salvo para aquellos que, de hecho, no están interesados en la poesía, sino en los documentos, aquellos que tienen hambre de historia o de biografía o incluso de meros nombres. En general, y teniendo en cuenta su época en particular, parece probable que *Perla* tenga una base «real» o directamente autobiográfica, ya que es la explicación más probable de su forma y su calidad poética. Y para este argumento el descubrimiento de detalles biográficos tendría poca importancia. De todo lo que se ha hecho en esta línea la única sugerencia de valor la hizo Sir Israel Gollancz:[76] que la niña pudo haberse llamado realmente perla por nombre de bautismo, Margarita en latín, Margery en inglés. Era un nombre común en la época, por el amor a las perlas y su simbolismo, y ya lo habían llevado varios santos. Si la niña fue realmente bautizada como perla, entonces las muchas perlas enhebradas en los hilos del poema en significado múltiple reciben aún otro lustre. Sobre tales accidentes de la vida cristaliza la poesía:

> And goode faire White she het;
> That was my lady name ryght
> She was bothe fair and bryght;
> She hadde not hir name wrong.
> *(Boke of the Duchesse,* 948–51).[77]
> 'O perle', quod I, 'in perleȝ pyȝt,
> Art þou my perle þat I haf playned?'[78]

Se ha objetado que la niña vista en el Cielo no se parece a una infante de dos años en apariencia, habla o modales: se dirige a su padre formalmente como *señor,* y no muestra afecto filial por él. Pero se trata de la aparición de un espíritu, de un alma que aún no se ha

---

76. En su edición de *Perla,* p. xliii: «Quizá llamó a la niña 'Margery' o 'Marguerite'». La forma Marguerite no se habría utilizado; es una forma francesa moderna.

77. [*N. del T.*] En inglés medio en el original: «Tal era el nombre de mi dama, / Blanca la buena y bella se llamaba;/Nombre equivocado no llevaba / pues bella era y radiante». *El libro de la Duquesa,* 948-51.

78. [*N. del T.*] Éstos son los dos primeros versos de la estrofa 21 de *Perla.*

reunido con su cuerpo tras la resurrección, de modo que las teorías relativas a la forma y edad del cuerpo glorificado y resucitado no nos conciernen. Y como espíritu inmortal, las relaciones de la doncella con el hombre terrenal, el padre de su cuerpo, se ven alteradas. No niega su paternidad, y cuando se dirige a él como *señor* sólo utiliza la forma de dirigirse que era habitual para los niños medievales. De hecho, su papel es realmente imaginario. La simpatía de los lectores puede dirigirse ahora más fácilmente al afligido padre que a la hija, y pueden sentir que se le trata con cierta dureza. Pero es la dureza de la verdad. En la manera de ser de la doncella se describe el efecto que produce en una inteligencia clara la persistente condición terrenal de la mente del padre; todo le es revelado, y él tiene ojos, pero no puede ver. La doncella está ahora llena del espíritu de caridad celestial, deseando sólo su bien eterno y la cura de su ceguera. No le corresponde a ella ablandarlo con piedad, ni entregarse a una alegría infantil por su reencuentro. El consuelo final del padre no se encontraba en la recuperación de una hija amada, como si la muerte no hubiera ocurrido después de todo o no tuviera significado, sino en el conocimiento de que ella había sido redimida y salvada y se había convertido en una reina en el Cielo. Sólo mediante la resignación a la voluntad de Dios, y a través de la muerte, podría reunirse con ella.

Y éste es el *propósito* principal del poema, distinto de su génesis o forma literaria: el tema doctrinal, en forma de argumento sobre la salvación, por el que el padre se convence al fin de que su Perla, como infante bautizada e inocente, está indudablemente salvada y, más aún, admitida en la bendita compañía de los 144 000 que siguen al Cordero.[79] Pero el tema doctrinal es, de hecho, inseparable de la forma literaria del poema y de sus razones; pues surge directamente del

---

79. [*N. del T.*] Aquí Tolkien hace referencia al *Apocalipsis,* 14.1. Esto tiene especial importancia pues en el versículo quinto de ese mismo capítulo se dice que

dolor, que imparte profundo sentimiento y urgencia a toda la discusión. Sin la base elegíaca y el sentimiento de gran pérdida personal
que lo impregna, *Perla* sería en realidad un mero tratado teológico
sobre un punto especial, como lo han llamado algunos críticos. Pero
sin el debate teológico, el dolor nunca habría salido a la superficie.
Dramáticamente, el debate representa un largo proceso de pensamiento y lucha mental, una experiencia tan real como el primer dolor ciego del duelo. En su primer estado de ánimo, aunque se le
hubiera concedido una visión de los bienaventurados en el Cielo, el
soñador la habría recibido incrédulo o rebelde. Y se habría desperta-
do de nuevo junto al túmulo, no con la suave y serena resignación de
la última estrofa, sino todavía como se le ve por primera vez, mirando sólo hacia atrás, con la mente llena del horror de la decadencia,
retorciéndose las manos, mientras su *wreched wylle in wo ay wrazte.*[80]

---

los 144 000 seguidores del Cordero no tienen tacha. Como Perla, que «ni una
mancha mostró».

80. [*N. del T.*] Éste es el verso octavo de la estrofa 5 de *Perla*.

Perla

Pearl of delight that a prince doth please
    To grace in gold enclosed so clear,
    I vow that from over orient seas
Never proved I any in price her peer.
So round, so radiant ranged by these,
So fine, so smooth did her sides appear
That ever in judging gems that please
Her only alone I deemed as dear.
Alas! I lost her in garden near:
Through grass to the ground from me it shot;
I pine now oppressed by love-wound drear
For that pearl, mine own, without a spot.

2   Since in that spot it sped from me,
       I have looked and longed for that precious thing
       That me once was wont from woe to free,
    to uplift my lot and healing bring,
    But my heart doth hurt now cruelly,
    My breast with burning torment sting.
    Yet in secret hour came soft to me
    The sweetest song I e'er heard sing;
    Yea, many a thought in mind did spring
    To think that her radiance in clay should rot.
    O mould! Thou marrest a lovely thing,
    My pearl, mine own, without a spot.

3   In that spot must needs be spices spread
       Where away such wealth to waste hath run;

Perla

Perla de deleite que al príncipe complace,
adorno perfecto en puro oro engastado,
juro que ni allende el mar donde el sol nace
una igual en valor jamás he hallado.
Tan redonda, tan radiante, tan fina parece,
tanta suavidad se percibe en su costado
que al dar a gentiles gemas el juicio que merecen
sólo a ella la consideré como algo preciado.
¡Ay! La perdí en un jardín nada apartado:
entre la hierba por el suelo de mí se alejó.
Por la horrible herida del amor me siento angustiado
por esa perla, mía, que ni una mancha mostró.

2 Desde que de mí partió en ese lugar,
esa cosa preciosa he buscado y anhelado
que una vez del dolor me pudo liberar,
para elevar mi suerte y sentirme curado;
pero mi corazón tengo en cruel pesar,
con ardiente tormento mi pecho punzado.
La canción más dulce que he oído cantar
en calmada hora suavemente me ha llegado.
Sí, muchos pensamientos a mi mente han arribado
al pensar que pueda la tierra apagar el brillo del que gozó.
¡Oh, polvo! Una cosa encantadora has estropeado.
Mi perla, mía, que ni una mancha mostró.

3 En ese lugar plantas aromáticas han de crecer,
allí donde tanta riqueza ruina se ha tornado;

Blossoms pale and blue and red
There shimmer shining in the sun;
No flower nor fruit their hue may shed
Where it down into darkling earth was done,
For al l grass must grow from grains that are dead,
No wheat would else to barn be won.
From good all good is ever begun,
And fail so fair a seed could not,
So that sprang and sprouted spices none
From that precious pearl without a spot.

4   That spot whereof I speak I found
When I entered in that garden green,
As August's season high came round
When corn is cut with sickles keen.
There, where that pearl rolled down, a mound
With herbs was shadowed fair and sheen,
With gillyflower, ginger, and gromwell crowned,
And peonies powdered all between.
If sweet was all that there was seen,
Fair, too, a fragrance flowed I wot,
Where dwells that dearest, as I ween,
My precious pearl without a spot.

5   By that spot my hands I wrung dismayed;
For care full cold that had me caught
A hopeless grief on my heart was laid.

flores pálidas, azules y rojas hemos de ver
allí brillando al sol con fulgor rielado.
Ninguna flor ni fruta puede su matiz verter
allí donde la tierra se ha nublado,
porque toda hierba de grano muerto debe crecer,
si no, no habrá trigo que pueda ser cosechado.
Lo bueno, de lo bueno siempre se ha originado
y nada malo saldrá de semilla que tan hermosa se vio
por ello ninguna planta aromática ha brotado
de aquella perla preciosa que ni una mancha mostró.

4   Ese sitio del que hablo, ese lugar
hallé al entrar en aquel jardín lleno de verdor,
cuando la estación de agosto acabó de llegar,
cuando el cereal se siega con hoces afiladas con primor.
Había allí, donde aquella perla echó a rodar,
un montículo hermoso con hierbas en sombra y fulgor,[81]
peonías por doquier se podían contemplar,
y gengibre, ladierno, y lirios en flor.
Si todo lo que allí se veía tenía dulzor,
bien supe que una deliciosa fragancia también fluyó
donde mora, así lo creo, aquélla por la que siento más amor,
mi preciosa perla que ni una mancha mostró.

5   En ese lugar mis manos consternado retorcí;
pues el fuerte frío me había atrapado
y una pena sin esperanza en mi corazón sentí.

---

81. [*N. del T.*] En el original, «sheen»; Christopher Tolkien define en el glosario final este término arcaico como «brillo, fulgor». Hay un claro uso aliterativo y de rima.

Though reason to reconcile me sought,
For my pearl there prisoned a plaint I made,
In fierce debate unmoved I fought;
Be comforted Christ Himself me bade,
But in woe my will ever strove distraught.
On the flowery plot I fell, methought;
Such odour through my senses shot,
I slipped and to sudden sleep was brought,
O'er that precious pearl without a spot.

6 From that spot my spirit sprang apace,
On the turf my body abode in trance;
My soul was gone by God's own grace
Adventuring where marvels chance.
I knew not where in the world was that place
Save by cloven cliffs was set my stance;
And towards a forest I turned my face,
Where rocks in splendour met my glance;
From them did a glittering glory lance,
None could believe the light they lent;
Never webs were woven in mortal haunts
Of half such wealth and wonderment.

7 Wondrous was made each mountain-side
With crystal cliffs so clear of hue;
About them woodlands bright lay wide,
As Indian dye their boles were blue;
The leaves did as burnished silver slide
That thick upon twigs there trembling grew.
When glades let light upon them glide
They shone with a shimmer of dazzling hue.

Aunque con la razón busqué sentirme confortado
un planto por mi perla aprisionada allí
solté, y en duro debate me vi involucrado;
del mismo Cristo mandato de consuelo percibí,
mas en la pena mi ánimo siempre peleó angustiado.
Pienso que caí en aquel terreno de flores adornado.
Fue tal la fragancia que mis sentidos atravesó,
que resbalé y de repente caí en un sueño inesperado
con esa perla preciosa que ni una mancha mostró.

6   De aquel sitio mi espíritu con brío vi
partir pues en el césped mi cuerpo en trance permaneció;
Mi alma por la propia gracia de Dios sentí
que se iba. A lugares de maravilla se aventuró.
No sabía dónde estaba aquel lugar al que me fui,
sólo que junto a hendidos acantilados mi cuerpo se quedó;
y hacia un bosque mi rostro volví
donde espléndidas rocas mi mirada halló.
De ellas surgía una gloria resplandeciente que percibí.
Nadie podía creer que desprendiesen tal fulgor;
tramas tan bien tejidas en mortales moradas nunca vi
con tanta riqueza y tanto esplendor.

7   Maravillosa la ladera de cada montaña parecía,
con acantilados cristalinos de tan clara tonalidad;
a su alrededor un brillante bosque se extendía
de troncos azules como el índigo, en verdad;
su follaje entrelazado como plata bruñida lucía
y trémulo crecía sobre las ramas. En la claridad
del bosque la luz sobre él se extendía
y lo hacía brillar con un fulgor de gran intensidad.

The gravel on ground that I trod with shoe
Was of precious pearls of the Orient:
Sunbeams are blear and dark to view
Compared with that fair wonderment.

8   In wonder at those fells so fair
My sold all grief forgot let fall;
Odours so fresh of fruits there were,
I was fed as by food celestial.
In the woods the birds did wing and pair,
Of flaming hues, both great and small;
But cithern-string and glittern-player
Their merry mirth could ne'er recall,
For when they beat their pinions all
In harmony their voices blent:
No delight more lovely could men enthrall
Than behold and hear that wonderment.

9   Thus arrayed was all in wonderment
That forest where forth my fortune led;
No man its splendour to present
With tongue could worthy words have said.
I walk ed ever onward well-content;
No hill was so tall that it stayed my tread;
More fair the further afield I went

La gravilla del suelo que pisaba sin más en realidad
estaba hecha de perlas de Oriente de gran primor:
los rayos del sol se ven opacos[82] y con gran oscuridad
comparados con aquel hermoso esplendor.

8 Maravillado por las colinas que tan hermosas veía
pude las penas de mi espíritu olvidar.
Aromas de fruta fresca había,
y con comida casi celestial me pude alimentar.
Pájaros grandes y pequeños de colores que ardían,
en los bosques volaban yendo de par en par.
Ni cuerda de cítola ni aquél que la cítara tañía[83]
su alegre regocijo pudo nunca imitar,
pues sus voces en armonía conseguían mezclar
cuando sus alas batían con fervor.
Ningún deleite igual a los hombres podía cautivar
que escuchar y contemplar tal esplendor.

9 Aquel bosque al que la fortuna me llevaba
así lucía en espléndido vestir.
Con palabras dignas en lengua hablada
no hay hombre que tal lustre pueda describir.
No había colina lo bastante elevada
como para que detuviese mi discurrir
alegre por el camino. Cuanto más me adentraba,

82. [*N. del T.*] En el original, «blear»; Christopher Tolkien define en el glosario final este término arcaico como «opaco».

83. [*N. del T.*] En el original, «cithern, glittern»; Christopher Tolkien define ambos términos en el glosario final del mismo modo: «instrumentos de cuerda». Aunque ambos de cuerda, realmente son dos instrumentos distintos: la cítola y la cítara.

Were plants, and fruits, and spices spread;
Through hedge and mead lush waters led
As in strands of gold there steeply pent.
A river I reached in cloven bed:
O Lord! the wealth of its wonderment!

10   The adornments of that wondrous deep
Were beauteous banks of beryl bright:
Swirling sweetly its waters sweep,
Ever rippling on in murmurous flight.
In the depths stood dazzling stones aheap
As a glitter through glass that glowed with light,
As streaming stars when on earth men sleep
Stare in the welkin in winter night;
For emerald, sapphire, or jewel bright
Was every pebble in pool there pent,
And the water was lit with rays of light,
Such wealth was in its wonderment.

11   The wondrous wealth of down and dales,
of wood and water and lordly plain,
My mirth makes mount: my mourning fails,
My care is quelled and cured my pain.
Then down a stream that strongly sails
I blissful turn with teeming brain;
The further I follow those flowing vales
The more strength of joy my heart doth strain.
As fortune fares where she doth deign,
Whether gladness she gives or grieving sore,

bellas plantas, frutas, especias se podían distinguir;
Por campos y praderas descendía un bello fluir
de corrientes como hebras de dorado color.
Un río de hendido cauce pude descubrir:
¡Oh, Señor! ¡Qué exuberante esplendor!

10 Bellas riberas de berilo brillante
esa maravillosa hondura como adorno tenía.
Siempre ondulando en sonido murmurante
sus aguas en dulce remolino fluían.
Como el brillo que cruza un cristal, gemas deslumbrantes
en las profundidades apiladas se veían,
como estrellas que cuando los hombres se hallan durmientes
en las noches de inverno el firmamento recorrían.
Pues cada guijarro que en el agua había
era esmeralda, zafiro o joya de gran fulgor,
y el agua con rayos de luz hermosa relucía,
de tanta riqueza en aquel esplendor.

11 **V**alles, colinas, bosques, corrientes, bellos prados:
la maravillosa riqueza que allí había
cura mi dolor, ya no me siento preocupado,
cesa mi luto, hace crecer mi alegría.
Por una fuerte corriente me veo lanzado
y me siento feliz pues mi cerebro de gozo se henchía;
más poderoso es el gozo que mi corazón ha atrapado
cuanto más me meto en esos valles que fluían.
La fortuna, al ir por donde quiere, alegría
concede a unos, dolor otorga a los demás;

So he who may her graces gain,
His hap is to have ever more and more.

12   There more was of such marvels thrice
      Than I could tell, though I long delayed;
      For earthly heart could not suffice
      For a tithe of the joyful joys displayed.
      Therefore I thought that Paradise
      Across those banks was yonder laid;
      I weened that the water by device
      As bounds between pleasances was made;
      Beyond that stream by steep or slade
      That city's walls I weened must soar;
      But the water was deep, I dared not wade,
      And ever I longed to, more and more.

13   More and more, and yet still more,
      I fain beyond the stream had scanned,
      For fair as was this hither shore,
      Far lovelier was the further land.
      To find a ford I did then explore,
      And round about did stare and stand;
      But perils pressed in sooth more sore
      The further I strode along the strand.
      I should not, I thought, by fear be banned

el que gane sus favores suerte[84] en demasía
tendrá, y por siempre, más y más.

12 Aunque me demorase al poderlas contar,
    tales maravillas tres veces más allí había;
    pues a un corazón terrenal le podría bastar
    tan sólo con un diezmo de aquellas gozosas alegrías.
    Por eso pensé que ante el Paraíso tenía que estar,
    y que al otro lado de esas orillas se extendía;
    pensé que aquellos jardines destinados a disfrutar[85]
    estaban delimitados por el agua cristalina;
    más allá de este arroyo, por valle[86] o ladera, creía
    que las murallas de la ciudad se alzarían sin más;
    eran aguas profundas, a vadearlas no me atrevía,
    y cada vez lo deseaba más y más.

13 Más y más, e incluso más todavía,
    pasada la corriente deseé escudriñar,
    pues, aunque fuese hermosa esta orilla que veía
    mucho más hermosa era la tierra por alcanzar.
    Me detuve y observé alrededor pues quería
    encontrar un vado por el que poder cruzar,
    pero cuanto por aquella orilla más seguía
    los peligros en verdad no dejaban de acechar.
    Pensé que el miedo no me iba a apartar

84. [*N. del T.*] En el original, «hap»; Christopher Tolkien define en el glosario
final este término arcaico como «suerte, fortuna».
85. [*N. del T.*] En el original, «pleasances»; Christopher Tolkien define en el
glosario final este término arcaico como «jardines de placer o disfrute».
86. [*N. del T.*] En el original, «slade»; Christopher Tolkien define en el glosario
final este término arcaico como «valle».

From delights so lovely that lay in store;
But a happening new then came to hand
That moved my mind ever more and more.

14   A marvel more did my mind amaze:
     I saw beyond that border bright
     From a crystal cliff the lucent rays
     And beams in splendour lift their light.
     A child abode there at its base:
     She wore a gown of glistening white,
     A gentle maid of courtly grace;
     Erewhile I had known her well by sight.
     As shredded gold that glistered bright
     She shone in beauty upon the shore;
     Long did my glance on her alight,
     And the longer I looked I knew her more.

15   The more I that face so fair surveyed,
     When upon her gracious form I gazed,
     Such g laddening glory upon me played
     As my wont was seldom to see upraised.
     Desire to call her then me swayed,
     But dumb surprise my mind amazed;
     In place so strange I saw that maid,
     The blow might well my wits have crazed.
     Her forehead fair then up she raised
     That hue of polished ivory wore.
     It smote my heart distraught and dazed,
     And ever the longer, the more and more.

de tantas preciosas delicias que me aguardaban; mas
un nuevo suceso me iba a alcanzar,
algo que conmovió mi mente aún más y más.

14 Una maravilla más asombró mi mente:
vi más allá de esa brillante frontera,
desde un acantilado de cristal, unos rayos lucientes,
unos haces que su luz elevaban en espléndida manera.
Allí en su base, vestida de blanco resplandeciente,
una niña moraba, que yo sabía bien quien era,
una gentil doncella de gracia cortesana que lucía fulgente
como el oro que se hubiese trabajado recientemente;
en aquella orilla su belleza brillaba, nada más;
un buen rato posé mi mirada en ella fijamente,
y cuanto más la miraba, la conocía todavía más.

15 Cuanto aquel rostro tan hermoso más miraba,
cuando su graciosa figura contemplaba,
de tal gloria y alegría me llenaba
como rara vez mi ser acostumbraba.
El deseo de llamarla de mí se apoderaba
pero mi mente con muda sorpresa se asombraba;
ver a la doncella en aquel lugar extraño que habitaba,
pudo enloquecer mi juicio del estupor que me causaba.
Un tono de marfil pulido portaba,
y su frente hermosa entonces alzó sin más.
Golpeó mi corazón que aturdido se perturbaba,
cada vez más tiempo, y más y más.

16 **M**ore than I would my dread did rise.
I stood there still and dared not call
With closed mouth and open eyes,
I stood as tame as hawk in hall.
A ghost was present, I did surmise,
And feared for what might then befall,
Lest she should flee before mine eyes
Ere I to tryst could her recall.
So smooth, so seemly, slight and small,
That flawless fair and mirthful maid
Arose in robes majestical,
A precious gem in pearls arrayed.

17 There pearls arrayed and royally dight
Might one have seen by fortune graced
When fresh as flower-de-luces bright
She down to the water swiftly paced
In linen robe of glistening white,
With open sides that seams enlaced
With the merriest margery-pearls my sight
Ever before, I vow, had traced.
Her sleeves hung long below her waist
Adorned with pearls in double braid;

16 **M**i pavor creció más de lo que hubiera deseado.

Me quedé quieto, a llamarla no me atreví,

con ojos abiertos y labios cerrados,

dócil como halcón en sublime sala permanecí.

Supuse que un fantasma estaba allí plantado,

y por lo que pudiera ocurrir temí,

no fuera a ser que se me hubiese escapado

antes de que pudiera llamarla hacia mí.

Tan suave, tan linda, ligera y liviana, sí.

Esa bella y alegre doncella distinguida

majestuosamente vestida se alzó así,

una gema preciosa de perlas engalanada.

17 De perlas engalanada y de real valía

se la podía ver, por la fortuna agraciada

cuando como una flor de lis en lozanía

se acercó a la corriente, apresurada,

con una túnica de lino, que blanca fulgía,

con costados abiertos y las costuras adornadas

con las perlas[87] más hermosas que nunca había

examinado antes, lo juro, mi mirada.

Por debajo de su cintura, las mangas colgadas,

y ataviada con perlas doblemente ligadas;

---

87. [*N. del T.*] En el original, «margery-pearls»; Christopher Tolkien define en el glosario final este término como «perlas». Tolkien juega aquí con el original en inglés medio «margyrye», que viene del francés medieval «margerie», que a su vez viene del latín, «margarita», que significa «perla», del que deriva el nombre propio Margarita. De ahí la nota que Tolkien incluye en la introducción haciendo referencia a este hecho señalado por Israel Gollancz. Tanto Perla como Margarita eran (son) nombres propios.

    Her kirtle matched her mande chaste
    All about with precious pearls arrayed.

18 A crown arrayed too wore that girl
    Of mar gery-stones and others none,
    With pinnacles of pure white pearl
    That perfect flowers were figured on.
    On head nought else her hair did furl,
    And it framed, as it did round her run.
    Her countenance grave for duke or earl,
    And her hue as rewel ivory wan.
    As shredded sheen of gold then shone
    Her locks on shoulder loosely laid.
    Her colour pure was surpassed by none
    Of the pearls in purfling rare arrayed.

19 Arrayed was wristlet, and the hems were dight
    At hands, at sides, at throat so fair
    With no gem but the pearl all white
    And burnished white her garments were;

su sobreveste del mismo color llevaba,

iba toda de perlas engalanada.

18 Una corona decorada aquella muchacha llevaba,

sólo con perlas,[88] ninguna otra gema lucía,

y adornos floreados de pura perla blanca. No adornaba

su cabeza nada más que el cabello; puesta tenía

su toca, que por completo enmarcaba

su rostro grave, que a duque o conde agradaría,

y su color al puro y preciado marfil[89] se asemejaba.

Como fulgentes láminas de oro le brillaban

los rizos, sueltos sobre los hombros en cascada.

El puro color de su aspecto nada superaba,

digno del bordado[90] con perlas con las que iba engalanada.

19 Bello el brazalete, la bastilla ajustada

en manos, costados, y cuello tan lucido,

sin más gema que la perla, toda blanca, nacarada;

su vestimenta entera, de un blanco bruñido,

88. [*N. del T.*] En el original, «margery-stones»; Christopher Tolkien define en el glosario final este término como «perlas». Es el mismo juego léxico-etimológico con «margyrye» que se describe en la nota anterior.

89. [*N. del T.*] En el original, «rewel ivory»; Christopher Tolkien define en el glosario final el término «rewel» como «cierto tipo de marfil». Sorprende que no desarrolle más la explicación, si tenemos en cuenta que «rewel» es el marfil del colmillo de una morsa o de un narval. El original en inglés medio dice «whalleȝ bon», literalmente «hueso de morsa/narval/ballena», los tres eran correctos, por eso Tolkien opta por «rewel» para señalar su apreciado origen animal, de ahí el «puro y preciado marfil» de la traducción.

90. [*N. del T.*] En el original, «purfling»; Christopher Tolkien define en el glosario final este término como «ribete bordado».

But a wondrous pearl unstained and bright
She amidst her breast secure did bear;
Ere mind could fathom its worth and might
Man's reason thwarted would despair.
No tongue could in worthy words declare
The beauty that was there displayed,
It was so polished, pure, and fair,
That precious pearl on her arrayed.

20 In pearls arrayed that maiden free
Beyond the stream came down the strand.
From here to Greece none as glad could be
As I on shore to see her stand,
Than aunt or niece more near to me:
The more did joy my heart expand.
She deigned to speak, so sweet was she,
Bowed low as ladies' ways demand.
With her crown of countless worth in hand
A gracious welcome she me bade.
My birth I blessed, who on the strand
To my love replied in pearls arrayed.

21 **O** Pearl!' said I, 'in pearls arrayed,
Are you my pearl whose loss I mourn?
Lament alone by night I made,
Much longing I have hid for thee forlorn,
Since to the grass you from me strayed.
While I pensive waste by weeping worn,
Your life of joy in the land is laid
Of Paradise by strife untorn.
What fate hath hither my jewel borne

y una maravillosa perla brillante, sin mácula, colocada
bien firme en medio de su pecho conmovido.
La razón del hombre desesperaría, frustrada,
antes de que la mente desentrañase su poder y valor definido.
No hay lengua alguna que haya concebido
manera de describir tal belleza de forma adecuada.
Tan pura y hermosa, de un blanco tan pulido,
era la perla preciosa con la que iba engalanada.

20 Cruzando la corriente por el sendero vi
a aquella doncella, de perlas engalanada;
Alegrarse tanto, de Grecia hasta aquí,
nadie más que yo podría, al verla allí plantada;
que tía o sobrina era más cercana a mí,
y mi corazón de enorme gozo se llenaba;
hizo reverencia propia de una dama, sí,
y se dignó a hablar, tan dulce aparentaba;
una bienvenida gentil me dedicaba,
llevando en la mano su valiosa corona preciada.
Allí en el sendero haber nacido celebraba
y respondí a mi amor, que de perlas iba engalanada.

21 **O**h, Perla!», dije, «de perlas engalanada,
¿Eres tú mi perla cuya pérdida lamento?
A solas, de noche, mi mente se muestra apenada
y mucho anhelo oculto por ti siento
desde que por la hierba te fuiste de mí, apartada.
Me quedé muy pensativo, desgastado por el llanto,
y tu vida se halla ahora, de problemas liberada,
en este Paraíso terrenal, llena de contento.
¿Qué ha traído a mi joya a este lugar, qué portento,

And made me mourning's prisoner?
Since asunder we in twain were torn,
I have been a joyless jeweller.'

22 That jewel in gems so excellent
    Lifted her glance with eyes of grey,
    Put on her crown of pearl-orient,
    And gravely then began to say:
    'Good sir, you have your speech mis-spent
    To say your pearl is all away
    That is in chest so choicely pent,
    Even in this gracious garden gay,
    Here always to linger and to play
    Where regret nor grief e'er trouble her.
    "Here is a casket safe" you would say,
    If you were a gentle jeweller.

23 But, jeweller gentle, if from you goes
    Your joy through a gem that you held lief,
    Methinks your mind toward madness flows
    And frets for a fleeting cause of grief.
    For what you lost was but a rose
    That by nature failed after flowering brief;
    Now the casket's virtues that it enclose
    Prove it a pearl of price in chief;
    And yet you have called your fate a thief
    That of naught to aught hath fashioned her,
    You grudge the healing of your grief,
    You are no grateful jeweller.'

y me ha hecho del luto prisionero?
En dos nos separamos, desde ese momento
he sido un afligido joyero».

22 Esa joya en gemas tan excelente
    alzó los ojos grises de su mirada,
    y comenzó a decir muy seriamente
    tras quedar con perlas del oriente coronada:
    «Al decir que vuestra perla se ha ido completamente,
    buen señor, habláis con palabras malgastadas,
    pues se halla en un cofre muy elegantemente,
    en este gentil y alegre jardín, custodiada.
    Por el pesar y la pena nunca será molestada,
    y podrá jugar y entretenerse. "En alhajero
    seguro", dirías, "está bien guardada",
    si fueras un gentil joyero.

23 Mas, joyero gentil, si la alegría veis partir
    por una gema que guardabais con amor
    me parece que hacia la locura se va a dirigir
    vuestra mente, inquieta por una causa fugaz de dolor.
    Pues perdisteis tan sólo una rosa que dejó de latir,
    marchita por natura tras ser breve flor;
    ahora las virtudes del cofre que su sentir
    encierra, prueban que es perla de gran valor;
    aun así, a vuestro destino llamáis embaucador,
    quien de la nada algo ha formado por entero,
    en cara le echáis la curación de vuestro dolor,
    no sois un agradecido joyero».

24   Then a jewel methought had now come near,
And jewels the courteous speech she made.
'My blissful one,' quoth I, 'most dear,
My sorrows deep you have all allayed.
To pardon me I pray you here!
In the darkness I deemed my pearl was laid;
I have found it now, and shall make good cheer,
With it dwell in shining grove and glade,
And praise all the laws that my Lord hath made,
Who hath brought me near such bliss with her.
Now could I to reach you these waters wade,
I should be a joyful jeweller.'

25   'Jeweller', rejoined that jewel clean,
'Why jest ye men? How mad ye be!
Three things at once you have said, I ween:
Thoughtless, forsooth, were all the three.
You know not on earth what one doth mean;
Your words from your wits escaping flee:
You believe I live here on this green,
Because you can with eyes me see;
Again, you will in this land with me
Here dwell yourself, you now aver;
And thirdly, pass this water free:
That may no joyful jeweller.

26   **J**hold that jeweller worth little praise
Who well esteems what he sees with eye,
And much to blame his graceless ways
Who believes our Lord would speak a lie.
He promised faithfully your lives to raise

24 Me pareció que una joya se me había acercado,
   y una joya fue el cortés discurso que escuché.
   «Dichosa mía, querida», dije, «has aliviado,
   mis profundas penas. En la oscuridad pensé
   que estaba mi perla; ahora la he encontrado,
   y te ruego que me perdones. Me alegraré
   y he de vivir con ella en arboledas e iluminados
   claros y todas las leyes del Señor alabaré
   pues me ha traído hasta ella, y dicha tendré
   estando a su lado. A ti quiero
   llegar, para eso estas aguas vadearé,
   si soy capaz. Así sería un alegre joyero».

25 «Joyero», replicó aquella joya pura,
   «¿Por qué os burláis los hombres? Tres cosas, creo,
   habéis dicho a la vez. ¡Caéis en la locura!
   Dichas sin pensar, por cierto, las tres fueron.
   No sabéis en esta tierra lo que significa ninguna;
   lo primero, huyen de vuestro ingenio, así lo veo,
   vuestras palabras. Creéis que vivo en esta verdura,
   porque podéis verme con los ojos. De nuevo,
   lo segundo, afirmáis que es vuestro deseo
   vivir aquí conmigo en estos lares; lo tercero,
   que cruzareis estas aguas sin problema: creo
   que tal no puede hacer ningún alegre joyero.

26 A ese joyero digno de poco elogio considero,
   pues bien estima lo que con su ojo puede percibir,
   y culpo a sus maneras sin gracia pues creo
   que piensa que nuestro Señor puede mentir.
   Prometió fielmente la resurrección por entero

Though fate decreed your flesh should die;
His words as nonsense ye appraise
Who approve of naught not seen with eye;
And that presumption doth imply,
Which all good men doth ill beseem,
On tale as true ne'er to rely
Save private reason right it deem.

27 Do you deem that you yourself maintain
    Such words as man to God should dare?
    You will dwell, you say, in this domain:
    'Twere best for leave first off er prayer,
    And yet that grace you might not gain.
    Now over this water you wish to fare:
    By another course you must that attain;
    Your flesh shall in clay find colder lair,
    For our heedless father did of old prepare
    Its doom by Eden's grove and stream;
    Through dismal death must each man fare,
    Ere o'er this deep him God redeem.'

28 'If my doom you deem it, maiden sweet,
    To mourn once more, then I must pine.
    Now my lost one found again I greet,
    Must bereavement new till death be mine?
    Why must I at once both part and meet?
    My precious pearl doth my pain design!
    What use hath treasure but tears to repeat,
    When one at its loss must again repine?

de vuestros cuerpos tras ver vuestra carne morir
a manos del destino. Vos, que por verdadero
sólo tenéis lo que con los ojos podéis sentir,
consideráis sus palabras un despropósito mero;
y esa presunción sólo quiere decir,
y es algo que los hombres de bien pueden describir
como algo que por desagradable se ha de tomar,
que los cuentos como ciertos no se tienen que asumir,
salvo que la razón de cada uno ciertos los puedan considerar.

27 ¿Creéis que vos mismo podéis pronunciar
palabras así, como hombre que a Dios se debe dirigir?
En estos lares, decís, vais a morar:
esa gracia no la habréis de conseguir,
aunque primero, y os convendría, os pusieseis a rezar.
Ahora, por otro camino debéis proseguir
si sobre estas aguas deseáis pasar.
Vuestra carne en el barro, fría guarida, se habrá de introducir,
pues nuestro Padre dispuso de antaño, en despreocupado sentir,
que su destino, en los bosques y arroyos del Edén, iba a estar;
a través de la muerte lúgubre cada hombre debe ir
antes de que Dios de esas profundidades lo pueda liberar».

28 «Si mi destino consideras, dulce doncella, llorar
debo una vez más, entonces, con gran lamento.
Ahora que a mi ser perdido vuelvo a encontrar,
¿he de padecer de nuevo hasta que sea el momento
de mi muerte? ¿Por qué si te acabo de hallar
he de partir? ¡Mi perla preciosa diseña mi tormento!
Si debo volver tu pérdida a lamentar,
¿de qué me sirve tal tesoro si mis lágrimas van en aumento?

Now I care not though my days decline
Outlawed afar o'er land and stream;
When in my pearl no part is mine,
Only endless dolour one that may deem.'

29 But of woe, I deem, and deep distress
You speak,' she said. 'Why do you so?
Through loud lament when they lose the less
Oft many men the more forgo.
'Twere better with cross yourself to bless,
Ever praising God in weal and woe;
For resentment gains you not a cress:
Who must needs endure, he may not say no!
For though you dance as any doe,
Rampant bray or raging scream,
When escape you cannot, to nor fro,
His doom you must abide, I deem.

30 Deem God unjust, the Lord indict,
From his way a foot He will not wend;
The relief amounts not to a mite,
Though gladness your grief may never end.
Cease then to wrangle, to speak in spite,

Nada me importa, ni que inicien mis días su descendimiento
ni cuán lejos de tierras y arroyos me puedan exiliar;
cuando de mi perla ninguna parte mía siento
sólo dolor duradero[91] puede uno considerar».

29 «Mas de aflicción, me parece, y profundo pesar
habláis», dijo ella. «¿Por qué así lo tenéis que decir?
Cuando pierden lo poco se han de lamentar
los hombres, y así lo mucho dejan de conseguir.
Mas bien, os deberíais persignar,
y en lo bueno y lo malo siempre a Dios aplaudir;
pues el resentimiento nada os hace ganar;
quien padece, que no no puede decir.
Porque, aunque cual cierva os pongáis a rugir
en furioso bramido o a bailar,
cuando ni por aquí ni por allá podáis huir,
lo que Dios determine deberéis considerar.

30 Considerad a Dios injusto, acusad al Señor,
de su camino ni un pie se ha de apartar.
Aunque en la alegría nunca termine vuestro dolor,
ni un ápice os llegará a aliviar.
Rápidamente como vuestro amigo lo habéis de buscar.

91. [*N. del T.*] En el original, «dolour»; Christopher Tolkien define en el glosario final este término como «pena», quizás pensando que el lector medio inglés encuentre difícil la etimología de esta palabra. En español «dolor» recoge el mismo sentimiento de pena y congoja y no presenta problemas al lector. Tolkien usa el término culto derivado del francés por motivos aliterativos. Teniendo en cuenta que el original medieval dice «durande doel», es decir un dolor que dura por siempre, «dolor duradero» es la mejor forma de recoger en traducción el sentido y la aliteración del verso de Tolkien.

And swiftly seek Him as your friend.
Your prayer His pity may excite,
So that Mercy shall her powers expend.
To your languor He may comfort lend,
And swiftly your griefs removed may seem;
For lament or rave, to submit pretend,
'Tis His to ordain what He right may deem.'

31   Then I said, I deem, to that damosel:
'May I give no grievance to my Lord,
Rash fool, though blundering tale I tell.
My heart the pain of loss outpoured,
Gushing as water springs from well.
I commit me ever to His mercy's ward.
Rebuke me not with words so fell,
Though I erring stray, my dear adored!
But your comfort kindly to me accord,
In pity bethinking you of this:
For partner you did me pain award
On whom was founded all my bliss.

32   Both bliss and grief you have been to me,
But of woe far greater hath been my share.
You were caught away from all perils free,
But my pearl was gone, I knew not where;
My sorrow is softened now I it see.
When we parted, too, at one we were;
Now God forbid that we angry be!
We meet on our roads by chance so rare.
Though your converse courtly is and fair,
I am but mould and good manners miss.

Dejad, pues, de discutir, de hablar con rencor.
Vuestra oración Su piedad puede incitar
y así la misericordia aplicará su vigor.
Él vuestra languidez puede consolar
y vuestras penas rápidamente calmar;
aunque lamentos o delirios podáis ocultar,
en Su mano está ordenar lo que justo va a considerar».

31 A esta damisela así le vine a contestar:
«Soy un necio temerario, mas no deseo a mi Señor
darle queja, aunque torpe cuento ando a contar.
Mi corazón derramó de la pérdida el dolor,
como agua de manantial que se pusiese a brotar.
Me encomiendo a su misericordia sin temor.
¡Con palabras tan duras no me has de regañar,
adorada mía, aunque me empecine en el error!
Mas bien concédeme tu amable consuelo y amor,
al apiadarte de mí y rememorar lo que sentía:
pues me pusiste como compañero al dolor,
tú, que fuiste el fundamento toda mi alegría.

32 Dicha y dolor para mí has significado,
mas mi cuota de aflicción ha sido mucho mayor.
No sabía a dónde, mas mi perla se había marchado,
lejos te viste, libre de todo peligro y temor.
Ahora lo entiendo, y mi pena se ha suavizado.
Al partir, también, éramos uno. No quiera el Creador
que ahora sigamos enfadados.
Nos hallamos en el sendero por raro favor
del azar. No soy más que polvo, sin modales ni primor,
aunque tú me hables con belleza y cortesía,

Christ's mercy, Mary and John: I dare
Only on these to found my bliss.

33   In bliss you abide and happiness,
And I with woe am worn and grey;
Oft searing sorrows I possess,
Yet little heed to that you pay.
But now I here yourself address,
Without reproach I would you pray
To deign in sober words express
What life you lead the livelong day.
For delighted I am that your lot, you say,
So glorious and so glad now is;
There finds my joy its foremost way,
On that is founded all my bliss.'

34   'Now bliss you ever bless!' she cried,
Lovely in limb, in hue so clear,
'And welcome here to walk and bide;
For now your words are to me dear.
Masterful mood and haughty pride,
I warn you, are bitterly hated here.
It doth not delight my Lord to chide,
For meek are all that dwell Him near.
So, when in His place you must appear,
Be devout in humble lowliness:
To my Lord, the Lamb, such a mien is dear,
On whom is founded all my bliss.

35   A blissful life you say is mine;
You wish to know in what degree.

que Cristo, Juan y María me hagan merecedor
de su clemencia, pues a ellos fío mi alegría.

33 Vives en alegría y en felicidad,
     y a mí la aflicción me deja gris y desgastado.
     Siento mucha pena lacerante, mas en verdad,
     poca atención a esto le has prestado.
     Pero ahora me dirijo a tu mismidad
     para que con discurso señalado
     te dignes a contar la vida, en su totalidad,
     que a lo largo del día has llevado.
     De que ahora sea tu destino así, estoy encantado,
     tan glorioso y jovial; nada más desearía,
     pues ahí halla mi gozo su camino destacado,
     eso es el fundamento de toda mi alegría».

34 «¡Que siempre os bendiga la alegría!», se puso a gritar
     la bella de cuerpo y de claro color,
     «y sed bienvenidos aquí para caminar y descansar;
     pues ahora son vuestras palabras para mi todo amor.
     Os advierto, aquí nos da en extremo por odiar
     el altivo orgullo y el arrogante humor.
     Ya que humildes son los que cerca de Él tienen su lugar,
     recriminar no es del agrado de mi Señor.
     Así, cuando debáis aparecer en el lugar del Salvador
     sed devotos de la humildad, sin altanería:
     tal actitud es querida por el Cordero, mi Señor,
     que es el fundamento toda mi alegría.

35 Que una vida bien alegre es la mía, afirmar
     podéis; mas en qué medida deseáis saber.

Your pearl you know you did resign
When in young and tender years was she;
Yet my Lord, the Lamb, through power divine
Myself He chose His bride to be,
And crowned me queen in bliss to shine,
While days shall endure eternally.
Dowered with His heritage all is she
That is His love. I am wholly His:
On His glory, honour, and high degree
Are built and founded all my bliss.'

36   **O** Blissful!' said I, 'can this be true?
Be not displeased if in speech I err!
Are you the queen of heavens blue,
Whom all must honour on earth that fare?
We believe that our Grace of Mary grew,
Who in virgin-bloom a babe did bear;
And claim her crown: who could this do
But once that surpassed her in favour fair?
And yet for unrivalled sweetness rare
We call her the Phoenix of Araby,
That her Maker let faultless wing the air,
Like to the Queen of Courtesy.'

A vuestra perla tuvisteis que renunciar,

lo sabéis, cuando era joven y sensible su ser;

mas me eligió para poderme casar

con él mi Señor, el Cordero, por su divino poder,

y me coronó reina, en esplendor para brillar,

mientras los días eternamente se puedan suceder.

La dote de Su herencia toda yo he de tener,

que es Su amor. Suya es por entero la existencia mía:

en Su gloria, honor y elevado parecer

se construye y se fundamenta toda mi alegría».

36 «¡Oh, alegría mía!», dije, «¿puede ser

verdad? No te disgustes si me equivoco al hablar.

¿Eres tú la reina que en los cielos azules podemos ver,

a quien todos en la tierra deben honrar?

Creemos que en nuestra María pudo crecer

la Gracia, pues niño tuvo de virgen florar;

reclamar su corona: ¿quién esto podría hacer

sino quien una vez en buenas cualidades la pudo derrotar?

Mas el Fénix de Arabia[92] la damos en llamar

por lo incomparable de su dulzura y valía,

pues su Creador por los aíres la hizo volar,

sin mácula, como la Reina de la Cortesía».

---

92. [*N. del T.*] Es muy común en la literatura medieval comparar a una mujer única o singular con el ave Fénix; y más frecuente aun la conexión de éste con la Virgen María. La clave es etimológica. La palabra «synglerty», con el sentido de «incomparable, singular, único», no es sólo un rasgo del ave Fénix, sino que la misma palabra latina, «Phoenix», según las *Etimologías* de San Isidoro de Sevilla, está ligada una palabra árabe que significaba «singular, único». De ahí que «Fénix de Arabia» aparezca casi siempre como construcción fija en muchos textos medievales.

37   'O courteous Queen', that damsel said.
      Kneeling on earth with uplifted face,
      'Mother immaculate, and fairest maid,
      Blessed beginner of every grace!'
      Uprising then her prayer she stayed,
      And there she spoke to me a space:
      'Here many the prize they have gained are paid,
      But usurpers, sir, here have no place.
      That empress' realm doth heaven embrace,
      And earth and hell she holds in fee,
      From their heritage yet will none displace,
      For she is the Queen of Courtesy.

38   The court where the living God doth reign
      Hath a virtue of its own being,
      That each who may thereto attain
      Of all the realm is queen or king,
      Yet never shall other's right obtain,
      But in other's good each glorying
      And wishing each crown worth five again,
      If amended might be so fair a thing.
      But my Lady of whom did Jesu spring,
      O'er us high she holds her empery,
      And none that grieves of our following,
      For she is the Queen of Courtesy.

39   In c ourtesy we are members all
      Of Jesus Christ, Saint Paul doth write:

37 «Oh, cortés Reina», la damisela se puso a hablar,
rodilla en tierra, con el rostro alzado.
«¡Madre inmaculada, doncella sin par,
bendita principiante que toda gracia ha logrado!».
Allí se quedó, animada por su rezar,
y me habló un rato: «El premio que han ganado
muchos reciben, mas aquí no tienen lugar
los usurpadores, señor; bien abrazado
el cielo está por la emperatriz que ha dominado
todo en su reino; la tierra y el infierno poseía,
y de su herencia aun nadie la ha apartado,
porque es la Reina de la Cortesía.

38 La corte donde el Dios vivo tiene su reinar
una virtud por su propia condición puede poseer;
cada uno que lo pueda alcanzar
de todo el reinado reina o rey va a ser,
mas nunca el derecho sobre el otro podrá ostentar;
querrá que cada corona como cinco pueda valer,
y cada uno el bien ajeno habrá de procurar.
Ojalá tal cosa pudiera de este modo suceder.
Pero mi Señora, de quien Jesús fue a nacer,
sobre nosotros tiene imperio[93] en total hegemonía,
y ninguno de sus seguidores se va entristecer,
porque ella es la Reina de la Cortesía.

39 Por la cortesía, dijo San Pablo al escribir,
parte de Jesucristo podemos formar:

93. [*N. del T.*] En el original, «empery»; Christopher Tolkien define en el glosario final este término como «dominio absoluto, total hegemonía».

As head, arm, leg, and navel small
To their body doth loyalty true unite,
So as limbs to their Master mystical
All Christian souls belong by right.
Now among your limbs can you find at all
Any tie or bond of hate or spite?
Your head doth not feel affront or slight
On your arm or finger though ring it see;
So we all proceed in love's delight
To king and queen by courtesy.'

40   'Courtesy,' I said, 'I do believe
And charity great dwells you among,
But may my words no wise you grieve,
....
You in heaven too high yourself conceive
To make you a queen who were so young.
What honour more might he achieve
Who in strife on earth was ever strong,
And lived his life in penance long
With his body's pain to get bliss for fee?
What greater glory could to him belong
Than king to be crowned by courtesy?

41   ℭhat courtesy gives its gifts too free,
If it be sooth that you now say.
Two years you lived not on earth with me,
And God you could not please, nor pray
With Pater and Creed upon your knee –
And made a queen that very day!
I cannot believe, God helping me,

como cabeza, brazo, pierna y ombligo unir
pueden sus lealtades y un cuerpo mostrar,
así en el Maestro místico se pueden fundir
todas las almas cristianas por derecho. ¿Puedes encontrar
ahora entre tus miembros algún sentir,
algún lazo de rencor, algo que odiar?
Tu cabeza no sintió afrenta ni pudo despreciar
aunque en tu brazo o dedo un anillo se veía;
todos, pues, del amor debemos disfrutar
con el rey y la reina por cortesía».

40 «La cortesía», dije, «puedo afirmar,
que vive entre vosotros, junto con la caridad.
Pero que mis palabras no te causen pesar,
....
Tú misma en el cielo muy alto te puedes considerar
para convertirte en reina en tu mocedad.
¿Qué otro honor podría alcanzar
quien siempre fue fuerte en la terrenal adversidad,
y vivió su vida en larga penalidad
para conseguir la dicha cuando su cuerpo le dolía?
¿Podría corresponderle mayor felicidad
que ser coronado rey por cortesía?

41 **L**a cortesía da sus dones muy fácilmente
si es verdad lo que ahora puedes afirmar.
En la tierra conmigo ni dos años viviste totalmente
y a Dios no pudiste ni complacer ni rezar.
Con el Padrenuestro y el Credo mismamente,
de rodillas, ¡en ese día te hicieron reinar!
No puedo creer, que Dios me ayude justamente,

That God so far from right would stray.
Of a countess, damsel, I must say,
'Twere fair in heaven to find the grace,
Or of lady even of less array,
But a queen! It is too high a place.'

42   'Neither time nor place His grace confine',
Then said to me that maiden bright,
'For just is all that He doth assign,
And nothing can He work but right.
In God's true gospel, in words divine
That Matthew in your mass doth cite,
A tale he aptly doth design,
In parable saith of heaven's light:
"My realm on high I liken might
To a vineyard owner in this case.
The year had run to season right;
To dress the vines 'twas time and place.

43   All labourers know when that time is due.
The master up full early rose
To hire him vineyard workers new;
And some to suit his needs he chose.
Together they pledge agreement true
For a penny a day, and forth each goes,
Travails and toils to tie and hew,
Binds and prunes and in order stows.
In forenoon the master to market goes,
And there finds men that idle laze.
'Why stand ye idle?' he said to those.
'Do ye know not time of day nor place?'

que Dios tanto de lo correcto se vaya a alejar.
De una condesa, o damisela, debo señalar
que justo en el cielo la gracia pudo encontrar;
lo mismo de una dama de rango menos singular.
¡Pero una reina! Ése es un muy elevado lugar».

42 «Su gracia no confina ni tiempo ni lugar»,
me dijo después aquella doncella hermosa,
«pues es justo todo lo que Él ha de asignar,
y que no sea justa no puede hacer ninguna cosa.
En el verdadero evangelio de Dios, en divino hablar,
que Mateo comenta en vuestra misa gloriosa,
hay un cuento que él es muy capaz de pergeñar
sobre el cielo en parábola luminosa:
Mi reino en las alturas es como una honrosa
viña y su dueño, así os lo puedo contar,
cuando transcurrido el año, llega la estación provechosa
para trabajar las viñas, en su tiempo y su lugar.

43 Cuando llega ese momento lo saben los jornaleros.
Muy temprano el amo se levantó
para contratar en la viña nuevos obreros;
unos cuantos para cubrir sus necesidades eligió
y juntos llegaron al siguiente acuerdo:
cobrar un penique al día, y así cada uno se marchó
a trabajar, a atar y cortar, con esmero
y podar y guardar la viña. Se dirigió
a media mañana el amo al mercado y encontró
allí otros hombres que no hacían más que holgar.
"¿Por qué estáis ociosos?", les señaló.
"¿No sabéis qué momento es, ni qué lugar?"

44 This place we reached betimes ere day',
    This answer from all alike he drew,
    'Since sunrise standing here we stay,
    And no man offers us work to do.'
    'Go to my vineyard! Do what ye may!'
    Said the lord, and made a bargain true:
    'In deed and intent I to you will pay
    What hire may justly by night accrue.'
    They went to his vines and laboured too,
    But the lord all day that way did pace,
    And brought to his vineyard workers new,
    Till daytime almost passed that place.

45 In t hat place at time of evensong,
    One hour before the set of sun,
    He saw there idle labourers strong
    And thus his earnest words did run:
    'Why stand ye idle all day long?'
    They said they chance of hire had none.
    'Go to my vineyard, yeomen young,
    And work and do what may be done!'
    The hour grew late and sank the sun,
    Dusk came o'er the world apace;
    He called them to claim the wage they had won,
    For time of day had passed that place.

46 The time in that place he well did know;
    He called: 'Sir steward, the people pay!
    Give them the hire that I them owe.
    Moreover, that none reproach me may,
    Set them all in a single row,

44 "Llegamos a este lugar antes del amanecer",
cada uno esto mismo le respondió,
"Desde el alba aquí tuvimos que permanecer,
y nadie trabajo alguno nos ofreció".
"Id a mi viña. Haced lo que podáis hacer",
dijo el señor, y un buen trato con ellos cerró:
"De hecho, es mi intención ofrecer
el jornal que la noche os depare". Sucedió
así, y fueron a las viñas y trabajaron también. Paseó
el señor todo el día por allí para llevar
a su viñedo nuevos trabajadores hasta que transcurrió
el día casi al completo por aquel lugar.

45 Cuando la hora de la víspera llegó
a ese lugar, una hora antes del anochecer,
estas serias palabras pronunció
tras ver allí trabajadores sin nada que hacer:
"¿Por qué estáis ociosos todo el día?", señaló.
Dijeron que no tenían trabajo que ejercer
"Id a mi viña, gente joven", comentó,
y trabajad y haced lo que sea menester".
Se hizo tarde, se ocultó el sol y el poder
del crepúsculo por el mundo se hizo notar;
les dio el salario que fueron capaces de obtener
pues el día ya había terminado en aquel lugar.

46 Bien sabía que en aquel lugar acabó el día.
y avisó a su oficial: "¡Señor, al pueblo hay que pagar!
Dales el salario que les debía.
Además, para que nadie me lo pueda reprochar,
ponlos a todos en una sola fila,

And to each alike give a penny a day;
Begin at the last that stands below,
Till to the first you make your way.'
Then the first began to complain and say
That they had laboured long and sore:
'These but one hour in stress did stay;
It seems to us we should get more.

47   More have we earned, we think it true,
Who have borne the daylong heat indeed,
Than these who hours have worked not two,
And yet you our equals have decreed.'
One such the lord then turned him to:
'My friend, I will not curtail your meed.
Go now and take what is your due!
For a penny I hired you as agreed,
Why now to wrangle do you proceed?
Was it not a penny you bargained for?
To surpass his bargain may no man plead.
Why then will you ask for more?

48   Nay, more – am I not allowed in gift
To dispose of mine as I please to do?
Or your eye to evil, maybe, you lift,
For I none betray and I am true?'
"Thus I", said Christ, "shall the order shift:
The last shall come first to take his due,
And the first come last, be he never so swift;

y dale un penique al día a cada uno por igual.
Empieza por el último que en la fila se veía,
y llega al primero. Con él has de terminar".
Entonces los primeros se comenzaron a quejar,
pues habían trabajado duro y con gran actividad:
"Éstos sólo una hora se quedaron a trabajar;
nos parece que deberíamos cobrar más cantidad.

47 Creemos que es cierto, más hemos ganado,
    pues el calor de todo el día tuvimos que soportar
    más que éstos que ni dos horas han trabajado.
    Y sin embargo vosotros tuvisteis que decretar
    que son nuestros iguales". El señor, calmado,
    le dijo a uno: "Amigo mío, te voy a recompensar[94]
    totalmente; ve y toma lo que te ha sido asignado.
    Por el penique convenido te quise contratar.
    ¿Por qué ahora de eso quieres discrepar?
    ¿No era un penique lo negociado en verdad?
    Que sobrepasa lo pactado nadie puede alegar.
    ¿Por qué entonces pides más cantidad?

48 Te digo más, ¿no se me ha de permitir
    que de lo mío a mi antojo pueda disponer?
    Quizás tu vista al mal vas a dirigir
    porque digo la verdad sin vender
    a nadie". Dijo Cristo: "El orden voy a pervertir:
    el último será el primero en obtener
    lo suyo, y el primero el último va a venir,

94. [*N. del T.*] En el original, «meed»; Christopher Tolkien define en el glosario final este término arcaico como «recompensa».

For many are called, but the favourites few."
Thus the poor get ever their portion too,
Though late they came and little bore;
And though to their labour little accrue,
The mercy of God is much the more.

49   More is my joy and bliss herein,
      The flower of my life, my lady's height,
      Than all the folk in the world might win,
      Did they seek award on ground of right.
      Though 'twas but now that I entered in,
      And came to the vineyard by evening's light.
      First with my hire did my Lord begin;
      I was paid at once to the furthest mite.
      Yet others in toil without respite
      That had laboured and sweated long of yore,
      He did not yet with hire requite,
      Nor will, perchance, for years yet more.'

50   Then more I said and spoke out plain:
      'Unreasonable is what you say.
      Ever ready God's justice on high doth reign,
      Or a fable doth Holy Writ purvey.
      The Psalms a cogent verse contain,
      Which puts a point that one must weigh:
      "High King, who all dost foreordain,
      His deserts Thou dost to each repay."
      Now if daylong one did steadfast stay,
      And you to payment came him before,

da igual su rapidez. Pues muchos van a ser
los llamados, pero pocos los favoritos a elegir".
Así también los pobres pueden poseer
siempre la parte que les va a corresponder
aunque lleguen tarde y trabajen con brevedad.
Y aunque su labor poco les vaya a proveer,
la misericordia de Dios es mayor en cantidad.

49 Tengo aquí gran cantidad de felicidad y contento,
con la flor de mi vida, mi dama principal,
más de lo que toda la gente del mundo y su firmamento
podría ganar si un premio razonado fuese a buscar.
Entré a la viña tan sólo hace un momento
cuando la luz de la tarde lanzó su brillar.
Primero comenzó mi señor con mi sustento;
hasta el último céntimo se me pudo pagar;
mas otros que sin descanso al trabajar
habían bregado y sudado una enormidad,
con su salario aún no los pudo recompensar,
ni podrá, quizás, aunque pasen años en cantidad».

50 Más cantidad de palabras dije con claro hablar:
«Poco razonable parece lo que acabas de decir.
Siempre la justicia de Dios en lo alto va a reinar;
si no, las Sagradas Escrituras nos pueden surtir
sólo de fabulas. Un asunto que se debe sopesar
figura en los Salmos en este verso de adecuado discurrir:
"Alto Rey, que todo lo has de predestinar,
a cada uno sus merecimientos bien puedes retribuir".
Ahora bien, si uno el día entero pudo resistir
firme y entonces le das el pago con anterioridad,

Then lesser work can earn more pay;
And the longer you reckon, the less hath more.'

51   **O**f more and less in God's domains
No question arises', said that maid,
'For equal hire there each one gains,
Be guerdon great or small him paid.
No churl is our Chieftain that in bounty reigns,
Be soft or hard by Him purveyed;
As water of dike His gifts He drains,
Or streams from a deep by drought unstayed.
Free is the pardon to him conveyed
Who in fear to the Saviour in sin did bow;
No bars from bliss will for such be made,
For the grace of God is great enow.

52   But now to defeat me you debate
That wrongly my penny I have taken here;
You say that I who came too late
Deserve not hire at price so dear.
Where heard you ever of man relate
Who, pious in prayer from year to year,
Did not somehow forfeit the guerdon great
Sometime of Heaven's glory clear?
Nay, wrong men work, from right they veer,
And ever the ofter the older, I trow.
Mercy and grace must then them steer,
For the grace of God is great enow.

53   But enow have the innocent of grace.
As soon as born, in lawful line

el que trabaje menos puede más pagas percibir;
y cuanto más tiempo, el de menos tendrá más cantidad».

51   **D**e qué es más y qué menos dudar
no se puede en los dominios del Creador»,
dijo la doncella, «Igual salario todos allí han de ganar,
sea grande o pequeño lo pagado como galardón.
No es un patán nuestro Jefe en su generoso reinar,
pues siempre nos provee de suave o dura opción;
como agua en un dique sus dones deja pasar,
como potentes arroyos en continua duración.
Quien teme al Salvador, libre le otorga el perdón
si ante el pecado agachó su frente;
no hay trabas que impidan tal bendición,
porque la gracia de Dios es suficiente.

52   Mas para derrotarme queréis argumentar
que mi penique por error aquí he tomado;
dices que yo, que tardé demasiado en llegar,
no merezco el precio tan alto que me han pagado.
¿Dónde de un hombre has oído hablar
que, piadoso en la oración de año en año pasado,
de algún modo el gran galardón no pudiese ganar,
la pura gloria que en el cielo se ha otorgado?
No, los hombres obran mal, del bien se han apartado,
y pienso que cuanto más viejos, es más frecuente.
Por la misericordia y la gracia deberían ser guiados,
porque la gracia de Dios es suficiente.

53   Gracia suficiente los inocentes han de atesorar.
Es legítima ley que justo tras nacer

Baptismal waters them embrace;
Then they are brought unto the vine.
Anon the day with darkened face
Doth toward the night of death decline.
They wrought no wrong while in that place,
And his workmen then pays the Lord divine.
They were there; they worked at his design;
Why should He not their toil allow,
Yea, first to them their hire assign?
For the grace of God is great enow.

54 Enow 'tis known that Man's high kind
At first for perfect bliss was bred.
Our eldest father that grace resigned
Through an apple upon which he fed.
We were all damned, for that food assigned
To die in grief, all joy to shed,
And after in flames of hell confined
To dwell for ever unréspited.
But soon a healing hither sped:
Rich blood ran on rough rood-bough,
And water fair. In that hour of dread
The grace of God grew great enow.

55 Enow there went forth from that well
Water and blood from wounds so wide:

las aguas bautismales deban abrazar;
entonces son llevados a la viña para ver
cómo, al punto, hacia la noche mortal va a declinar
el día con su rostro en un puro oscurecer.
Ningún mal causaron mientras estuvieron en ese lugar,
y a sus obreros el Señor divino paga en justo proceder.
Estaban allí; trabajaron según su parecer;
¿Por qué no iba Él a permitir su trabajo si previamente
acordó que un salario les iba a conceder?
Pues la gracia de Dios es suficiente.

54 El ser humano, de eso tenemos suficiente saber,
al principio para la dicha perfecta fue criado.
Nuestro padre primero esa gracia no pudo poseer
por la manzana que comió. Por ese alimento asignado,
a derramar toda alegría, en el dolor a perecer,
todos fuimos sin remedio condenados.
Y después, a vivir por siempre y ser
en las llamas del infierno confinados.
Mas pronto llegó la curación de modo apurado:
la rica sangre, que por la cruz[95] descendió cual torrente,
y el agua pura. En aquel momento desolado,
la gracia de Dios se hizo suficiente.

55 Fue suficiente lo que de aquel pozo surgió,
agua y sangre de aquellas amplias heridas:

95. [*N. del T.*] En el original, «rood»; Christopher Tolkien define en el glosario final este término arcaico como «cruz». Habitualmente es un término que en literatura medieval inglesa hace referencia a la Santa Cruz, como se sobrentiende en el texto.

The blood redeemed us from pains of hell,
Of the second death the bond untied;
The water is baptism, truth to tell,
That the spear so grimly ground let glide.
It washes away the trespass fell
By which Adam drowned us in deathly tide.
No bars in the world us from Bliss divide
In blessed hour restored, I trow,
Save those that He hath drawn aside;
And the grace of God is great enow.

56 Grace enow may the man receive
Who sins anew, if he repent;
But craving it he must sigh and grieve
And abide what pains are consequent.
But reason that right can never leave
Evermore preserves the innocent;
'Tis a judgement God did never give
That the guiltless should ever have punishment.
The guilty, contrite and penitent,
Through mercy may to grace take flight;
But he that to treachery never bent
In innocence is saved by right.

57 It i s right thus by reason, as in this case
I learn, to save these two from ill;
The righteous man shall see His face,
Come unto him the harmless will.
This point the Psalms in a passage raise:
'Who, Lord, shall climb Thy lofty hill,
Or rest within Thy holy place?"

de las penas del infierno la sangre nos redimió,
nos liberó de la segunda muerte establecida;
es bautismo el agua, en verdad, que dejó
fluir la lanza tan sombríamente amolada.
En una marea mortal Adán nos ahogó,
mas tal transgresión queda así lavada.
En esta bendita hora de felicidad recobrada
ninguna traba nos separa de ella en el presente,
sólo la gente que por Él se ha visto apartada;
pues la gracia de Dios es suficiente.

56 **G**racia suficiente de nuevo al pecar
el hombre recibe, si se arrepiente;
pero al desearla debe afligirse y suspirar,
y soportar los dolores consiguientes.
Pero la justa razón nunca puede abandonar
(siempre lo protege) al inocente;
es un dictamen que Dios nunca pudo dar,
que nunca reciba castigo el que culpa no presente;
por misericordia, el culpable, contrito y penitente,
puede alcanzar la gracia de repente;
pero el que a cometer traición fue reticente
en inocencia se salva justamente.

57 Es por justa razón, como puedo aprender
en este caso, que del mal ambos se van a liberar:
el justo la faz del Señor va a ver,
venga a él la voluntad sin dañar.
Esto en un pasaje de los Salmos se puede leer:
"¿Quién, Señor, descansará en tu santo lugar
o a tu elevada colina habrá de ascender?".

He doth the answer swift fulfil:
"Who wrought with hands no harm nor ill,
Who is of heart both clean and bright,
His steps shall there be steadfast still":
The innocent ever is saved by right.

58   The righteous too, one many maintain,
He shall to that noble tower repair,
Who leads not his life in folly vain,
Nor guilefully doth to neighbour swear.
That Wisdom did honour once obtain
For such doth Solomon declare:
She pressed him on by ways made plain
And showed him afar God's kingdom fair,
As if saying: "That lovely island there
That mayst thou win, be thou brave in fight."
But to say this doubtless one may dare:
The innocent ever is saved by right.

59   To righteous men – have you seen it there? –
In the Psalter David a verse applied:
"Do not, Lord, Thy servant to judgement bear;
For to Thee none living is justified."
So when to that Court you must repair
Where all our cases shall be tried,
If on right you stand, lest you trip beware,
Warned by these words that I espied.
But He on rood that bleeding died,
Whose hands the nails did harshly smite,
Grant you may pass, when you are tried,
By innocence and not by right.

Su respuesta no se hace esperar:
"Quien con sus manos ni mal ni daño pudo causar,
quien tenga un corazón limpio y fulgente,
sus pies allí firmes habrán de estar".
El inocente siempre se salva justamente.

58 El justo también, así se ha señalado,
a esa noble torre podrá acceder
si su vida en vana locura no ha llevado,
ni al prójimo con engaños fue capaz de malmeter.
Que Sabiduría obtuvo y con ella fue honrado
así lo declara Salomón al exponer:
ella lo condujo por caminos claros
y a lo lejos el hermoso reino de Dios le hizo ver
como si dijera: "Aquella hermosa isla obtener
puedes, lucha así valientemente".
Mas a decir esto sin duda uno se puede atrever:
el inocente siempre se salva justamente.

59 A los hombres justos —¿lo has podido contemplar?—
David, en los salmos, un verso ha destacado:
"Señor, a tu siervo al juicio no has de llevar;
porque ante Ti ningún mortal es perdonado".
Así que cuando a ese tribunal te debas presentar,
donde todos nuestros casos serán juzgados,
si estás en lo cierto, ten cuidado de no errar,
advertido por estas palabras que he señalado.
Mas Aquél que sangrando murió crucificado,
cuyas manos los clavos hirieron duramente,
te puede otorgar el paso, cuando seas juzgado,
por inocencia y no justamente.

60   Let him that can rightly read in lore,
     Look in the Book and learn thereby
     How Jesus walked the world of yore,
     And people pressed their babes Him nigh,
     For joy and health from Him did pour.
     "Our children touch!" they humbly cry.
     "Let be!" his disciples rebuked them sore,
     And to many would approach deny.
     Then Jesus sweetly did reply:

     "Nay! let children by me alight;
     For such is heaven prepared on high!"
     The innocent ever is saved by right.

61   **T**hen Jesus summoned his servants mild,
     And said His realm no man might win,
     Unless he came there as a child;
     Else never should he come therein.
     Harmless, true, and undefiled,
     Without mark or mar of soiling sin,
     When such knock at those portals piled,
     Quick for them men will the gate unpin.
     That bliss unending dwells therein
     That the jeweller sought, above gems did rate,
     And sold all he had to clothe him in,
     To purchase a pearl immaculate.

62   This pearl immaculate purchased dear
     The jeweller gave all his goods to gain
     Is like the realm of heaven's sphere:
     So said the Lord of land and main;

60 Que busque, aquél que bien pueda leer,
   en el saber de la Biblia; cómo caminaba
   Jesús por el mundo de antaño podrá aprender;
   cómo la gente a sus niños le acercaba
   para así salud y alegría poder obtener,
   pues de Él emanaban. Con humildad clamaban:
   "¡Toca a nuestros niños!". Mas lejos de él
   sus discípulos gritando "¡Dejadlo!" los apartaban
   y alejaban. Mas Jesús con dulzura contestaba:

   "¡No! Dejad que los niños se me acerquen,
   pues listo está el cielo que en lo alto se elevaba".
   El inocente siempre se salva justamente.

61 Jesús a sus discípulos convocó seguidamente
   y dijo que su reino nadie podría ganar,
   a menos que llegase como un niño mismamente;
   si no, en él jamás podría entrar.
   Leales e inmaculados, verdaderamente
   sin marca del mal ni mácula de sucio pecar,
   cuando llamen a las puertas celestiales rápidamente
   para los que así sean la entrada se abrirá de par en par.
   La dicha sin fin allí tiene su morar,
   la que el joyero buscó, la que fue estimada
   más que ninguna; sus vestidos tuvo que despachar
   para comprar una perla inmaculada.

62 Esta perla inmaculada que comprar
   pudo el joyero tras todos sus bienes vender
   es como el reino de la esfera celestial:
   porque es limpia y clara, sin faltas que contener,

For it is flawless, clean and clear,
Endlessly round, doth joy contain,
And is shared by all the righteous here.
Lo! amid my breast it doth remain;
There my Lord, the Lamb that was bleeding slain,
In token of peace it placed in state.
I bid you the wayward world disdain
And procure your pearl immaculate!'

63   'Immaculate Pearl in pearls unstained,
Who bear of precious pearls the prize,
Your figure fair for you who feigned?
Who wrought your robe, he was full wise!
Your beauty was never from nature gained;
Pygmalion did ne'er your face devise;
In Aristotle's learning is contained
Of these properties' nature no surmise;
Your hue the flower-de-luce defies,
Your angel-bearing is of grace so great.
What office, purest, me apprise
Doth bear this pearl immaculate?'

64   'My immaculate Lamb, my final end
Beloved, Who all can heal', said she,
'Chose me as spouse, did to bridal bend
That once would have seemed unmeet to be.
From your weeping world when I did wend
He called me to his felicity:

tal dijo el Señor de la tierra y del mar;
perfectamente redonda, con alegría para ofrecer
y ser compartida por todos los justos del lugar.
¡Ved que en mi pecho puede permanecer!
Allí por mi Señor, el Cordero que tuvo que verter
su sangre, como señal de paz en su sitio fue colocada.
Te pido que al mundo descarriado desprecies con desdén
y que procures tu perla inmaculada».

63 «Perla inmaculada de perlas pura,
¿quién la perla preciada puede portar
la que para ti formó tu hermosa figura?[96]
¡Era todo un sabio quien tu manto pudo fabricar!
Tu belleza nunca fue obra de natura;
Pigmalión jamás tu rostro pudo idear;
de la naturaleza de estas propiedades no hay conjetura
que en el saber de Aristóteles se pueda consultar.
Tu matiz a la flor de lis puede desafiar.
Tu porte angelical es de una gracia tan elevada.
¿Qué cargo (el más puro, me puedes informar)
es el que porta esta perla inmaculada?».

64 «Mi Cordero inmaculado, mi meta final,
mi amado, que todo lo puede curar»,
dijo ella, «me tomó como esposa en elección nupcial,
algo que en tiempos consideré impropio que pudiera pasar.
Cuando partí de tu mundo lacrimal
a su felicidad me quiso convocar:

96. [*N. del T.*] En el original, «feigned»; Christopher Tolkien define en el glosario final este término arcaico como «formar, dar forma».

"Come hither to me, sweetest friend,
For no blot nor spot is found in thee!"
Power and beauty he gave to me;
In his blood he washed my weeds in state,
Crowned me clean in virginity,
And arrayed me in pearls immaculate.'

65 'Why, immaculate bride of brightest flame,
Who royalty have so rich and rare,
Of what kind can He be, the Lamb you name,
Who would you His wedded wife declare?
Over others all hath climbed your fame,
In lady's life with Him to fare.
For Christ have lived in care and blame
Many comely maids with comb in hair;
Yet the prize from all those brave you bear,
And all debar from bridal state,
All save yourself so proud and fair,
A matchless maid immaculate.'

66 Immaculate, without a stain,
Flawless I am', said that fair queen;
'And that I may with grace maintain,
But "matchless" I said not nor do mean.
As brides of the Lamb in bliss we reign,
Twelve times twelve thousand strong, I ween,
As Apocalypse reveals it plain:
In a throng they there by John were seen;
On Zion's hill, that mount serene,
The apostle had dream divine of them
On that summit for marriage robed all clean

"Ven a mí, dulcísima amiga, pues no hay mal
en ti ni mácula ni falta que objetar".
Poder y belleza me quiso otorgar;
con su sangre mis vestimentas fueron lavadas,
y de virginidad me quiso coronar
y me vistió de perlas inmaculadas».

65 «¿Por qué, novia inmaculada del más fulgente brillar,
que rica y abundante realeza puedes poseer?
El Cordero que acabas de nombrar,
¿quién es, por qué como su esposa te pudo escoger?
Por encima de todos los demás tu fama elevar
pudo para que con Él la vida de una dama puedas tener.
Muchas hermosas doncellas que su cabello han de peinar
por Cristo han vivido en un duro contender.
Mas el premio de todas las valientes pudiste obtener,
y todas de la nupcial condición se hayan apartadas,
todas excepto tú, tan hermosa en tu orgulloso proceder,
una inigualable doncella inmaculada».

66 **J**nmaculada y perfecta soy, sin tener
tacha alguna», dijo la reina hermosa.
«Y eso con gracia puedo mantener,
pero "inigualable", no dije ni digo tal cosa.
Somos doce veces doce mil, según mi parecer,
y como novias del Cordero reinamos dichosas,
como el Apocalipsis bien lo puede exponer:
por Juan fueron vistas en multitud primorosa;
en ese monte sereno, en Sion, colina gozosa,
el apóstol soñó con ellas, bien
vestidas para el matrimonio, todas lustrosas,

In the city of New Jerusalem.

67   Of Jerusalem my tale doth tell,
     If you will know what His nature be,
     My Lamb, my Lord, my dear Jewel,
     My Joy, my Bliss, my Truelove free.
     Isaiah the prophet once said well
     In pity for His humility:
     "That glorious Guiltless they did fell
     Without cause or charge of felony,
     As sheep to the slaughter led was He,
     And as lamb the shearer in hand doth hem
     His mouth he closed without plaint or plea,
     When the Jews Him judged in Jerusalem."

68   In Jerusalem was my Truelove slain,
     On the rood by ruffians fierce was rent;
     Willing to suffer all our pain
     To Himself our sorrows sad He lent.
     With cruel blows His face was flain
     That was to behold so excellent:
     He for sin to be set at naught did deign,
     Who of sin Himself was innocent.
     Beneath the scourge and thorns He bent,
     And stretched on a cross's brutal stem
     As meek as lamb made no lament,
     And died for us in Jerusalem.

69   In Jerusalem, Jordan, and Galilee,
     As there baptized the good Saint John,
     With Isaiah well did his words agree.

en la colina, en la ciudad de la Nueva Jerusalén.

67   De Jerusalén en mi historia voy a hablar,
     si cuál es su naturaleza quieres saber,
     mi Cordero, mi Señor, mi Joya sin par,
     mi Gozo, mi Dicha, mi verdadero Querer.
     Una vez el profeta Isaías bien pudo señalar
     en compasión por Su humilde ser:
     "Sin causa ni cargo de mal obrar
     al glorioso sin culpa dejaron caer,
     cual oveja al matadero fue llevado hasta ver,
     como cordero que el esquilador sujeta bien,
     su boca cerrarse, sin queja ni súplica exponer,
     cuando los judíos lo juzgaron en Jerusalén".

68   En Jerusalén fue asesinado mi verdadero amor
     en la cruz por rufianes y fue con saña desgarrado;
     dispuesto a sufrir todo nuestro dolor,
     nuestro triste pesar sobre él mismo se ha echado.
     Su rostro, que era un auténtico primor
     contemplar, con golpes crueles fue flagelado:
     Él, inocente y limpio de pecado, con horror
     fue allí mismo sin motivo castigado.
     Bajo el azote y las espinas, Él, derrotado
     y tendido en el brutal madero de la cruz, también
     sin proferir lamentos, como un cordero amansado,
     murió por nosotros en Jerusalén.

69   En Jerusalén, Jordán y Galilea, justamente
     allí donde el buen San Juan se bautizó
     sus palabras con las de Isaías totalmente

When to meet him once had Jesus gone
He spake of Him this prophecy:
"Lo, the Lamb of God whom our trust is on!
From the grievous sins He sets us free
That all this world hath daily done."
He wrought himself yet never one,
Though He smirched himself with all of them.
Who can tell the Fathering of that Son
That died for us in Jerusalem?

70 In Jerusalem as lamb they knew
And twice thus took my Truelove dear,
As in prophets both is record true,
For His meekness and His gentle cheer.
The third time well is matched thereto,
In Apocalypse 'tis written clear:
Where sat the saints, Him clear to view
Amidst the throne the Apostle dear
Saw loose the leaves of the book and shear
The seven signets sewn on them.
At that sight all folk there bowed in fear
In hell, in earth, and Jerusalem.

71 Jerusalem's Lamb had never stain
Of other hue than whiteness fair;
There blot nor blemish could remain,
So white the wool, so rich and rare.
Thus every soul that no soil did gain
His comely wife doth the Lamb declare;

concordaban. Cuando a verle fue Jesús habló
con Él de esta profecía mismamente:
"¡He aquí el Cordero de Dios que nos dio
confianza! De los graves pecados que diariamente
se cometen en el mundo nos libra". No cometió
ninguno por su obrar, mas se mancilló
Él mismo con todos ellos. ¿Quién
puede contar el linaje de ese Hijo que murió
por todos nosotros en Jerusalén?

70 En Jerusalén lo conocieron como cordero
y dos veces a mi amor como tal lo pudieron tomar,
como ambos profetas señalan en registro verdadero,
por su gentil alegría y manso obrar.
La tercera vez con las otras coincide por entero,
como en el Apocalipsis por escrito se puede constatar:
donde se sentaban los santos, con ojo certero
el apóstol querido,[97] pudo comprobar
que Él estaba en medio del trono, y le vio pasar
las hojas del libro con los siete sellos bien
fijados. Esta visión a todos de miedo hizo temblar
en el infierno, en la tierra y en Jerusalén.

71 El Cordero de Jerusalén nunca se pudo mezclar
con más tonos que el de la blancura hermosa;
ni mácula ni tacha pudo quedar,
tan blanca la lana, tan rica y preciosa.
Así, cada alma que nunca se pudo ensuciar
el Cordero la declara como su hermosa esposa;

97. [*N. del T.*] Se refiere a San Juan.

Though each day He a host obtain,
No grudge nor grievance do we bear,
But for each one fi ve we wish there were.
The more the merrier, so God me bless!
Our love doth thrive where many fare
In honour more and never less.

72 To less of bliss may none us bring
Who bear this pearl upon each breast,
For ne'er could they think of quarrelling
Of spotless pearls who bear the crest.
Though the clods may to our corses cling,
And for woe ye wail bereaved of rest,
From one death all our trust doth spring
In knowledge complete by us possessed.
The Lamb us gladdens, and, our grief redressed,
Doth at every Mass with joy us bless.
Here each hath bliss supreme and best,
Yet no one's honour is ever the less.

73 Lest less to trust my tale you hold,
In Apocalypse 'tis writ somewhere:
"The Lamb", saith John, "I could behold
On Zion standing proud and fair;
With him maidens a hundred-thousand fold,
And four and forty thousand were,
Who all upon their brows inscrolled
The Lamb's name and His Father's bare.

aunque cada día Él un buen número ha de lograr
no le guardamos rencor ni agravio por tal cosa.
Ojalá por cada una hubiese cinco primorosas.
¡Que Dios me bendiga, cuantas más mejor!
Nuestro amor prospera al ser muchas,
mayor es el honor, nunca menor.

72 A una dicha menor nadie puede conducir
   a las que esta perla en nuestro pecho llevamos,
   pues nunca pueden pensar en discutir
   las que de perlas inmaculadas cimera portamos.
   Aunque los terrones nuestros cuerpos[98] hayan de cubrir
   y por pena privados de descanso tengáis que llorarnos,
   de una muerte toda nuestra confianza ha de surgir
   en el conocimiento completo que poseemos.
   El Cordero nos conforta y repara el dolor que tenemos,
   en cada misa nos bendice con gozo superior.
   Aquí la mejor y más suprema dicha todas poseemos,
   pero nunca es el honor de ninguna menor.

73 Por si de mi historia no te quieres fiar,
   en algún lugar del Apocalipsis está contado:
   "El Cordero", dice Juan, "pude contemplar
   en Sion, orgulloso y hermoso, bien plantado;
   cien mil doncellas se podían observar,
   más cuarenta y cuatro mil, que había a su lado.
   El nombre del Cordero y el de su Padre sin par
   todas ellas en sus frentes llevaban grabado.

98. [*N. del T.*] En el original, «corses»; Christopher Tolkien define en el glosario final este término arcaico como «cuerpos».

A shout then I heard from heaven there,
Like many floods met in pouring press;
And as thunder in darkling tors doth blare,
That noise, I believe, was nowise less.

74 But nonetheless, though it harshly roared,
And echo loud though it was to hear,
I heard them note then new record,
A delight as lovely to listening ear
As harpers harping on harps afford.
This new song now they sang full clear,
With resounding notes in noble accord
Making in choir their musics dear.
Before God's very throne drawn near
And the Beasts to Him bowed in lowliness
And the ancient Elders grave of cheer
They sang their song there, nonetheless.

75 Yet nonetheless were none so wise
For all the arts that they ever knew
Of that song who could a phrase devise,
Save those of the Lamb's fair retinue;
For redeemed and removed from earthly eyes,
As firstling fruits that to God are due,
To the noble Lamb they are allies,
Being like to Him in mien and hue;
For no lying word nor tale untrue
Ever touched their tongues despite duress.
Ever close that company pure shall sue
That Master immaculate, and never less."'

Entonces un grito celestial por mí fue escuchado,
como el sonido de torrentes en gran tremor,
como el trueno en oscuras colinas lanzado,
ese ruido, creo, no fue de ninguna manera menor.

74 Mas, no obstante, aunque duro era su sonar,
y fuerte el eco que se podía oír,
de un nuevo sonido me pude percatar,
una delicia tan encantadora de percibir
con el oído como el arpa que los arpistas tocar
suelen. Con sonoras notas en noble discurrir
este nuevo canto con toda claridad podían cantar,
haciendo en coro sus músicas de bello transmitir.
Ante el trono de Dios muy cerca pudieron ir,
y las bestias se inclinaron ante él con estupor
y humildad, y ante los ancianos de solemne sentir
allí cantaron su canción, que no fue cosa menor.

75 No obstante, ninguno tan sabio pudo ser
como para de esa canción un verso idear,
a pesar de las artes que conocían y su mucho saber,
salvo aquellos que al Cordero tenían que acompañar;
como frutos primeros que a Dios hay que deber,
redimidos y alejados del terrenal mirar,
con el noble Cordero alianza tienen que hacer,
ya que a Él en aspecto y color se pueden asemejar;
pues ninguna palabra mentirosa o historia falsa tocar
sus lenguas jamás pudo, pese a la coacción y al dolor.
Siempre cerca de esa compañía pura querrán estar,
de ese Maestro inmaculado, nunca de algo menor"».

76   'My thanks may none the less you find,
       My Pearl', quoth I, 'though I question pose.
       I should not try your lofty mind,
       Whom Christ to bridal chamber chose.
       I am but dirt and dust in kind,
       And you a rich and radiant rose
       Here by this blissful bank reclined
       Where life's delight unfading grows.
       Now, Lady, your heart sincere enclose,
       And I would ask one thing express,
       And though it clown uncouth me shows,
       My prayer disdain not, nevertheless.

77   **I** nonetheless my appeal declare,
       If you to do this may well deign,
       Deny you not my piteous prayer,
       As you are glorious without a stain.
       No home in castle-wall do ye share,
       No mansion to meet in, no domain?
       Of Jerusalem you speak the royal and fair,
       Where David on regal throne did reign;
       It abides not here on hill nor plain,
       But in Judah is that noble plot.
       As under moon ye have no stain
       Your home should be without a spot.

78   This spotless troop of which you tell,
       This thronging press many-thousandfold,
       Ye doubtless a mighty citadel
       Must have your number great to hold:
       For jewels so lovely 'twould not be well

76 «No será menor mi agradecer,
   Perla mía», dije, «aunque una pregunta quiera plantear.
   No debería poner a prueba tu gran saber,
   el que Cristo para su alcoba nupcial quiso seleccionar.
   No más que suciedad y polvo es mi ser,
   y tú una rica rosa de radiante brillar
   aquí en esta ribera dichosa donde ha de crecer
   inmarcesible la vida en su bello deleitar.
   Ahora, Señora, tu corazón la sinceridad albergar
   puede seguro. Te pido un preciso favor,
   y aunque como un burdo bufón me pueda mostrar
   no desdeñes mi plegaria como algo menor.

77 **N**o obstante, declaro que quiero apelar
   a ti, si tal cosa te dignas a hacer;
   mi lastimera plegaria no has de rechazar,
   ya que sin mácula glorioso es tu ser.
   ¿No tienes alguna mansión amurallada, un hogar
   que compartir, algún dominio que poseer?
   De Jerusalén hablas, de su realeza y belleza sin par,
   donde David reinó en su trono con regio proceder;
   ni aquí ni en colina ni en llanura alguna se puede ver,
   sino que en Judá está ese noble lugar.
   Como bajo la luna mácula no has de tener,
   tu hogar mancha alguna no ha de mostrar.

78 Esta multitud de miles de personas,
   esta tropa inmaculada de la que hablar
   puedes... sin duda, una ciudadela poderosa
   debéis tener para tal gran número albergar:
   no sería bueno para joyas tan hermosas

That flock so fair should have no fold!
Yet by these banks where a while I dwell
I nowhere about any house behold.
To gaze on this glorious stream you strolled
And linger alone now, do you not?
If elsewhere you have stout stronghold,
Now guide me to that goodly spot!'

79   'That spot', that peerless maid replied,
'In Judah's land of which you spake,
Is the city to which the Lamb did ride,
To suffer sore there for Man's sake.
The Old Jerusalem is implied,
For old sin's bond He there let break.
But the New, that God sent down to glide,
The Apocalypse in account doth take.
The Lamb that no blot ever black shall make
Doth there His lovely throng allot,
And as His flock all stains forsake
So His mansion is unmarred by spot.

80   There are two spots. To speak of these:
They both the name "Jerusalem" share;
"The City of God" or "Sight of Peace",
These meanings only doth that bear.
In the first it once the Lamb did please
Our peace by His suffering to repair;
In the other naught is found but peace
That shall last for ever without impair.
To that high city we swiftly fare
As soon as our flesh is laid to rot;

que un rebaño tan bello en redil guardar
no se pudiese. Mas por estas orillas
donde me hallo no se ve casa alguna. Para contemplar
este glorioso arroyo te fuiste a pasear
y ahora, ¿no es así?, te quedas sola. Si en otro lugar
fuerte bastión poseéis a él me tenéis que guiar,
y ese hermoso sitio me habéis de mostrar».

79 «Ese lugar», aquella doncella sin par respondió,
    «en la tierra de Judá de la que has hablado
    se halla, es la ciudad a la que el Cordero cabalgó
    para allí por el hombre sufrir en alto grado:
    es la vieja Jerusalén, pues allí dejó
    que se rompiera el lazo del viejo pecado.
    Pero la Nueva, que Dios con gusto envió,
    es la que el Apocalipsis ha mencionado.
    Allí el Cordero, por negrura alguna nunca mancillado,
    su adorable multitud se encarga de cuidar,
    y así como Su rebaño sin mácula se ha mostrado,
    de igual modo su mansión mancha no ha de mostrar.

80 Hay dos lugares. De ellos voy a hablar:
    ambos el nombre de "Jerusalén" comparten;
    estas dos cosas puede significar:
    "Ciudad de Dios" o "Visión de Paz". Bien,
    en uno de ellos el Cordero nuestra paz nos pudo dar
    por Su sufrimiento; en el otro sólo la paz tienen,
    que por siempre sin menoscabo ha de durar.
    A esa alta ciudad con brío se dirigen
    los hombres cuando sus carnes se pudren;
    allí la dicha y la gloria se habrá de incrementar

Ever grow shall the bliss and glory there
For the host within that hath no spot.'

81   'O s potless maiden kind!' I cried
To that lovely flower, 'O lead me there,
To see where blissful you abide,
To that goodly place let me repair!'
'God will forbid that', she replied,
'His tower to enter you may not dare.
But the Lamb hath leave to me supplied
For a sight thereof by favour rare:

From without on that precinct pure to stare,
But foot within to venture not;
In the street you have no strength to fare,
Unless clean you be without a spot.

82   **I**f I this spot shall to you unhide,
Turn up towards this water's head,
While I escort you on this side,
Until your ways to a hill have led.'
No longer would I then abide,
But shrouded by leafy boughs did tread,
Until from a hill I there espied
A glimpse of that city, as forth I sped.
Beyond the river below me spread
Brighter than sun with beams it shone;
In the Apocalypse may its form be read,
As it describes the apostle John.

para todos los que en ella habiten,
pues no tienen mancha que mostrar».

81 «¡Oh, gentil doncella inmaculada!», a esa flor
encantadora le dije así, «Oh, me has de llevar
allí, para ver dónde moras con amor;
déjame ir a ese hermoso lugar».
«Dios lo prohibirá», respondió con fervor,
«en su torre no te atrevas a entrar.
Mas el Cordero, por un raro favor,
me ha dado permiso para que la puedas contemplar.

Desde fuera de ese recinto puro puedes mirar,
pero un pie dentro no te atrevas a colocar;
en la calle no tienes fuerza para andar
a menos que limpio estés sin mancha que mostrar.

82 Si ese sitio te voy a revelar,
al comienzo de esta corriente te has de dirigir
mientras desde esta orilla te voy a acompañar.
Tu camino a una colina te habrá de conducir».
Allí más ya no me quise quedar.
Envuelto en frondosas ramas comencé a ir
por mi camino hasta que desde una colina divisar
pude un atisbo de la ciudad al proseguir
mi marcha. Estaba más allá de aquel fluir
de agua. Que brillaba más que el sol, me pareció.
En el Apocalipsis se puede su forma percibir,
tal como el apóstol Juan la describió.

83   As John the apostle it did view,
        I saw that city of great renown,
        Jerusalem royally arrayed and new,
        As it was drawn from heaven down.
        Of gold refined in fire to hue
        Of glittering glass was that shining town;
        Fair gems beneath were joined as due
        In courses twelve, on the base laid down
        That with tenoned tables twelve they crown:
        A single stone was each tier thereon,
        As well describes this wondrous town
        In apocalypse the apostle John.

84   These stones doth John in Writ disclose;
        I knew their names as he doth tell:
        As jewel first the jasper rose,
        And first at the base I saw it well,
        On the lowest course it greenly glows;
        On the second stage doth sapphire dwell;
        Chalcedony on the third tier shows,
        A flawless, pure, and pale jewel;
        The emerald fourth so green of shell;
        The sardonyx, the fifth it shone,
        The ruby sixth: he saw it well
        In the Apocalypse, the apostle John.

83 Tal como el apóstol Juan la contempló
    vi esa ciudad de gran renombre, vestida
    de gala, Jerusalén, la nueva, allí se vio
    como del mismo cielo descendida.
    Aquella ciudad resplandeciente se construyó
    con oro refinado por el fuego, revestida
    de fulgente cristal. En filas de doce se fijó
    una serie de bellas gemas unidas
    en doce hileras horizontales juntas[99],
    escalonadas sobre su base. Cada nivel se edificó
    con distintas piedras preciosas, cosa así contada
    en el Apocalipsis que el apóstol Juan describió.

84 Estas piedras por escrito Juan nos reveló;
    tal como las define, sus nombres me eran conocidos:
    como joya primera el jaspe se alzó,
    y primero en la base lo vi muy lucido,
    en la parte más baja su verdor brilló;
    en el segundo nivel habita el zafiro;
    la calcedonia en el tercero se mostró,
    joya impecable, pura, pálida; de verde viso
    la esmeralda iba en el cuarto a seguido.
    La sardónice en el quinto brilló.
    El rubí, en el sexto: bien definido
    en el Apocalipsis que el apóstol Juan describió.

---

99. [*N. del T.*] En el original, «tenoned» y «tables»; Christopher Tolkien define
en el glosario final estos términos como «bien juntas, muy unidas» e «Hileras hori-
zontales, los niveles escalonados de los cimientos».

85   To them John then joined the chrysolite,
       The seventh gem in the ascent;
       The eighth the beryl clear and white;
       The twin-hued topaz as ninth was pent;
       Tenth the chrysoprase formed the flight;
       Eleventh was jacinth excellent;
       The twelfth, most trusty in every plight,
       The amethyst blue with purple blent.
       Sheer from those tiers the wall then went
       Of jasper like glass that glistening shone;
       I knew it, for thus did it present
       In the Apocalypse the apostle John.

86   As John described, I broad and sheer
       These twelve degrees saw rising there;
       Above the city square did rear
       (Its length with breadth and height compare);
       The streets of gold as glass all clear,
       The wall of jasper that gleamed like glair;
       With all precious stones that might there appear
       Adorned within the dwellings were.
       Of that domain each side all square
       Twelve thousand furlongs held then on,
       As in height and breadth, in length did fare,
       For it measured saw the apostle John.

85 A ellas Juan el crisoberilo mencionó en el listado
como séptima gema según se iba ascendiendo;
la octava, el berilo de un blanco iluminado;
el topacio bicolor como novena fue añadiendo;
décima, la crisoprasa, en su lugar indicado;
la undécima era el jacinto estupendo;
la duodécima, en cualquier problema lo más adecuado,
la amatista azul que con el púrpura se iba mezclando.
De estos niveles un muro iba subiendo
de un jaspe que fulgía como el cristal; lo comentó
así, y por ello yo lo conocía, y así lo fue definiendo,
el Apocalipsis que el apóstol Juan describió.

86 Como Juan lo describió, amplios y escarpados
estos doce niveles allí pude contemplar;
más arriba estaba la ciudad, con su perfecto alzado,
(en longitud, anchura y altura se podían comparar);
claras como el cristal, sus calles de metal dorado,
el muro de jaspe cual clara de huevo[100] se veía brillar;
todos los hogares estaban adornados
con cuanta piedra preciosa allí se podía encontrar.
Cabían, en cada lado de aquel lugar,
doce mil estadios, tal se vio
tanto en altura, anchura y longitud. Comprobar
tal medida hizo el apóstol Juan, así lo describió.

---

100. [*N. del T.*] En el original, «glair»; Christopher Tolkien define en el glosario final este término arcaico como «clara de huevo, lo blanco de un huevo».

87 𝒜s John hath writ, I saw yet more:
    Each quadrate wall there had three gates,
    So in compass there were three times four,
    The portals o'erlaid with richest plates;
    A single pearl was every door,
    A pearl whose perfection ne'er abates;
    And each inscribed a name there bore
    Of Israel's children by their dates:
    Their times of birth each allocates,
    Ever first the eldest thereon is hewn.
    Such light every street illuminates
    They have need of neither sun nor moon.

88 Of sun nor moon they had no need,
    For God Himself was their sunlight;
    The Lamb their lantern was indeed
    And through Him blazed that city bright
    That unearthly clear did no light impede;
    Through wall and hall thus passed my sight.
    The Throne on high there might one heed,
    With all its rich adornment dight,
    As John in chosen words did write.
    High God Himself sat on that throne,
    Whence forth a river ran with light
    Outshining both the sun and moon.

87   Como Juan lo puso por escrito, aún más pude ver:
     cada lado del muro[101] tres puertas tenía,
     en conjunto tres veces cuatro, como es de suponer.
     Los portales, revestidos de placas de plata; y había
     una sola perla en cada puerta, con su resplandecer
     en perfección inalterable. En cada una lucía
     inscrito un nombre que había de corresponder
     a los hijos de Israel, que sus fechas seguía,
     pues cada uno por su nacimiento allí se ponía.
     Primero se grababa siempre al de la primogenitura.
     Tal fulgor a cada calle luz traía
     y no necesitaban ni sol ni luna.

88   Ni sol ni luna allí se precisaba,
     pues Dios mismo era su luz solar;
     el Cordero, el farol que iluminaba
     la ciudad a través de Su potente brillar,
     en claridad sobrenatural que la luz no ocultaba;
     por muros y salas sublimes mi vista pudo pasar,
     se percataba uno bien del Trono que se hallaba
     en lo alto, con sus adornos de riqueza singular,
     como Juan lo describió en verbo nada vulgar.
     El mismo Dios se sentaba en ese trono, y una
     riada surgía de él en luminoso manar
     que eclipsaba al sol y a la luna.

---

101. [*N. del T.*] En el original, «quadrate [wall]»; Christopher Tolkien define
en el glosario final este término arcaico como «[muro del] cuadrado»; es decir, si la
ciudad tiene forma de un cuadrado amurallado de enormes dimensiones, esta frase
se refiere a la longitud de la muralla que recorre cada lado.

89 Neither sun nor moon ever shone so sweet
    As the pouring fl ood from that court that fl owed;
    Swiftly it swept through every street,
    And no filth nor soil nor slime it showed.
    No church was there the sight to greet,
    Nor chapel nor temple there ever abode:
    The Almighty was their minster meet;
    Refreshment the Victim Lamb bestowed.
    The gates ever open to every road
    Were never yet shut from noon to noon;
    There enters none to find abode
    Who bears any spot beneath the moon.

90 The moon therefrom may gain no might,
    Too spotty is she, of form too hoar;
    Moreover there comes never night:
    Why should the moon in circle soar
    And compare her with that peerless light
    That shines upon that water's shore?
    The planets are in too poor a plight,
    Yea, the sun himself too pale and frore.
    On shining trees where those waters pour
    Twelve fruits of life there ripen soon;
    Twelve times a year they bear a store,
    And renew them anew in every moon.

91 Such marvels as neath the moon upraised
    A fleshly heart could not endure

89 Ni el sol ni la luna jamás pudieron brillar
    con la dulzura de aquel torrente que allí fluía;
    veloz corrió por sus calles sin mostrar
    ni suciedad ni tierra ni limo. No había
    en aquella ciudad ni iglesia a la que presentar
    respetos ni capilla ni templo: se veía
    que el Todopoderoso era su templo; alimentar
    podía a todos el Cordero con su sacrificio. Tenían
    las puertas siempre abiertas, del mediodía
    a la noche, nunca se cerraban. Ninguna
    persona entraba a buscar morada si no carecía
    de mácula visible allí bajo la luna.

90 La luna allí poder no puede ganar,
    es fea de forma y se halla muy manchada,
    además, nunca la noche allí es capaz de llegar:
    ¿Por qué debería la luna ser comparada
    al elevarse en círculo con esa luz sin par
    que brilla en la orilla del agua? Desdichada
    condición los planetas pueden mostrar,
    como el mismo sol, muy frío[102] y con demasiada
    palidez. En los árboles brillantes que en cascada
    riegan las aguas doce frutos de vida maduran
    pronto; dan cosecha renovada
    doce veces al año, en cada luna.

91 Un corazón humano no podría soportar
    tales maravillas como las que observé

102. [*N. del T.*] En el original, «frore»; Christopher Tolkien define en el glosario final este término arcaico como «muy frío, helado».

I saw, who on that castle gazed;
Such wonders did its frame immure,
I stood there still as quail all dazed;
Its wondrous form did me allure,
That rest nor toil I felt, amazed,
And ravished by that radiance pure.
For with conscience clear I you assure,
If man embodied had gained that boon,
Though sages all assayed his cure,
His life had been lost beneath the moon.

92   *A*s doth the moon in might arise,
Ere down must daylight leave the air,
So, suddenly, in a wondrous wise,
Of procession long I was aware.
Unheralded to my surprise
That city of royal renown so fair
Was with virgins filled in the very guise
Of my blissful one with crown on hair.
All crowned in manner like they were,
In pearls appointed, and weeds of white,
And bound on breast did each one bear
The blissful pearl with great delight.

93   With great delight in line they strolled
On golden ways that gleamed like glass;
A hundred thousands were there, I hold,
And all to match their livery was;
The gladdest face could none have told.

bajo la luna, cuando el castillo pude contemplar.
Como una codorniz aturdida inmóvil me quedé,
pues tales maravillas su estructura enmarcar
podían en fantástica forma; me fasciné
tanto que no sentía ganas ni de reposar
ni de trabajar; mucho me asombré
por ese puro resplandor; cautivado me hallé.
Aunque todos los sabios le atendiesen en su cura,
el hombre mortal, de ganar tal favor (claramente lo sé)
hubiera perdido su vida allí bajo la luna.

92 **C**omo sale la luna mostrando su poder
antes de que abandone el aire la luz del día,[103]
así, de repente, en un maravilloso proceder
una larga procesión ante mí percibía.
Para mi sorpresa, aquella ciudad, sin ser
llamadas, de vírgenes repleta se veía,
todas con el mismo aspecto, al parecer,
de mi perla gozosa, que corona tenía.
Todas portaban corona como la que poseía,
con perlas de adorno y blancas ropas. Sostener
podían en el pecho, tal llevaba cada mujer,
una perla gozosa con gran placer.

93 Con gran placer en fila paseaban,
por caminos dorados que fulgían
como el cristal; cientos de miles estaban
allí, calculo, y todas a juego vestían.
Difícil saber cuál de ellas presentaba

---

103. [*N. del T.*] Es decir, antes de que el sol se ponga.

The Lamb before did proudly pass
With seven horns of clear red gold;
As pearls of price His raiment was.
To the Throne now drawn they pacing pass:
No crowding, though great their host in white,
But gentle as modest maids at Mass,
So lead they on with great delight.

94   The delight too great were to recall
That at His coming forth did swell.
When He approached those elders all
On their faces at His feet they fell;
There summoned hosts angelical
An incense cast of sweetest smell:
New glory and joy then forth did fall,
All sang to praise that fair Jewel.
The strain could strike through earth to hell
That the Virtues of heaven in joy endite.
With His host to laud the Lamb as well
Indeed I found a great delight.

95   Delight the Lamb to behold with eyes
Then moved my mind with wonder more:
The best was He, blithest, most dear to prize
Of whom I e'er heard tales of yore;
So wondrous white was all His guise,
So noble Himself He so meekly bore.
But by His heart a wound my eyes
Saw wide and wet; the fleece it tore,
From His white side His blood did pour.
Alas! thought I, who did that spite?

el rostro más feliz; el Cordero tenía
siete cuernos de oro rojo, y al frente pasaba
orgulloso; sus ropajes perlas preciosas parecían.
Hacia el Trono sin amontonarse se dirigían:
aquella enorme y blanca hueste se empezó a mover
como dulces y modestas doncellas que a misa acudían,
de esta forma avanzaban con gran placer.

94 Difícil describir el enorme placer
que en su venida allí surgió.
De bruces a sus pies pudieron caer
los ancianos cuando a ellos se acercó;
un incienso de dulcísimo aroma se podía oler
emanado por las angélicas legiones que allí convocó.
Hubo alegría y gloria renovadas; para enaltecer
a la hermosa Joya todo el mundo allí cantó.
Tal melodía, que las virtudes del cielo con gozo proclamó,
podría al averno desde la tierra con fuerza acceder.
En aquella hueste suya que el Cordero alabó
en verdad encontré un gran placer.

95 Placer obtuve con mis ojos al sentir
al Cordero, y mi pensamiento muy asombrado
se vio. Era Él, de quien historias de antaño oír
pude: el mejor, el más dichoso, el más apreciado.
De un blanco tan asombroso era su vestir,
tan cortés era, por la humildad tan señalado.
Mas junto a su corazón una herida percibir
pude con mis ojos, amplia y húmeda; rasgado
fue el vellón y brotó sangre de su blanco costado.
¡Ay!, pensé, su pecho en dolorosa angustia debió arder,

His breast should have burned with anguish sore,
Ere in that deed one took delight.

96   The Lamb's delight to doubt, I ween,
     None wished; though wound He sore displayed,
     In His face no sign thereof was seen,
     In His glance such glorious gladness played.
     I marked among His host serene,
     How life in full on each was laid –
     Then saw I there my little queen
     That I thought stood by me in the glade!
     Lord! great was the merriment she made,
     Among her peers who was so white.
     That vision made me think to wade
     For love-longing in great delight.

97   Delight there pierced my eye and ear,
     In my mortal mind a madness reigned;
     When I saw her beauty I would be near,
     Though beyond the stream she was retained.
     I thought that naught could interfere,
     Could strike me back to halt constrained,
     From plunge in stream would none me steer,
     Though I died ere I swam o'er what remained.
     But as wild in the water to start I strained,
     On my intent did quaking seize;
     From that aim recalled I was detained:
     It was not as my Prince did please.

98   It pleased Him not that I leapt o'er
     Those marvellous bounds by madness swayed.

¿quién pudo hacer que estuviese tan lastimado?,
antes de con ese acto obtener placer.

96 Nadie quiso, aunque penosa herida mostró,
del placer del Cordero dudar.
En su rostro señal alguna no se observó,
y gloriosamente alegre era su mirar.
Me fijé en la serena hueste que le acompañó
y de la vida en plenitud todos parecían gozar.
Entonces, ¡a mi pequeña reina me pareció
ver allí, la que pensé que en el claro situar
se pudo a mi lado! ¡Señor!, cuanto parecía disfrutar
allí entre sus pares, con su blanco parecer.
Esa visión me hizo pensar en vadear
con amorosa nostalgia y gran placer.

97 Por ojos y oídos se me metió el placer,
y en mi mente mortal la locura reinaba;
me acerqué, cuando su belleza pude ver,
aunque más allá de la corriente estaba
retenida. Pensé que nada podría detener
mi camino ni obligarme a una pausa forzada,
nada me impediría en la corriente de golpe meter
mi cuerpo, aunque muriese nadando lo que quedaba.
Mas sentí que un temblor de mi se apoderaba
cuando al agua me iba a lanzar en salvaje ser.
Ese ansía alguien fue capaz de contener:
no era lo que a mi Príncipe podía complacer.

98 No le agradó que, por la locura arrastrado,
a aquellas aguas maravillosas me quisiese arrojar.

Though headlong haste me heedless bore,
Yet swift arrest was on me made,
For right as I rushed then to the shore
That fury made my dream to fade.
I woke in that garden as before,
My head upon that mound was laid
Where once to earth my pearl had strayed.
I stretched, and fell in great unease,
And sighing to myself I prayed:
'Now all be as that Prince may please.'

99 It p leased me ill outcast to be
So suddenly from that region fair
Where living beauty I could see.
A swoon of longing smote me there,
And I cried aloud then piteously:
'O Pearl, renowned beyond compare!
How dear was all that you said to me,
That vision true while I did share.
If it be true and sooth to swear
That in garland gay you are set at ease,
Then happy I, though chained in care,
That you that Prince indeed do please.'

100 To please that Prince had I always bent,
Desired no more than was my share,
And loyally been obedient,
As the Pearl me prayed so debonair,
I before God's face might have been sent,
In his mysteries further maybe to fare.
But with fortune no man is content

Aunque me precipité sin cuidado,
rápidamente me pudieron parar,
pues mientras corría hacia la orilla de este lado
esa furia mi sueño pudo disipar,
y desperté en aquel jardín del que os he hablado,
tumbada mi cabeza en aquel montículo, pues fui a parar
a donde una vez mi perla se perdió. Desperezar
mi cuerpo pude, y desde dentro de mi ser
con gran inquietud recé al suspirar:
«Sea todo ahora como al Príncipe le pueda complacer».

99 Agridulce gozo sentí al verme apartado
de aquella región hermosa tan repentinamente
donde tanta belleza viva había contemplado.
Entonces grité lastimosamente,
pues por un vahído de nostalgia me vi golpeado:
«¡Oh, Perla sin par, de renombre excelente!
Todo lo que me dijiste cuan sentido
fue por mí en esa visión verdadera que realmente
compartí. Si es verdad, y se jura solemnemente,
que en alegre tocado a gusto te puedes ver,
aunque esté a la pena encadenado, feliz soy totalmente
de que a ese Príncipe en verdad puedas complacer».

100 Si a complacer al Príncipe me hubiese dedicado
sin desear más de lo que me correspondía,
y leal y obediente me hubiese mostrado,
tal como la Perla tan amablemente me pedía,
ante la faz de Dios podría haber sido enviado,
donde otros muchos de sus misterios podría
haber alcanzado. Mas nunca está entusiasmado

That rightly he may claim and bear;
So robbed of realms immortally fair
Too soon my joy did sorrow seize.
Lord! mad are they who against Thee dare
Or purpose what Thee may displease!

101 To please that Prince, or be pardon shown,
May Christian good with ease design;
For day and night I have him known
A God, a Lord, a Friend divine.
This chance I met on mound where prone
In grief for my pearl I would repine;
With Christ's sweet blessing and mine own
I then to God it did resign.
May He that in form of bread and wine
By priest upheld each day one sees,
Us inmates of His house divine
Make precious pearls Himself to please.   Amen Amen

el hombre con su fortuna, que con razón reclamar podría;
demasiado pronto la tristeza se apoderó de mi alegría,
pues reinos inmortalmente hermosos dejé de tener.
¡Señor, locos están los que contra Ti porfían
o proponen lo que a Ti no te puede complacer!

101 Complacer a ese Príncipe, o ser perdonado,
    puede el buen cristiano con facilidad lograr;
    porque día y noche en Él he hallado
    a un Dios, a un Señor, a un Amigo celestial.
    Con esto me topé en un montículo, donde tumbado
    en pena por mi perla me empecé a lamentar;
    con mi bendición y la de Cristo bienamado
    entonces a Dios se la pude entregar.
    Que Aquél que en pan y vino se ha de mostrar
    y sostenido por el sacerdote a diario podemos ver,
    a nosotros, que en su casa divina hemos de morar,
    nos haga perlas preciosas para poderle complacer.   *Amén Amén*

Sir
Orfeo

SIR ORFEO

Sir Orfeo se encuentra en tres manuscritos, de los cuales el más antiguo ofrece en gran medida el mejor texto; se trata del manuscrito Auchinleck, una gran miscelánea realizada alrededor de 1330, probablemente en Londres, y ahora en la Biblioteca de Abogados de Edimburgo. Los otros manuscritos, ambos del siglo xv, ofrecen versiones muy decrépitas del poema; el texto del Auchinleck también ha sufrido las corrupciones del error y del olvido, aunque en mucha menor medida que los otros. La traducción sigue el texto del Auchinleck (con algunas enmiendas), excepto en el principio, donde se ha perdido una hoja del manuscrito. El Auchinleck comienza con *Orfeo era un rey* (verso 25 de la traducción); pero el manuscrito Harley 3810 lo precede con el prólogo de 24 versos que aquí se traduce. Este prólogo aparece también en un estado muy corrupto en el tercer manuscrito, el Ashmole 61; y, notablemente, también en otra parte del manuscrito Auchinleck, como prólogo de otro poema, *Lay le Freyne,* que se ha pensado que es obra del mismo autor. Además, los versos 33-46 de la traducción se han introducido a partir del manuscrito de Harley; se admite que son versos auténticos del original. Las referencias a Inglaterra (verso 26) y a Winchester (versos 49-50 y 478), propias de la versión de Auchinleck, no son auténticas.

No se puede decir con más precisión dónde o cuándo se compuso *Sir Orfeo* salvo que, probablemente, fuese en el sudeste de Inglaterra a finales del siglo xiii o principios del xiv; y, en cualquier caso, parece más probable que no que se tradujera de un original francés.

We often read and written find,
as learned men do us remind,
that lays that now the harpers sing
are wrought of many a marvellous thing.
Some are of weal, and some of woe,
and some do joy and gladness know;
in some are guile and treachery told,
in some the deeds that chanced of old;
some are of jests and ribaldry,
10 and some are tales of Faërie.
Of all the things that men may heed
'tis most of love they sing indeed.

In Britain all these lays are writ,
there issued first in rhyming fit,
concerning adventures in those days
whereof the Britons made their lays;
for when they heard men anywhere
tell of adventures that there were,
they took their harps in their delight
20 and made a lay and named it right.

Of adventures that did once befall
some can I tell you, but not all.
Listen now, lordings good and true,
and 'Orfeo' I will sing to you.
Sir Orfeo was a king of old,
in England lordship high did hold;
valour he had and hardihood,
a courteous king whose gifts were good.

Sir Orfeo

𝒜 menudo leemos y encontramos por escrito,
como nos recuerdan los sabios eruditos,
que las canciones que ahora cantan los arpistas
están hechas de grandes cosas muy bien vistas.
Algunas del bien hablan, y otras de mal,
y en otras hay alegría y gozo sin igual;
algunas tratan de la traición y del engaño,
en algunas se cuentan las hazañas de antaño;
algunas son de bromas y groserías
10 y otras son cuentos de Fantasía.
De todas las cosas que las gentes pueden escuchar,
al amor es a lo que más suelen cantar.

En Bretaña se escriben todas estas canciones,
que salieron primero en rimadas versiones,
sobre aventuras que pasaron en aquellos días,
de las que hicieron sus cantos los que allí vivían;
pues cuando oían a los hombres contar
las aventuras que allí pudieron pasar,
tomaban sus arpas con placer
20 y una canción bien nombrada solían componer.

De las aventuras que una vez ocurrieron
algunas puedo contar, pero no todas las que sucedieron.
Escuchad ahora, señores buenos y verdaderos,
y os cantaré la historia de «Orfeo».
Sir Orfeo era un rey que antaño reinaba,
y alto señorío en Inglaterra ostentaba;
tenía valor, coraje tenía,
un rey cortés que daba buenas regalías.

His father from King Pluto came,
30   his mother from Juno, king of fame,
who once of old as gods were named
for mighty deeds they did and claimed.
Sir Orfeo, too, all things beyond
of harping's sweet delight was fond,
and sure were all good harpers there
of him to earn them honour fair;
himself he loved to touch the harp
and pluck the strings with fingers sharp.
He played so well, beneath the sun
40   a better harper was there none;
no man hath in this world been born
who would not, hearing him, have sworn
that as before him Orfeo played
to joy of Paradise he had strayed
and sound of harpers heavenly,
such joy was there and melody.
This king abode in Tracience,
a city proud of stout defence;
for Winchester, 'tis certain, then
50   as Tracience was known to men.
There dwelt his queen in fairest bliss,
whom men called Lady Heurodis,
of ladies then the one most fair
who ever flesh and blood did wear;
in her did grace and goodness dwell,
but none her loveliness can tell.
It so did chance in early May,
when glad and warm doth shine the day,
and gone are bitter winter showers,

Su padre del rey Plutón descendía,
30 su madre, de Juno, monarcas que fama tenían,
que una vez dioses fueron nombrados
por sus grandes hazañas y hechos destacados.
Sir Orfeo, por encima de todas las cosas
al arpa era muy aficionado y a sus notas deliciosas,
y todos los buenos arpistas que allí había
ganarse su favor y complacerle querían;
a él mismo tañer el arpa le deleitaba
y con dedos afilados sus cuerdas pulsaba.
Tocaba tan bien, que bajo el sol
40 no hubo nunca arpista mejor;
no ha nacido hombre en este mundo
que al oírlo no hubiera jurado al segundo
que como ante él Orfeo tocaba
el gozo del mismo Paraíso escuchaba
con su sonido de arpistas celestiales,
pues la alegría y la melodía eran tales.
Este rey habitó en Tracia,
ciudad orgullosa de defensa recia;
pues Winchester, es cierto, entonces
50 como Tracia era conocida por las gentes.
Allí su reina, Lady Heurodis la llamaban, vivía
disfrutando de la más bella alegría.
Era la más hermosa de las damas que existieron
entre todas las que carne y hueso vistieron;
en ella habitaban bondad y donosura
y nadie podía describir su gran hermosura.
Así sucedió que, cuando mayo acababa de comenzar,
y los días tenían un alegre y cálido brillar,
y las amargas lluvias del invierno desaparecen,

60 and every field is filled with flowers,
     on every branch the blossom blows,
     in glory and in gladness grows,
     the lady Heurodis, the queen,
     two maidens fair to garden green
     with her she took at drowsy tide
     of noon to stroll by orchard-side,
     to see the flowers there spread and spring
     and hear the birds on branches sing.
     There down in shade they sat all three
70 beneath a fair young grafted tree;
     and soon it chanced the gentle queen
     fell there asleep upon the green.
     Her maidens durst her not awake,
     but let her lie, her rest to take;
     and so she slept, till midday soon
     was passed, and come was afternoon.
     Then suddenly they heard her wake,
     and cry, and grievous clamour make;
     she writhed with limb, her hands she wrung,
80 she tore her face till blood there sprung,
     her raiment rich in pieces rent;
     thus sudden out of mind she went.
     Her maidens two then by her side
     no longer durst with her abide,
     but to the palace swiftly ran
     and told there knight and squire and man
     their queen, it seemed, was sudden mad;
     'Go and restrain her,' they them bade.
     Both knights and ladies thither sped,

y los campos de flores cubiertos aparecen
60 y cada rama con fuerza florece
y en gloria y alegría crece,
la dama Heurodis, la reina del lugar,
de dos doncellas hermosas se hizo acompañar
para a un verde jardín irse a pasear al mediodía,
junto al huerto, en esa hora adormecida,
para ver las flores extenderse y brotar
y oír en las ramas a los pájaros cantar.
Allí se sentaron las tres en un sitio apartado

70 a la sombra de un hermoso árbol bien enraizado;
y muy pronto la gentil reina, así sucedió,
dormida sobre el verde se quedó.
Sus doncellas no la quisieron despertar,
más bien la dejaron descansar;
y así durmió, hasta que pronto pasó
el mediodía y la tarde llegó.
Entonces, de repente, oyeron que despertaba
y gritos y penosos alaridos daba,
y retorciéndose de dolor las manos apretaba,
80 desgarrándose la cara, de ella sangre brotaba;
su rica vestimenta en pedazos rasgó;
y así, de repente, la razón perdió.
A su lado estaban sus dos doncellas,
que ya no se atrevían a quedarse con ella,
sino que rápidamente a palacio corrieron
y a caballeros, a escuderos y a hombres todos les dijeron
que su reina, al parecer, se había vuelto loca de repente;
«id y sujetadla», les pidieron simplemente.
Caballeros y damas hacia allí se dirigieron,

90   and more than sixty damsels fled;
      to the orchard to the queen they went,
      with arms to lift her down they bent,
      and brought her to her bed at last,
      and raving there they held her fast;
      but ceaselessly she still would cry,
      and ever strove to rise and fl y.
      When Orfeo heard these tidings sad,
      more grief than ever in life he had;
      and swiftly with ten knights he sped
100   to bower, and stood before her bed,
      and looking on her ruefully,
      'Dear life,' he said, 'what troubles thee,
      who ever quiet hast been and sweet,
      why dost thou now so shrilly greet?
      Thy body that peerless white was born
      is now by cruel nails all torn.
      Alas! thy cheeks that were so red
      are now as wan as thou wert dead;
      thy fingers too, so small and slim,
110   are stained with blood, their hue is dim.
      Alas! thy lovely eyes in woe
      now stare on me as on a foe.
      A! lady, mercy I implore.
      These piteous cries, come, cry no more,
      but tell me what thee grieves, and how,
      and say what may thee comfort now.'
      Then, lo! at last she lay there still,
      and many bitter tears did spill,
      and thus unto the king she spake:

90   y más de sesenta damiselas raudas volaron;
   al huerto fueron a ver a la monarca,
   se agacharon para con los brazos levantarla,
   y al fin a su lecho la llevaron
   y no sin esfuerzo allí la sujetaron;
   pero ella seguía clamando sin cesar,
   y siempre intentaba levantarse y escapar.
   Cuando Orfeo estas tristes noticias escuchó
   más pena que nunca en su vida sintió;
   y con diez caballeros se dirigió velozmente
100 a su alcoba y se detuvo ante su lecho de repente,
   y mirándola con pesar le dijo: «Querida vida mía,
   ¿qué es lo que te aflige en este día?
   ¿Por qué te expresas ahora tan estridentemente,
   tú, que siempre has sido dulce y diligente?
   Tu cuerpo sin par que nació blanco nacarado
   está ahora por crueles uñas desgarrado.
   ¡Ay!, tus mejillas que eran de rojo carmesí,
   son tan pálidas como si estuvieras muerta, sí;
   también tus dedos, tan pequeños y delgados,
110 apenas tienen color, y de sangre están manchados.
   ¡Ay!, tus hermosos ojos afligidos
   me miran como a un enemigo.
   ¡Ay, qué gritos lastimeros! Piedad imploro,
   vamos, que cese el lloro,
   y cuéntame que te aflige y cómo, Señora,
   y dime qué puede consolarte ahora».
   Entonces, ¡hete aquí!, al fin se quedó calmada,
   y muchas lágrimas amargas fueron derramadas
   y de esta manera con el rey se puso a hablar:

120   'Alas! my lord, my heart will break.
      Since first together came our life,
      between us ne'er was wrath nor strife,
      but I have ever so loved thee
      as very life, and so thou me.
      Yet now we must be torn in twain,
      and go I must, for all thy pain.'
      'Alas!' said he, 'then dark my doom.
      Where wilt thou go, and go to whom?
      But where thou goest, I come with thee,
130   and where I go, thou shalt with me.'
      'Nay, nay, sir, words avail thee naught.
      I will tell thee how this woe was wrought:
      as I lay in the quiet noontide
      and slept beneath our orchard-side,
      there came two noble knights to me
      arrayed in armour gallantly.
      "We come", they said, "thee swift to bring
      to meeting with our lord and king."
      Then answered I both bold and true
140   that dared I not, and would not do.
      They spurred then back on swiftest steed;
      then came their king himself with speed;
      a hundred knights with him and more,
      and damsels, too, were many a score,
      all riding there on snow-white steeds,
      and white as milk were all their weeds;
      I saw not ever anywhere
      a folk so peerless and so fair.
      The king was crowned with crown of light,
150   not of red gold nor silver white,

120 «¡Ay! mi señor, mi corazón se ha de quebrar.

Desde que juntos la vida compartimos

nunca hubo ira ni contienda, jamás discutimos,

sino que siempre te he amado, sí,

como a la vida misma, y tú a mí.

Pero ahora en dos nos debemos desgarrar,

y aunque te cause dolor me tengo que marchar».

«¡Ay!», dijo él, «sombrío es mi hado.

¿Adónde irás y con quién a tu lado?

Mas adonde tú vayas, yo iré contigo,

130 y adonde vaya yo, tú vendrás conmigo».

«No, no, señor, las palabras no te sirven de nada.

Te contaré cómo se forjó esta cosa desafortunada:

mientras yacía en el tranquilo mediodía

y junto a nuestro huerto dormía,

vinieron a mí dos nobles y galantes caballeros

vestidos con armadura por entero.

"Venimos", dijeron, "a llevarte sin dilación

al encuentro del rey nuestro señor".

Entonces respondí con verdad y valentía,

140 que no me atrevía, ni lo haría.

Se fueron cabalgando en muy veloz corcel;

luego, vino deprisa su rey en persona; con él,

cien caballeros y más, y también le acompañaban

muchas damiselas; todos cabalgaban

sobre corceles blancos como la nieve,

y vestían con prendas blancas como la leche;

nunca vi en ningún lugar

una gente tan hermosa y tan sin par.

Con corona de luz coronado estaba el monarca,

150 ni de oro rojo ni de plata blanca,

but of one single gem 'twas hewn
that shone as bright as sun at noon.
And coming, straightway he me sought,
and would I or no, he up me caught,
and made me by him swiftly ride
upon a palfrey at his side;
and to his palace thus me brought,
a dwelling fair and wondrous wrought.
He castles showed me there and towers,
160 Water and wild, and woods, and flowers,
and pastures rich upon the plain;
and then he brought me home again,
and to our orchard he me led,
and then at parting this he said:
"See, lady, tomorrow thou must be
right here beneath this grafted tree,
and then beside us thou shalt ride,
and with us evermore abide.
If let or hindrance thou dost make,
170 where'er thou be, we shall thee take,
and all thy limbs shall rend and tear –
no aid of man shall help thee there;
and even so, all rent and torn,
thou shalt away with us be borne." '

When all those tidings Orfeo heard,
then spake he many a bitter word:
'Alas! I had liever lose my life
than lose thee thus, my queen and wife!'
He counsel sought of every man,
180 but none could find him help or plan.

sino de una sola gema tallada que tenía
el mismo brillo del sol al mediodía.
Y en su venir, enseguida me buscó,
y quisiera yo o no, él me atrapó,
y con presteza me fue a colocar
en un palafrén, para a su lado cabalgar;
y así hasta su palacio fui llevada,
una hermosa y maravillosa morada.
Allí, castillos me mostró, y torres,
160 corrientes, tierras salvajes, bosques y flores,
y muy ricos pastos en la llanura;
y luego de vuelta al hogar con premura
me condujo, y a nuestro huerto me devolvió,
y al despedirnos, esto me señaló:
"Mirad, señora, mañana debéis estar
bajo este árbol bien enraizado, en este lugar
y entonces a nuestro lado cabalgarás
y con nosotros para siempre morarás.
Si te retrasas o haces por no presentarte,
170 dondequiera que estés, habremos de llevarte,
y todos tus miembros te habremos de desgarrar.
Ningún hombre auxilio o ayuda te podrá prestar;
y así, toda rasgada y destrozada, finalmente
te llevaremos con nosotros igualmente"».

Cuando Orfeo todas esas noticias escuchó,
muchas palabras amargas entonces pronunció:
«¡Ay! Mi vida perder preferiría
antes que perderte a ti, esposa y reina mía».
Quiso que sus hombres pudieran aconsejarle,
180 mas ninguno pudo un plan encontrarle.

On the morrow, when the noon drew near,
in arm s did Orfeo appear,
and full ten hundred knights with him,
all stoutly armed, all stern and grim;
and with their queen now went that band
beneath the grafted tree to stand.
A serried rank on every side
they made, and vowed there to abide,
and die there sooner for her sake
190 than let men thence their lady take.
And yet from midst of that array
the queen was sudden snatched away;
by magic was she from them caught,
and none knew whither she was brought.

    Then was there wailing, tears, and woe;
the king did to his chamber go,
and oft he swooned on floor of stone,
and such lament he made and moan
that nigh his life then came to end;
200 and nothing could his grief amend.
His barons he summoned to his board,
each mighty earl and famous lord,
and when they all together came,
'My lords,' he said, 'I here do name
my steward high before you all
to keep my realm, whate'er befall,
to hold my place instead of me
and keep my lands where'er they be.
For now that I have lost my queen,
210 the fairest lady men have seen,
I wish not woman more to see.

Al día siguiente, cerca del mediodía, bien armado
Orfeo apareció, con un millar de caballeros a su lado,
todos bien pertrechados, adustos y severos;
se dirigió aquel grupo por entero
con su reina hasta el árbol bien enraizado.
Prietas filas formaron en cada lado
y juraron en aquel sitio permanecer,
y por defender a su señora perecer

190 antes que dejar que se la llevasen; mas, de repente,
de en medio de toda aquella gente
la reina por arte de magia fue arrebatada;
y nadie sabía adónde había sido llevada.
     Hubo entonces lamentos, lágrimas y aflicción;
el rey se fue raudo a su habitación;
a menudo en el suelo de piedra desmayado caía
y tales lamentos y gemidos hacía
que cerca estaba de acabársele la vida;

200 nada pudo enmendar el dolor que sentía.
A sus barones convocó presuroso
a cada famoso señor, a cada conde poderoso
y cuando todos allí terminaron de llegar,
les dijo: «Señores míos, aquí voy a nombrar
ante todos vosotros a mi senescal
para que mi reino guarde de todo mal,
para que pase lo que pase ocupe mi lugar
y mis tierras donde se hallen pueda guardar.
Porque, ahora que a mi reina he perdido,
210 la dama más bella que ha existido,
no deseo a ninguna otra mujer contemplar.

Into the wilderness I will fl ee,
and there will live for evermore
with the wild beasts in forests hoar.
But when ye learn my days are spent,
then summon ye a parliament,
and choose ye there a king anew.
With all I have now deal ye true.'
Then weeping was there in the hall,
220 and great lament there made they all,
and hardly there might old or young
for weeping utter word with tongue.
They knelt them down in company,
and prayed, if so his will might be,
that never should he from them go.
'Have done!' said he. 'It must be so.'

Now all his kingdom he forsook.
Only a beggar's cloak he took;
he had no kirtle and no hood,
230 no shirt, nor other raiment good.
His harp yet bore he even so,
and barefoot from the gate did go;
no man might keep him on the way.
A me! the weeping woe that day,
when he that had been king with crown
went thus beggarly out of town!
Through wood and over moorland bleak
he now the wilderness doth seek,

A la salvaje espesura me he de escapar
y allí viviré para siempre con las bestias
que habitan esas desoladas forestas.
Cuando sepáis que mis días se han agotado,
un parlamento habrá de ser convocado,
y allí en él un nuevo rey elegiréis
y con lealtad todo lo que tengo ahora le daréis».
Entonces en la sala sublime hubo llanto
220 y todos en ella se lamentaron tanto
que, aunque ancianos o jóvenes fuesen,
nadie había que pronunciar palabra pudiese
por el llanto. Juntos se arrodillaron
y que nunca se alejara de ellos le rogaron,
si así era su voluntad y parecer.
«¡Decidido está!», dijo él. «Así debe ser».

Así, a todo su reino renunció.
Sólo una capa de mendigo tomó;
no tenía capucha ni sobreveste de abrigo,
230 ni camisa, ni ningún otro buen vestido.
Mas, aun así, su arpa consigo llevó,
y descalzo por la puerta salió;
en el camino nadie protegerlo[104] podía.
¡Ay! ¡Qué llanto el de aquel día,
cuando el otrora rey de mendigo ataviado
salió de la ciudad! Por bosques y páramos desolados
las tierras salvajes se lanza a buscar,
y nada que le alegre es capaz de encontrar

---

104. [*N. del T.*] En el original, «keep»; Christopher Tolkien define en el glosario final este término arcaico como, probablemente, «proteger, defender».

and nothing fi ds to make him glad,
He once had ermine worn and vair,
on bed had purple linen fair,
now on the heather hard doth lie,
in leaves is wrapped and grasses dry.
He once had castles owned and towers,
water and wild, and woods, and flowers,
now though it turn to frost or snow,
this king with moss his bed must strow.
He once had many a noble knight
250 before him kneeling, ladies bright,
now nought to please him doth he keep;
only wild serpents by him creep.
He that once had in plenty sweet
all dainties for his drink and meat,
now he must grub and dig all day,
with roots his hunger to allay.
In summer on wildwood fruit he feeds,
or berries poor to serve his needs;
in winter nothing can he find
260 save roots and herbs and bitter rind.
All his body was wasted thin
by hardship, and all cracked his skin.
A Lord! who can recount the woe
for ten long years that king did know?
His hair and beard all black and rank
down to his waist hung long and lank.
His harp wherein was his delight
in hollow tree he hid from sight;
when weather clear was in the land
270 his harp he took then in his hand

240 sino que siempre vive solo y afligido.

De armiño y vero solía ir vestido,

de un hermoso lino púrpura el lecho tenía,

mas ahora en el rudo brezo yacía,

cubierto de hojarasca. Tuvo castillos y torres,

corrientes, tierras salvajes, bosques y flores,

mas ahora, aunque venga la helada o pueda nevar,

su cama sobre el musgo el rey debe preparar.

Muchos nobles caballeros ante él solían

250 de hinojos postrarse, y hermosas damas había,

mas ahora nada tiene que le produzca placer,

sólo salvajes sierpes que se arrastran cerca de él.

El que una vez tuvo abundancia deliciosa

de manjares, de bebida y comida primorosa,

ahora debe todo el día hurgar y escarbar

para con raíces su hambre saciar.

En verano, de frutos silvestres se alimenta

o de simples bayas, para de sus necesidades dar cuenta;

en invierno no encuentra nada

260 salvo raíces, hierbas y amargas cascaras peladas.

De tanta penuria su cuerpo adelgazó

y toda su piel entera se cuarteó.

¡Ay, Señor! ¿Quién puede las desdichas contar

por las que durante diez largos años aquel rey pudo pasar?

Los cabellos y la barba negros y sucios llevaba,

y hasta la cintura largos y lacios le colgaban.

Su arpa, de la que placer siempre obtenía,

en un árbol hueco de la vista la escondía;

cuando el tiempo en aquel sitio clareaba

270 en la mano el arpa tomaba

and harped thereon at his sweet will.
Through all the wood the sound did thrill,
and all the wild beasts that there are
in joy approached him from afar;
and all the birds that might be found
there perched on bough and bramble round
to hear his harping to the end,
such melodies he there did blend;
and when he laid his harp aside,
280 no bird or beast would near him bide.

There often by him would he see,
when noon was hot on leaf and tree,
the king of Faërie with his rout
came hunting in the woods about
with blowing far and crying dim,
and barking hounds that were with him;
yet never a beast they took nor slew,
and where they went he never knew.
At other times he would descry
290 a mighty host, it seemed, go by,
ten hundred knights all fair arrayed
with many a banner proud displayed.
Each face and mien was fierce and bold,
each k night a drawn sword there did hold,
and all were armed in harness fair
and marching on he knew not where.
Or a sight more strange would meet his eye:
knights and ladies came dancing by
in rich array and raiment meet,
300 softly stepping with skilful feet;

y se ponía a tocarla como le complacía.
A través del bosque entero su sonido se extendía,
y todas las fieras salvajes que allí había
se le acercaban desde lejos con alegría
y todos los pájaros que por allí volaban
en las ramas y en las zarzas se posaban
para oír hasta el final su tañido,
compuesto de bella melodía y sonido;
y cuando su arpa a un lado dejaba,
280   ningún pájaro o bestia se le acercaba.

    Allí cerca de él a menudo veía,
cuando hoja y árbol calentaba el mediodía,
acompañado de su tropa, al rey de Fantasía
que de caza por los bosques venía;
distantes cuernos, tenues clamores se escuchaban
y ladridos de los sabuesos que los acompañaban;
mas bestia alguna nunca los vio capturar o matar,
y nunca supo adónde se marchaban al terminar.
En otras ocasiones, descubría
290   una poderosa hueste que pasaba, así le parecía,
con un millar de caballeros engalanados
con muchos estandartes con orgullo desplegados.
Cada rostro, cada porte, fieros y audaces se veían,
y cada caballero una espada desenvainada sostenía,
y con buenos arneses iban armados,
mas no sabía hacia dónde iban encaminados;
otras veces un espectáculo más extraño
veía con sus ojos: vestidos de buen paño
y en rico atuendo, caballeros y damas bailaban
300   con hábiles pies y livianos pasos. Los acompañaban

tabour and trumpet went along,
and marvellous minstrelsy and song.

　　And one fair day he at his side
saw sixty ladies on horses ride,
each fair and free as bird on spray,
and never a man with them that day.
There each on hand a falcon bore,
riding a-hawking by river-shore.
Those haunts with game in plenty teem,
310　cormorant, heron, and duck in stream;
there off the water fowl arise,
and every falcon them descries;
each falcon stooping slew his prey,
and Orfeo laughing loud did say:
'Behold, in faith, this sport is fair!
Fore Heaven, I will betake me there!
I once was wont to see such play.'
He rose and thither made his way,
and to a lady came with speed,
320　and looked at her, and took good heed,
and saw as sure as once in life
'twas Heurodis, his queen and wife.
Intent he gazed, and so did she,
but no word spake; no word said he.
For hardship that she saw him bear,
who had been royal, and high, and fair,
then from her eyes the tears there fell.
The other ladies marked it well,
and away they made her swiftly ride;
330　no longer might she near him bide.

al son de la trompeta y del tamboril,
maravillosos juglares entre canciones mil.

Y un buen día, donde él estaba,
sesenta damas a caballo vio cómo cabalgaban,
cada una bella y libre como pájaro en rama,
y ni un hombre ese día iba con las damas.
Cada una un halcón en la mano tenía,
al cabalgar por la orilla, dándole a la cetrería.
Aquellos parajes rebosaban de abundante caza,
310 patos en la corriente, cormoranes, alguna garza;
allí las aves del agua surgían,
y cada halcón certero las descubría,
y descendiendo sobre ellas con las presas acababa
y Orfeo dijo riendo a carcajadas:
«¡A fe mía que este deporte es hermoso, hete aquí!
¡Por los cielos, que me iré hasta allí!
En tiempos solía ver juegos como éstos».
Se levantó y se dirigió hacia allí presto,
y cerca de una dama llegó con rapidez,
320 y tan seguro como en vida la vio una vez,
la miró bien y estuvo seguro de una cosa,
que aquélla era Heurodis, su reina y esposa.
Él la miró con atención; ella devolvió la mirada,
mas ninguna palabra fue por ambos pronunciada.
Regio, alto, hermoso había sido, mas reflejadas
vio ella en él todas las penurias pasadas,
y las lágrimas de sus ojos manaron,
y las otras damas bien lo notaron
e hicieron que se fuese cabalgando; no podía
330 estar cerca de él. Dijo: «¡Desgraciado día!

'Alas! ' said he, 'unhappy day!

    Why will not now my death me slay?

Alas! unhappy man, ah why

may I not, seeing her, now die?

Alas! too long hath lasted life,

when I dare not with mine own wife

to speak a word, nor she with me.

Alas! my heart should break,' said he.

'And yet, fore Heaven, tide what betide,

340 and whithersoever these ladies ride,

that road I will follow they now fare;

for life or death no more I care.'

    His beggar's cloak he on him flung,

his harp upon his back he hung;

with right good will his feet he sped,

for stock nor stone he stayed his tread.

Right into a rock the ladies rode,

and in behind he fearless strode.

He went into that rocky hill

350 a good three miles or more, until

he came into a country fair

as bright as sun in summer air.

Level and smooth it was and green,

and hill nor valley there was seen.

A castle he saw amid the land

princely and proud and lofty stand;

the outer wall around it laid

of shining crystal clear was made.

A hundred towers were raised about

360 with cunning wrought, embattled stout;

and from the moat each buttress bold

¿Por qué no me mata ahora mi muerte?
¡Ay, desdichado hombre sin suerte!,
¿por qué no puedo, tras verla, ahora morir?
¡Ay! Demasiado me ha durado este vivir,
cuando no me atrevo con mi propia mujer
a hablar una palabra, ni ella me quiso responder.
¡Ay, el corazón se me ha de quebrar!
Mas, por el Cielo, que pase lo que tenga que pasar;

340 el camino que tomen las damas cabalgando he de seguir,
pues ahora ya no me importa ni morir ni vivir».
    Su capa de mendigo encima se echó
y su arpa a la espalda se colgó;
con ánimo sus pies puso en marcha acelerada,
ni por tronco ni por piedra detuvo su zancada.
Justo por una roca las damas cabalgaban,
y por detrás él intrépido avanzaba.
Por aquella colina rocosa se metió
unas tres millas o más, hasta que llegó
350 a una tierra hermosa, tan deslumbrante
como en el aire de verano luce el sol brillante.
Era llana, lisa y verde lucía,
y ni colina ni valle en ella se veía.
En tales tierras un castillo se observaba,
que principesco y orgulloso se alzaba;
una muralla tenía a su alrededor
hecha de un cristal de claro resplandor.
Cien torres el castillo rodeaban,

360 trabajadas con ingenio, robustas y almenadas;
y desde el foso de cada contrafuerte bravo

in arches sprang of rich red gold.
The vault was carven and adorned
with beasts and birds and figures horned;
within were halls and chambers wide
all made of jewels and gems of pride;
the poorest pillar to behold
was builded all of burnished gold.
And al l that land was ever light,
370 for when it came to dusk of night
from precious stones there issued soon
a light as bright as sun at noon.
No man may tell nor think in thought
how rich the works that there were wrought;
indeed it seemed he gazed with eyes
on the proud court of Paradise.

    The ladies to that castle passed.
Behind them Orfeo followed fast.
There knocked he loud upon the gate;
380 the porter came, and did not wait,
but asked him what might be his will.
'In faith, I have a minstrel's skill
with mirth and music, if he please,
thy lord to cheer, and him to ease.'
The porter swift did then unpin
the castle gates, and let him in.

    Then he began to gaze about,
and saw within the walls a rout
of folk that were thither drawn below,
390 and mourned as dead, but were not so.
For some there stood who had no head,
and some no arms, nor feet; some bled

brotaban arcos de rico oro encarnado.

Tenía una bóveda hermosamente tallada,
con bestias, aves y figuras con cuernos adornada;
dentro amplios salones y aposentos había,
todos hechos de joyas y gemas de gran valía;
la columna más pobre que se podía contemplar
con oro bruñido la acababan de fabricar.

Y toda aquella tierra estaba siempre iluminada
370 pues cuando el crepúsculo de la noche llegaba
de las piedras preciosas al punto surgía
una luz tan brillante como el sol al mediodía.
Nadie puede decir, nadie lo pensaba,
cuán ricas eran las cosas que allí se forjaban;
en verdad parecía que miraba con ojo preciso
la orgullosa corte del Paraíso.

    En el castillo entraron las damas.
Orfeo rápidamente fue tras ellas.
Allí, a la puerta fuertemente llamó;
380 vino el portero, y no esperó,
sino que le preguntó qué quería.
«Tengo mañas de juglar, a fe mía,
para la música y el alegre entretenimiento;
si le place, puedo darle solaz y contento
a vuestro señor». El cerrojo se apresuró a quitar
y dentro del castillo el portero le dejó entrar.

    Entonces comenzó a mirar a su alrededor,
y vio dentro de la muralla interior
un montón de gente por el suelo a los que lloraban,
390 como si estuviesen muertos, pero no lo estaban.
Pues algunos había sin brazos ni pies; sangraban
otros y sus cuerpos llenos de heridas estaban.

and through their bodies wounds were set,
and some were strangled as they ate,
and some lay raving, chained and bound,
and some in water had been drowned;
and some were withered in the fire,
and some on horse, in war's attire,
and wives there lay in their childbed,
400 and mad were some, and some were dead;
and passing many there lay beside
as though they slept at quiet noon-tide.
Thus in the world was each one caught
and thither by fairy magic brought.
There too he saw his own sweet wife,
Queen Heurodis, his joy and life,
asleep beneath a grafted tree:
by her attire he knew 'twas she.
When he had marked these marvels all,
410   he went before the king in hall,
and there a joyous sight did see,
a shining throne and canopy.
Their king and lord there held his seat
beside their lady fair and sweet.
Their crowns and clothes so brightly shone
that scarce his eyes might look thereon.
　　When he had marked this wondrous thing,
he knelt him down before the king:
'O lord,' said he, 'if it be thy will,

420 now shalt thou hear my minstrel's skill.'
The king replied: 'What man art thou
that hither darest venture now?

Algunos allí cabeza no tenían,
y otros se asfixiaban mientras comían,
y algunos yacían delirando, encadenados y atados,
y otros en el agua acabaron ahogados;
y algunos en el fuego se consumían
y otros a caballo, para la guerra vestían,
y había mujeres para el parto preparadas,
400 y algunos locos y otros muertos estaban;
y bastantes más a su lado yacían
como si durmiesen en la tranquila hora del mediodía.
Así en el mundo real fue cada uno atrapado
y por la magia de las hadas hasta allí llevado.
Allí también vio a su dulce esposa,
la reina Heurodis, su vida dichosa,
bajo un árbol bien enraizado, dormida:
supo que era ella por cómo iba vestida.

410   Cuando todas estas maravillas de ver terminó
ante el rey en su sala sublime se presentó
y una visión gozosa contempló ante él,
un fulgente trono con su dosel.
Su rey y señor allí estaba bien sentado,
con su bella y dulce dama al lado.
Sus coronas y ropas brillaban tan intensamente
que apenas sus ojos podían mirarlas fijamente.
      Cuando esta maravilla de ver terminó,
ante el rey de hinojos se postró:
«Oh señor», dijo, «si así lo habéis de desear,
420 escuchareis ahora mis mañas de juglar».
El rey respondió: «¿A qué clase de hombre pertenecéis,
que a llegar hasta aquí os atrevéis?

Not I nor any here with me
have ever sent to summon thee,
and since here first my reign began
I have never found so rash a man
that he to us would dare to wend,
unless I first for him should send.'
'My lord,' said he, 'I thee assure,
430 I am but a wandering minstrel poor;
and, sir, this custom use we all
at the house of many a lord to call,
and little though our welcome be,
to off er there our minstrelsy.'

    Before the king upon the ground
he sat, and touched his harp to sound;
his harp he tuned as well he could,
glad notes began and music good,
and all who were in palace found
440 came unto him to hear the sound,
and lay before his very feet,
they thought his melody so sweet.
He played, and silent sat the king
for great delight in listening;
great joy this minstrelsy he deemed,
and joy to his noble queen it seemed.
At last when he his harping stayed,
this speech the king to him then made:
'Minstrel, thy music pleaseth me.
450 Come, ask of me whate'er it be,
and rich reward I will thee pay.
Come, speak, and prove now what I say!'
'Good sir,' he said, 'I beg of thee

Ni yo ni ninguno de los aquí sentados
hemos enviado a nadie a llamaros,
y desde que aquí comenzó mi reinado
nunca a un hombre he encontrado
que se atreviese a venir, tan imprudente,
a menos que yo mandase a buscarlo previamente».
«Mi señor», dijo, «os puedo asegurar
430 que no soy más que un pobre y errante juglar;
y, señor, esta práctica todos realizamos,
en casa de muchos señores nos presentamos
y aunque sea parca nuestra acogida,
ofrecemos allí nuestra juglaría».

Delante del rey, en el suelo se sentó,
y para que sonara su arpa tañó;
su arpa afinó lo mejor de lo que fue capaz,
y surgió buena música, notas alegres a solaz,
y todos en palacio hasta él llegaron
440 para oír aquel sonido, y a sus pies se postraron
con tan dulce melodía. Así tocó,
y en silencio el rey se sentó
para escucharle con gran placer;
gran alegría provocaba, a su parecer,
y así lo consideraba, los sones de esta juglaría,
e igualmente gozosa a su noble reina le parecía.
Al fin, cuando el arpa de tañer dejó,
este discurso el rey le dirigió:
«Tu música me complace, Juglar.
450 Ven, pídeme lo que puedas desear,
y rica recompensa te pagaré.
¡Ven, habla, y prueba que lo que digo haré!».
«Buen señor», dijo, «de vos he de rogar

that this thing thou wouldst give to me,
that very lady fair to see
who sleeps beneath the grafted tree.'
'Nay,' said the king, 'that would not do!
A sorry pair ye'd make, ye two;
for thou art black, and rough, and lean,
460 and she is faultless, fair and clean.
A monstrous thing then would it be
to see her in thy company.'

    'O sir,' he said, 'O gracious king,
but it would be a fouler thing
from mouth of thine to hear a lie.
Thy vow, sir, thou canst not deny,
Whate'er I asked, that should I gain,
and thou must needs thy word maintain.'
The king then said: 'Since that is so,
470 now take her hand in thine, and go;
I wish thee joy of her, my friend!'
He thanked him well, on knees did bend;

    his wife he took then by the hand,
and departed swiftly from that land,
and from that country went in haste;
the way he came he now retraced.

    Long was the road. The journey passed;
to Winchester he came at last,
his own beloved city free;
480 but no man knew that it was he.
Beyond the town's end yet to fare,
lest men them knew, he did not dare;
but in a beggar's narrow cot
a lowly lodging there he got

que esto me podáis otorgar:
aquella hermosa dama que he contemplado,
durmiendo bajo el árbol bien enraizado».
«No», dijo el rey, «¡eso no te puedo dar!
Haríais una pareja para lamentar;
pues tú eres rudo y flaco, de aspecto lamentable
460 y ella es bella, limpia, e impecable.
Una cosa monstruosa entonces sería
verla a tu lado, en tu compañía».
      «¡Oh, señor!», dijo él, «¡Oh, rey amable!
una cosa sería más lamentable
que de vuestra boca una mentira saliera.
Que obtendría todo lo que pidiera,
fue vuestra promesa, señor, no os podéis desdecir,
y vuestra palabra por tanto debéis cumplir.
El rey dijo entonces: «Puesto que esto es verdad,
470 toma su mano en la tuya, y marchad;
goza de ella, amigo mío». Lo agradeció
en extremo y de hinojos se postró.
      Entonces a su esposa de la mano tomó,
y con presteza de aquel lugar salió,
y de aquellas tierras partió presurosamente;
y desanduvo el camino recorrido previamente.
      Largo fue el camino. El viaje transcurrió;
a Winchester por fin llegó,
a su amada y libre ciudad;
480 pero nadie sabía que era él en verdad.
Para que nadie lo pudiera identificar
los límites de la ciudad no quiso traspasar;
en el angosto cubil de un mendigo
consiguió humilde posada y abrigo

both for himself and for his wife,
as a minstrel poor of wandering life.
He asked for tidings in the land,
and who that kingdom held in hand;
the beggar poor him answered well
490 and told all things that there befell:
how fairies stole their queen away
ten years before, in time of May;
and how in exile went their king
in unknown countries wandering,
while still the steward rule did hold;
and many things beside he told.

 Next day, when hour of noon was near,
he bade his wife await him here;
the beggar's rags he on him flung,
500 his harp upon his back he hung,
and went into the city's ways
for men to look and on him gaze.
Him earl and lord and baron bold,
lady and burgess, did behold.
'O look! O what a man!' they said,
'How long the hair hangs from his head!
His beard is dangling to his knee!
He is gnarled and knotted like a tree!'

 Then as he walked along the street
510 He chanced his steward there to meet,
and after him aloud cried he:
'Mercy, sir steward, have on me!

para él y para su mujer, como juglar
pobre que errante la vida ve pasar.
Pidió que le informase de lo que pasaba
y quién en ese reino allí gobernaba;
el pobre mendigo bien le respondió
490   y todo lo acontecido allí le relató:
cómo las hadas a su reina robaron,
un mes de mayo, ya diez años pasaron,
y cómo su rey se quiso exiliar
para por tierras desconocidas vagar,
mientras su senescal seguía gobernando;
y muchas otras cosas así fue contando.
      Al día siguiente, cuando el mediodía iba llegando,
le pidió a su esposa que allí se quedase esperando;
sobre él sus harapos de mendigo se colocó
500   y su arpa a la espalda se colgó,
y por los caminos de la ciudad se fue a adentrar
para que los hombres le pudiesen contemplar.
Condes, señores y audaces barones lo miraron,
burgueses y damas lo contemplaron.
«¡Mirad, qué hombre!», dijeron, «¡Qué largueza
muestra al caer el pelo de su cabeza!
Hasta la rodilla va barbado,
y como un árbol va torcido y deformado».
      Entonces, mientras por la calle iba en su caminar
510   por suerte con su senescal se pudo encontrar
y ante él su voz muy alta alzó así:
«¡Señor senescal, tened piedad de mí!

A harper I am from Heathenesse;
to thee I turn in my distress.'
The steward said: 'Come with me, come!
Of what I have thou shalt have some.
All harpers good I welcome make
For my dear lord Sir Orfeo's sake.'
    The steward in castle sat at meat,
520 and many a lord there had his seat;
trumpeters, tabourers there played
harpers and fiddlers music made.
Many a melody made they all,
but Orfeo silent sat in hall
and listened. And when they all were still
he took his harp and tuned it shrill.
Then notes he harped more glad and clear
than ever a man hath heard with ear;
his music delighted all those men.
530   The steward looked and looked again;
the harp in hand at once he knew.
'Minstrel,' he said, 'come, tell me true,
whence came this harp to thee, and how?
I pray thee, tell me plainly now.'
'My lord,' said he, 'in lands unknown
I walked a wilderness alone,
and there I found in dale forlorn
a man by lions to pieces torn,
by wolves devoured with teeth so sharp;
540 by him I found this very harp,

Arpista soy y de tierras impías[105] vengo;

a vos acudo con la angustia que tengo».

Dijo el senescal: «¡Ven, ven conmigo!

De lo que yo tengo, tú tendrás, amigo.

A todo arpista bueno recibo con agrado,

pues mi querido Sir Orfeo es así recordado».

    El senescal en el castillo de banquetes disfrutaba

y muchos señores allí sentados le acompañaban;

520 trompetistas y tamborileros allí tocaban,

arpistas y violinistas, música realizaban.

Muchas melodías todos ellos interpretaban,

mas Orfeo en silencio en la sala sentado escuchaba.

Y cuando todos terminaron, su arpa tomó

y, entonces, con gran tiento la afinó

para después las notas más alegres y claras tocar,

las que jamás ninguno antes había podido escuchar;

su música a todos aquellos hombres deleitó

530   El senescal miró y a mirar volvió,

y supo al punto qué arpa en la mano le veía sujetar:

«Ven, dime la verdad, Juglar.

Esta arpa, ¿hasta a ti, de dónde ha venido?

Te lo ruego, dime como la has obtenido».

«Mi señor», dijo, «en tierras desconocidas me adentré,

solo por el desierto, y allí encontré

en un valle remoto y muy apartado

a un hombre por leones despedazado,

devorado por lobos de dientes muy afilados;

540 junto a él esta misma arpa he hallado,

---

105. [*N. del T.*] En el original, «Heathenesse»; Christopher Tolkien define en el glosario final este término arcaico como «tierras paganas, impías».

and that is full ten years ago.'
'Ah!' said the steward, 'news of woe!
'Twas Orfeo, my master true.
Alas! poor wretch, what shall I do,
who must so dear a master mourn?
A! woe is me that I was born,
for him so hard a fate designed,
a death so vile that he should find!'
Then on the ground he fell in swoon;
550 his barons stooping raised him soon
and bade him think how all must end –
for death of man no man can mend.

    King Orfeo now had proved and knew
his steward was both loyal and true,
and loved him as he duly should.
'Lo!' then he cried, and up he stood,
'Steward, now to my words give ear!

    If thy king, Orfeo, were here,
and ha d in wilderness full long
560 suffered great hardship sore and strong,
had won his queen by his own hand
out of the deeps of fairy land,
and led at last his lady dear
right hither to the town's end near,
and lodged her in a beggar's cot;
if I were he, whom ye knew not,
thus come among you, poor and ill,
in secret to prove thy faith and will,
if then I thee had found so true,
570 thy loyalty never shouldst thou rue:
nay, certainly, tide what betide,

y de eso diez años ya han transcurrido».

«¡Ah, estas noticias me han afligido!»,

dijo el senescal, «Ése era Orfeo, pobre desdichado.

¡Ay! ¿Qué haré si debo llorar a mi señor tan amado?

¡Ay de mí, que nací para tal duro destino contemplar,

para una muerte tan vil verle encontrar!».

Entonces al suelo cayó desmayado;

550   lo levantaron pronto los barones que estaban a su lado

y en cómo todo ha de terminar le hicieron pensar,

pues la muerte del hombre nadie puede reparar.

    El rey Orfeo ahora había probado y sabía

que su senescal lo amaba como debía,

que era verdadero, leal, fiel.

«¡Atiende!», gritó mientras se alzaba él,

«¡Senescal, atención me has de prestar!

Si tu rey, Orfeo, aquí pudiese estar

y hubiese sufrido en el desierto

560   grandes penalidades y desconcierto,

a su reina él mismo hubiese rescatado

del mismísimo país de las hadas, y llevado

al fin a su dama querida y amada

hasta el límite que la ciudad señala,

y la hubiese alojado en el cubil de un mendigo;

si yo fuera aquél a quien no conocíais, os digo,

que vengo a veros, pobre y enfermo, la verdad,

en secreto para probar vuestra fe y voluntad,

si yo te hubiese tan leal encontrado,

570   tu lealtad jamás habrías lamentado:

no, ciertamente, que pase lo que tenga que pasar,

thou shouldst be king when Orfeo died.
Hadst thou rejoiced to hear my fate,
I would have thrust thee from the gate.'
Then clearly knew they in the hall
that Orfeo stood before them all.
The steward understood at last;
in his haste the table down he cast
and flung himself before his feet,
580 and each lord likewise left his seat,
and this one cry they all let ring:
'Ye are our lord, sir, and our king!'
To know he lived so glad they were.
To his chamber soon they brought him there;
they bathed him and they shaved his beard,
and robed him, till royal he appeared;
and brought them in procession long
the queen to town with merry song,
with many a sound of minstrelsy.
590 A Lord! how great the melody!
For joy the tears were falling fast
of those who saw them safe at last.
Now was King Orfeo crowned anew,
and Heurodis his lady too;
and long they lived, till they were dead,
and king was the steward in their stead.

   Harper s in Britain in aftertime
these marvels heard, and in their rhyme
a lay they made of fair delight,
600 and after the king it named aright,
'Orfeo' called it, as was meet:
good is the lay, the music sweet.

cuando Orfeo muera tu rey serás.

Si al oír mi destino te hubieses alegrado,

a través de la puerta te habría arrojado».

Entonces en la sala supieron claramente

que Orfeo estaba ante todos ellos presente.

El senescal al fin todo comprendió;

tuvo tanta prisa que la mesa tiró

y a sus pies al punto se lanzó,

580 y cada señor igualmente su asiento abandonó,

y todos dejaron oír este clamor:

«Vos sois nuestro rey y nuestro señor»,

tan contentos estaban de saber que tenía vida.

A sus aposentos lo llevaron enseguida;

le afeitaron la barba, lo bañaron y vistieron

hasta que regio fue su aspecto; y lo llevaron

en larga procesión con la reina a la ciudad; de alegría

hubo cantos y sones de juglaría. ¡Qué grande la melodía,

oh, Señor! Pues de gozo las lágrimas presurosas caían

590 de los que al fin a salvo los veían.

Así, el rey Orfeo de nuevo fue coronado,

y también su dama Heurodis, a su lado;

y hasta que murieron, de larga vida pudieron gozar,

y rey fue el senescal ocupando su lugar.

Los arpistas en Bretaña tiempo después escucharon

estas maravillas, y con sus rimas fabricaron

un canto que un hermoso deleite provocaba,

600 y en honor al rey lo nombraron como él se llamaba,

«Orfeo» tenía por título, como era debido:

buena es la canción, dulce su sonido.

Thus came Sir Orfeo out of care.
God grant that well we all may fare!

Así acabó Sir Orfeo con sus problemas.

Dios quiera que a todos nos pasen cosas buenas.

GLOSARIO

Este glosario sólo ofrece los significados de algunas palabras arcaicas y técnicas utilizadas en las traducciones,[106] y sólo los significados que el traductor pretendía en esos contextos (que en muy pocos casos pueden ser dudosos). En las estrofas que describen el despiece del ciervo empleó algunos de los términos técnicos del original cuyo significado es discutible, y en tales casos (por ejemplo, *esófago, nudo, achuras*) he dado la que creo que fue su interpretación final. Las referencias a *Sir Gawain* (G) y *Perla* (P) son por estrofa, y a *Sir Orfeo* (O), por verso.

Achuras (Numbles)   Vísceras comestibles de un animal,[107] G 53.

Almenas (Crenelles) Estrictamente, las hendiduras en las almenas, que alternan con las partes elevadas, los «merlones»), G 34.

---

106. [*N. del T.*] Como se ha visto a lo largo del volumen, y se ha señalado en cada caso, algunas palabras originalmente incluidas en el glosario se han puesto en nota al pie cuando en español no había arcaísmo o tecnicismo equivalente y la palabra no presentaba complejidad alguna para el lector de lengua española.

107. [*N. del T.*] Christopher Tolkien define *Numbles* como «trozos de carne de lomo, *probablemente* el solomillo o filete». Esto no es correcto en este caso y el hecho de que «probablemente» aparezca en cursiva puede reflejar que tenía ciertas dudas sobre su significado. En la nota 17 sobre el término *fore-numble* se explicó esta conexión, y si dicho término hace referencia a las vísceras comestibles del animal, *numbles* no puede tener la definición dada por Christopher Tolkien en este contexto, aunque sí es cierto que en otros pueda referirse a ello, como señala el *Oxford English Dictionary*, mas no aquí. El sentido es de despojo o víscera comestible.

Asaduras (Hastlets)   Entrañas comestibles del cerdo, G 64.

Aspilleras (Loopholes)   Hendiduras estrechas en la muralla de un castillo, G 34.

Barbacana (Barbican)   Fuerte defensa exterior de un castillo, sobre un puente o una puerta, conectada con la estructura principal, G 34.

Barda (Poitrel)   Armadura de pecho para los caballos, G 8, 26.

Baticola (Crupper)   Correa de cuero que pasa alrededor de los cuartos traseros del caballo y se sujeta a la silla para evitar que se deslice hacia delante, G 8, 26.

Bisarma (Guisarm)   Hacha de combate, G 13, 15, 17, 91.

Blasón (Blazon)   Escudo, escudo blasonado, G 27, 35.

Bocado (Molains)   Freno ornamentado en la brida de un caballo, G 8.

Brasas (Gledes)   Ascuas vivas, G 64.

Candiles (Tines)   Puntas altas de las cornamentas de los venados, G 34.

Capa fina (Coat-armour)   Sobrevesta llevada sobre la armadura, bordada con distintivos heráldicos, G 25, 81.

Capa real (Capadoce)   Esta palabra está tomada del original; al parecer significaba capa corta, que podía abotonarse o abrocharse alrededor de la garganta, G 9, 25.

Carolas (Carols)   Danzas acompañadas de canto, G 3, 42, 66, 75.

Cendal (Sendal)   Tela de seda fina, G 4.

Cíngulo (Cincture)   Cinto, G 98.

Cofia (Coif)   Adorno que viste la cabeza, G 69.

Conocido [y claro símbolo] (Cognisance)   Literalmente, «reconocimiento», es decir, un distintivo personal por el que se podía conocer al portador (en referencia al Pentáculo), G 81.

Copete (Finials)   Pináculos ornamentales en tejados o torres, G 34.

Escarpes (Sabatons)   Zapatos de acero,[108] G 25.

Escotadura (Eslot)   Hueco por encima del esternón en la base de la garganta, G 53, 63.

Firmamento (Welkin)   Los cielos, el espacio, G 23; P 10.

108. [*N. del T.*] Es decir, la pieza de la armadura que cubría el pie.

Flor de Lis (Flower-de-luce) — Lirio (en la traducción, concretamente, lirio blanco), P 17, 63.

Galardón (Guerdon) — Recompensa, premio, G 72, 82; P 51, 52.

Greba (Greaves) — Parte de la armadura que protege las piernas, G 25.

Gualdrapa (Caparision) — Cobertura de tela ornamentada para un caballo, G 26.

Gules (Gules) — Nombre heráldico del color rojo, G 27, 28.

Hebilla (Latchet) — Lazada, cordón, cierre, G 26.

Inocentes (Childermas) — La festividad de los Santos Inocentes, el 28 de diciembre, G 42.

Malla pisana (Pisane) — Armadura para la parte superior del pecho y el cuello, G 10.

Mandoble (Buffet) — Golpe, G 17, 94.

Melé (Mellay) — Combate cuerpo a cuerpo, G 63.

Merced a vos (Gramercy) — Gracias a vos, G 35, 42, 85.

Nudo (Knot) — Término técnico que se le da a dos piezas de grasa en el cuello y dos en los costados, G 53.

Oratorio (Oratory) — Capilla, G 88.

Palafrén (Palfrey) — Caballo pequeño (especialmente usado por las mujeres), O 156.

Pañoleta (Kerchief) — Tocado o paño que cubre la cabeza, G 39.

Patán (Caitiff) — Zafio, de mente y maneras toscas, G 71.

Peto (Pauncer) — Parte de la armadura que protege el abdomen, G 80.

Porte (Port) — Presencia, aspecto, G 39.

Prenda (Weed) — Vestimenta, G 95; vestidos, P 64, O 146.

Quijotes (Cuisses) — Parte de la armadura que protege los muslos, G 25.

Rastro (Quest) — Búsqueda de los sabuesos en pos de la caza; *dar con un rastro*, señalar lo hallado en la búsqueda (mediante aullidos), G 57.

Redecilla (Tressure) — Malla enjoyada que recoge el cabello, G 69.

Rodillera (Polains) — Piezas de la armadura que protegen las rodillas, G 25.

Sagrado (Halidom)   En el juramento *«Que me ayude Dios, por lo más sagrado»* se refiere a algo de reverencia o santidad sobre lo que se prestó juramento, G 85.

Sierpe alada (Worms)   Dragones, serpientes, G 31.

Sobrepaño (Surnape)   Servilleta o tela que se pone sobre el mantel para protegerlo, G 37.

Sobreveste (Kirtle)   Abrigo o túnica corta que llega hasta las rodillas, G 73, P 17, O 230.

Tahalí (Baldric)   Cinturón que pasa por encima de un hombro y por debajo del otro, para sostener una espada o un cuerno, G 100, 101; correa para colgar el escudo, G 27.

Tamboril (Tabour)   Tambor pequeño, O 301

Tamborileros (Tabourers)   Los que tocan el tamboril, O 521.

Túmulo (Barrow)   Montículo, G 87.

Vara de ana (Ellwand)   Vara de medir de una ana de largo (1 metro), G 10.

Vero (Vair)   Piel de ardilla o de marta cebellina jaspeada (gris y blanca), O 241.

Visera (Beaver)   Parte delantera móvil de un casco que protege la cara, G 26.

APÉNDICE

La versificación en
Sir Gawain y el Caballero Verde y Perla

I SIR GAWAIN

La palabra «aliterativo», aplicada a la métrica ancestral de Inglaterra, es engañosa, ya que no se refería a las *letras*, a la *ortografía*, sino a los *sonidos*, percibidos por el oído. Los sonidos importantes son los que inician las palabras, más concretamente, los que inician las sílabas acentuadas de las palabras. La aliteración o «rima inicial» es la coincidencia de sílabas acentuadas dentro de un verso que comienzan con el mismo sonido consonántico (sonido, no letra), o que no comienzan con una consonante, sino con una vocal. Cualquier vocal alitera con cualquier otra vocal: el patrón aliterativo se cumple si las palabras en cuestión *no* empiezan por consonante.

«Apt alliteration's artful aid [Una adecuada aliteración es una ayuda astuta]», dijo un escritor del siglo XVIII. Pero para un poeta del siglo XIV en esa forma sólo tres de esas cuatro palabras aliteraban. No *alliteration* [aliteración] en sí misma, porque su primera sílaba fuerte es *lit*, y por tanto alitera con la consonante *l. Apt, artful* y *aid* [adecuada, astuta, ayuda] aliteran, no porque empiecen con la misma letra, *a*, sino porque coinciden en no empezar con consonante, y eso era aliteración suficiente. Algo como «Arte del Inglés Antiguo», donde las palabras empiezan con tres letras diferentes, sería igual de bueno aliterativamente hablando.

Pero un verso de este tipo no era verso simplemente porque contuviera tales aliteraciones; *rum ram ruf,* como se burlaba el párroco de Chaucer, no es un verso.[109] También tenía cierta estructura.

El poeta comienza su poema con un verso muy regular, de una de sus variedades favoritas:

> Siþen þe sege and þe assaut watz sesed at Troye
> When the siege and the assault had ceased at Troy
> *Cuando el asedio y el asalto cesaron en Troya*[110]

Este tipo de verso se divide en dos partes: «When the siege and the assault [Cuando el asedio y el asalto]» y «had ceased at Troy [cesaron en Troya]». Casi siempre hay una pausa entre ellas que corresponde a cierto grado de pausa en el sentido. Pero el verso se combinaba con fuerza en una unidad métrica mediante la aliteración; una o más (normalmente dos) de las palabras principales de la primera parte se unían mediante aliteración con la *primera* palabra importante de la segunda parte. Así, en el verso anterior, *siege* [asedio], *assault* [asalto]; *ceased* [cesaron]. (Como lo que cuenta es la sílaba acentuada, *assault* alitera en *s,* no en vocal.)

Cada una de estas partes debía contener dos sílabas (a menudo palabras enteras, como «asedio») que estuvieran en su lugar sufi-

---

109. [*N. del T.*] Tolkien hace aquí referencia al prólogo del «Cuento del Párroco», de *Los cuentos de Canterbury.* El párroco señala que él, como hombre del Sur, donde la rima prevalecía sobre la aliteración, «I kan nat geste "rum-ram-ruf" by lettre / Ne, Good wot, rym holde I but Little bettre [Ese "rin-ran-run" aliterativo recitar no puedo, / ni, Dios lo sabe, que la rima sea mejor considero».

110. [*N. del T.*] Cuando se citen versos de *Sir Gawain* y *Perla* se ofrece la traducción al español del presente volumen para facilitar la lectura. Cuando Tolkien discute alternativas para algunos casos, las traduzco igualmente; si el mismo verso o frase aparece citado varias veces en renglones próximos se mantiene sólo la traducción al español la primera vez que aparece para evitar repeticiones.

cientemente acentuadas como para soportar una «marca rítmica». Las demás sílabas debían ser más livianas y silenciosas. Pero su número no se contaba, ni en esta forma de composición medieval su colocación seguía un orden estricto. Esta libertad tiene un efecto marcado en el ritmo: puede que no haya ninguna sílaba sin acentuar intercalada entre los acentos. Por supuesto, es un efecto mucho más fácil de producir en inglés que de evitar, ya que es normal en el habla natural. Los poetas medievales lo utilizaban sobre todo en la segunda parte de sus versos; algunos ejemplos de la traducción son:

Tirius went to Tuscany   and tówns founded (Estrofa 1)
Tirio fue a Toscana   y ciudades fundó

Indeed of the Table Round   all those tríed brethren (Estofa 3)
Todos ellos probados camaradas,   pertenecientes a la Mesa Redonda

La aliteración puede ser mínima, afectando sólo a una palabra en cada parte del verso. Esto no es frecuente en el original (y en algunos lugares de su aparición cabe sospechar que hay errores en el manuscrito); lo es algo más en la traducción. Mucho más frecuente es el aumento de la aliteración. El mero exceso, cuando ambos acentos de la segunda parte aliteran, se encuentra raramente; dos ejemplos se dan en versos consecutivos de la estrofa 83,

þay boȝen bi bonkkez þer boȝes are bare,
þay clomben bi clyffez þer clengez þe colde

Van por riberas y cañadas de ramas desnudas,
suben por acantilados donde severo se aferra el frío

y se conservan en la traducción. Se trata de un exceso, un rin-ran-run-*ran,* que pronto empalaga el oído.

El aumento de la aliteración suele ir unido al aumento de la importancia y el contenido del verso. En muchos versos, la primera parte tiene tres sílabas acentuadas que marcan el ritmo (no necesariamente, ni de hecho normalmente, de igual fuerza). Es conveniente considerar este tipo de ritmo de esta manera. El lenguaje natural no siempre se organiza según patrones sencillos:

> the siege and the assault   had ceased at Troy
> Tirus to Tuscany   and towns founded

Puede haber más «palabras completas» en una frase. «The king and his kinsman/and courtly men served them [El rey y su buen pariente/y los cortesanos les dieron]». (ver estrofa 21, verso 16) está bien y es un verso suficiente. Pero podría decirse: «The king and his good kinsman/and quickly courtly men served them [El rey y su buen pariente/y con presteza los cortesanos les proporcionaron]». En cuanto al segundo hemistiquio, contuviste tu deseo y no permitiste que el lenguaje te pasara por encima; mantuviste los finales de verso sencillos y claros. A lo sumo, te atreviste con «and courtiers at once served them [y los cortesanos les sirvieron al instante]», evitando la doble aliteración y colocando el adverbio donde en la narración natural podría subordinarse en fuerza y tono a *court-* y *served,* dejándolos claramente como las marcas rítmicas. Pero en la primera parte del verso «concentrar significado» era práctica frecuente.

En «The king and his good kinsman» *good* no tiene demasiada importancia, y puede reducirse en tono para que apenas se eleve y desafíe a los acentos principales, *king* y *kin.* Pero si este elemento se une a la aliteración, se hace notar, y entonces se tiene un tipo triple: «The king and his kind kinsman [El buen monarca y su magnánimo pariente]». Esta variedad, en la que hay una tercera sílaba rítmica antes de la segunda, a la que está subordinada en tono e importancia, pero con la que sin embargo alitera, es muy común. Así sucede en el segundo verso del poema:

> And the *f*ortress *f*ell in *f*lame to *f*irebrands and ashes
> *y el fuego redujo la fortaleza a llamas y cenizas*

Pero el material añadido puede aparecer al principio del verso. En lugar de «In pomp and pride/he peopled it first [Con pompa y orgullo/la pobló primero]» (véase el noveno verso del poema) se puede decir: «In great pomp and pride [Con gran pompa y orgullo]». Esto llevará fácilmente a otra variedad en la que hay un tercera sílaba rítmica antes del primer acento principal, al que está subordinada, pero con la que alitera; así en el octavo verso del poema:

> Fro *r*iche *R*omulus to *R*ome   *r*icchis hym swyþe
> When *r*oyal *R*omulus to *R*ome his   *r*oad had taken
> *Cuando el real/Rómulo se dirigió a Roma   raudo con gran pompa*

Con menos frecuencia, se puede poner una palabra completa pero subordinada en lugar de una sílaba débil al final de la primera parte del verso; así en la estrofa 81:

> Þe gordel of þe grene silke,   þat gay wel bisemed
> That girdle of green silk,   and gallant it looked
> *le quedaba muy bien / aquel cinto de seda verde*

Si a esto se le añade aliteración, se obtiene el tipo:

> And *f*ar over the *F*rench *f*lood   *F*elix Brutus (estrofa 1)

Y bien lejos / del mar francés Felix Bruto

Luego se desarrollarán otras variedades; por ejemplo, aquellas en las que la tercera marca rítmica no está realmente subordinada, sino que rivaliza con las otras fonéticamente, o en sentido y vivacidad, o en ambos:

> But *w*ild *w*eathers of the *w*orld,   a*w*ake in the land
> The *r*ings *r*id of the *r*ust   on his *r*ich byrnie
> (ambos versos en la estrofa 80)
> *mas una salvaje meteorología se despierta / en la tierra*
> *los anillos / de su hermosa cota lucían límpios y libres de herrumbre*

A veces puede ocurrir que la marca rítmica añadida lleve la aliteración y la palabra fonética o lógicamente más importante no lo haga. En la traducción, este tipo se utiliza para proporcionar aliteración cuando una palabra principal que no puede cambiarse se niega a aliterar. Así, en el primer verso de la estrofa 2 la traducción tiene

> And when *f*air Britain was *f*ounded   by this *f*amous lord
> *Y cuando la bella Britania fue fundada por este famoso señor*

para el original

> And quen þis Bretayn watz bigged   bi þis buyrn rych(e)

ya que «Britania» era ineludible, pero ni *bigged* [fundada] ni *burn* [caballero, hombre] tienen homólogos modernos que aliteren con ella.

Como se ha dicho antes, la aliteración era de oído, y no de letra; la ortografía no tiene nada que ver.

Justed ful jolilé þise   gentyle kniʒtes (estrofa 3, verso 6)

aliteraba, a pesar de la grafía con *g* y *j*. El poeta se permitía ciertas licencias: ni la grafía ni el sonido eran iguales, pero los sonidos eran al menos similares. A veces podía no tener en cuenta la distinción entre consonantes sonoras y sordas, y así equiparar *s* con *z*, o *f* con *v*, y (a menudo) palabras que empiezan por *h* con palabras que empiezan por vocal. En la traducción se permiten las mismas licencias cuando es necesario —un traductor necesita aún más ayuda que uno que compone por su cuenta—.

Así:

Quen Zeferus syflez hymself   on sedez and erbez (estrofa 23)
When Zephyr goes sighing   through seeds and herbs
cuando /el Céfiro sopla suspirando entre semillas y hierbas silvestres

y

Though you yourself be desirous to accept it in person (estrofa 16)
por mucho que deseéis aceptarlo en persona

donde el segundo acento es el «zire» de *desirous*, y el tercero es el «sept» de *accept*.

Los casos en los que la aliteración no recae en el primer elemento de una palabra compuesta, sino en el segundo (como *eye-lid* [párpado] o *daylight* [luz del día] en los versos que aliteran en *l*), no difieren métricamente de aquellos en los que una palabra separada pero subordinada usurpa la aliteración. Por ejemplo:

And unlouked his yʒe-lyddez,   and let as him wondered
He lifted his eyelids   with a look as of wonder (estrofa 48)
Y alzó los párpados con maravillada mirada

En la traducción se utiliza con frecuencia una variedad que no suele encontrarse en casos claros en el original; se trata de la «aliteración cruzada». En este caso, un verso contiene dos sonidos aliterativos, en la disposición *abab* o *abba*. Estos patrones se utilizan en la traducción porque satisfacen los requisitos de la aliteración simple y, aun así, añaden más color métrico para compensar los casos en los que la aliteración triple o cuádruple del original no tiene rival en inglés contemporáneo:

> All of *g*reen were they *m*ade, both *g*arments and *m*an (estrofa 8)
> *Todo era verde, tanto la vestimenta como el hombre*

> Towards the *f*airest at the *t*able he *t*wisted the *f*ace (stanza 20)
> *La movió hacía los más principales de la mesa y mostrándoles su rostro*

En el verso siguiente el patrón es f/s/ʒ/f:

> And since *f*olly thou hast sought, thou deservest to *f*ind it
> (estrofa 15)
> *puesto que locura procuráis, merecéis encontrarla*

La frecuente aparición en la traducción de «Wawain» por «Gawain» sigue la práctica del original. Ambas formas del nombre eran corrientes y, por supuesto, la existencia de una forma alternativa del nombre de un personaje principal, que empezara por otra consonante, era una gran ayuda para un poeta aliterativo.

Pero en *Sir Gawain* también hay rima final, en los últimos versos de cada estrofa. El autor tuvo la idea (así puede decirse probablemente, pues no se encuentra nada parecido en ninguna otra parte) de aligerar la monotonía y el peso de los más de 2000 largos versos aliterativos. Los dividió en grupos (que en realidad no son

«estrofas», ya que su longitud es muy variable), y al final de cada
uno de ellos colocó un parche de rima, que consiste en cuatro versos de tres marcas rítmicas que riman en alternancia (lo que ahora
se conoce como «wheel») y una marca rítmica separada (conocida
como «bob») para enlazar el «wheel» con la estrofa precedente. El
«bob» rima con los versos segundo y cuarto del «wheel». No cabe
duda del éxito métrico de este recurso; pero como los versos rimados también tenían que aliterar, y no hay mucho espacio para mo-
verse en los cortos versos del «wheel», el autor se impuso una dura
prueba técnica, y el traductor una peor. En la traducción, el intento de aliterar además de rimar ha tenido que abandonarse un poco
más a menudo que en el original. Como ejemplo del «bob» y «wheel» tanto en el original como en la traducción, éste es el final de la
estrofa 2:

If ze wyl lysten þis laye bot on littel quile
I schal telle hit astit, as I in toun herde,
    with tonge,
      As hit is stad and stoken
      In stori stif and stronge,
      With lei letteres loken,
      In londe so hatz ben longe.
If you will listen to this lay but a little while now,
I will tell it at once as in town I have heard
    it told,
      as it is fixed and fettered
      in story brave and bold,
      thus linked and truly lettered
      as was loved in this land of old.

Si atención prestáis ahora a esta historia tan sólo un momento,

> *os la contaré como en la ciudad yo mismo*
> *la he escuchado.*
> *Es cuento valiente y audaz,*
> *bien dispuesto y contado,*
> *así escrito de modo veraz,*
> *como siempre aquí ha gustado.*

II PEARL

En *Perla*, el autor adoptó una estrofa rimada de doce versos en la que también se utiliza la aliteración. El verso de *Perla* es francés, modificado principalmente (a) por la diferencia entre el inglés y el francés en general, y (b) por la influencia de las prácticas métricas heredadas y el gusto, especialmente en las zonas donde la tradición aliterativa seguía siendo fuerte. Los rasgos esenciales de la antigua práctica aliterativa inglesa son totalmente diferentes, en efecto y objetivo, de lo que se encuentra en *Perla*. En el antiguo verso aliterativo, el «verso» no tenía un ritmo acentual repetido o constante que le diera su carácter métrico; sus unidades eran los hemistiquios, cada una de los cuales se construía de forma independiente. El verso estaba unido internamente por la aliteración, pero esta unión se utilizaba deliberadamente en contra de la estructura retórica y sintáctica. Las principales pausas retóricas o lógicas no solían situarse (salvo al final de un período poético de varios versos) en medio del verso, entre las aliteraciones, y el segundo hemistiquio solía estar más estrechamente relacionado en sentido y sintaxis con el verso siguiente.

En contraste con todo esto, en *Perla* hay un ritmo acentual básico, a modo de modelo, de alternancia de sílabas fuertes/elevadas y débiles/suaves; el poema está escrito según un esquema:

x   / x / x / x / (x)
þay songen wyth a swete asent (verso 94 del original).

Los versos «modelo» de este tipo constituyen alrededor de una cuarta parte de los versos del poema; pero si se incluyen aquellos versos en los que se produce la simple variación de permitir que una de los «descensos» contenga dos sílabas débiles, la proporción aumenta a cerca de tres quintas partes, y es aún mayor si se permiten dos de esos descensos de dos sílabas. En todos estos casos (ya que sólo se cuentan aquellos en los que los elementos no acentuados métricamente son realmente «débiles») se mantiene claramente el patrón métrico de alternancia de sílabas fuertes-elevadas y débiles-suaves. Y a pesar de las «variaciones» que se utilizan y de la duda sobre la presencia o ausencia de -e final, este esquema sigue siendo tan frecuente e insistente que confiere al efecto métrico del conjunto una cierta monotonía, que combinada con el énfasis de la aliteración puede (al menos para un oyente moderno) llegar a ser casi soporífera, lo que se ve incrementado por la preferencia del poeta por hacer que la última marca rítmica, que es una sílaba que rima, participe de la aliteración.

En *Perla*, el *verso completo* es es la unidad y suele estar «encerrado en sí mismo»; en la gran mayoría de los casos, los principales signos de puntuación deben colocarse al final del verso. Incluso las «comas», cuando se usan fonéticamente (es decir, cuando no se usan simplemente por costumbre, para marcar frases que no están naturalmente marcadas ni siquiera por ligeras pausas en el habla) son infrecuentes dentro del verso; mientras que las construcciones forzadas separadas de un verso al siguiente son extremadamente raras.

Por último, la aliteración en el verso de *Perla* no desempeña *ningún* papel estructural en el verso. Puede dividirse entre los cuatro acentos en cualquier orden o cantidad, de dos a cuatro, y cuando sólo hay un par, éstos pueden colocarse juntos como AB o como CD, dejando la otra mitad aliterada en modo libre. Y puede estar ausente por completo; en los 1212 versos del poema, más de 300 son completamente libres. Además, a menos que se quiera aumentar el número de versos libres, pueden contribuir a la aliteración sílabas que no lleven los acentos métricos principales o que sean relativamente débiles en la estructura del verso. En otras palabras, la aliteración es en *Perla* una mera «gracia» o decoración del verso, que está suficientemente definida como tal, y como «verso», sin ella. Y esta decoración se proporciona según la habilidad del poeta, o la oportunidad lingüística, sin regla rectora u otra función.

Cada estrofa de *Perla* tiene doce versos, que contienen sólo tres rimas, siempre dispuestas *ab* en los ocho primeros y luego *bcbc* en los cuatro últimos. El poema entero contendría 100 estrofas en veinte grupos de cinco, si el decimoquinto grupo (que comienza con la estrofa 71) no contuviera seis. Se ha argumentado que en el manuscrito se ha incluido una estrofa que el autor pretendía tachar; pero en contra de esto está el hecho de que la estrofa extra en *Perla* da al poema un total de 101, como 101 estrofas hay en *Sir Gawain*.

Los grupos de cinco estrofas (indicados en el manuscrito por una inicial ornamental en color al principio de cada grupo) están constituidos de esta manera. La última palabra de cada estrofa reaparece en el primer verso de la siguiente (así, la estrofa 1 termina en el original «Of þat pryuy perle wythouten *spot*», y la estrofa 2 comienza «Syþen in þat *spote* hit frome sprange»). Esta palabra de enlace reaparece en la primera línea de la primera estrofa del siguiente grupo (así la estrofa 6 comienza «Fro *spot* my spyryt þer sprang in space»), y la nueva palabra de enlace aparece al final de esa estrofa (así la estrofa 6 termina «Of half so dere adubbemente», y la estrofa 7 comienza «Dubbed wern alle þo downez sydez»). Como muestra este último caso, el enlace no tiene por qué ser exactamente el mismo, sino que puede estar constituido por distintas partes del mismo verbo, por un sustantivo y un adjetivo con la misma raíz, etc. El enlace falla en el original al principio de la estrofa 61, al igual que en la traducción.

Así, no sólo las estrofas están unidas internamente como grupos, sino que los grupos están unidos entre sí; y el último verso del poema, «And precious perlez vnto his pay» (donde *pay* significa «complacer») es un eco del primero, «Perle, plesaunte to prynces paye». Este eco del principio del poema en su final se encuentra también en *Sir Gawain,* y en *Paciencia.*

Esta forma no era fácil de componer, pero es mucho más difícil de traducir, ya que las palabras rimadas utilizadas por el poeta rara vez encajan en el inglés contemporáneo, e igual de raro es el encaje de las palabras aliteradas. En la traducción, la satisfacción del esquema rimado tiene, por supuesto, la primacía, y la aliteración es menos rica que en el original. Pero el efecto de la traducción en el oído moderno es probablemente el que a este respecto tuvo el original para sus contemporáneos, puesto que ya no esperamos habitualmente la aliteración como un ingrediente esencial en el verso, como la gente del norte y el oeste de Inglaterra lo esperó una vez.

La despedida de Gawain

Now Lords and Ladies blithe and bold,
  To bless you here now am I bound:
I thank you all a thousand-fold,
  And pray God save you whole and sound;
  Wherever you go on grass or ground,
    May he you guide that nought you grieve,
  For friendship that I here have found
    Against my will I take my leave.

For friendship and for favours good,
  For meat and drink you heaped on me,
The Lord that raised was on the Rood
  Now keep you comely company.
  On sea or land where'er you be,
    May he you guide that nought you grieve.
  Such fair delight you laid on me
    Against my will I take my leave.

Against my will although I wend,
  I may not always tarry here;
For everything must have an end,
  And even friends must part, I fear;
  Be we beloved however dear
    Out of this world death will us reave,
  And when we brought are to our bier
    Against our will we take our leave.

La despedida de Gawain

Señoras y Señores, joviales y atrevidos,
   obligado estoy ahora a deciros benditos seáis,
mil veces os debo estar agradecido,
   y pido a Dios que sanos y salvos os mantengáis;
sobre hierba o tierra, dondequiera que vayáis,
   que Él os guíe para que nada os pueda afligir,
ya que amistad he hallado y aquí me dais,
   mas contra mi voluntad me he de despedir.

Ya que de amistad y de buen favor,
   y de comida y bebida me pudisteis colmar,
que quien fue alzado en la Cruz, el Señor,
   ahora os pueda de muy buen modo acompañar.
   Donde quiera que estéis, en la tierra o en la mar
      que Él os guíe para que nada os pueda afligir.
   Tan bello deleite me fuisteis capaz de dar,
      mas contra mi voluntad me he de despedir.

Aunque contra mi voluntad haya de ser,
   no puedo aquí seguir siempre establecido
pues toda cosa un final debe tener,
   e incluso, me temo, deben separarse los amigos;
   por mucho que seamos muy queridos
      fuera de este mundo la muerte nos hará partir
   y cuando a nuestro féretro seamos conducidos
      contra nuestra voluntad nos hemos de despedir.

Now good day to you, goodmen all,
   And good day to you, young and old,
And good day to you, great and small,
   And gramercy a thousand-fold!
   If ought there were that dear ye hold,
      Full fain I would the deed achieve –
   Now Christ you keep from sorrows cold
      For now at last I take my leave.

¡Buenos días tengáis, jóvenes y ancianos,
    buenas gentes, buenos días podáis tener
y buenos días tengáis, grandes y medianos,
    de mil mercedes os he de proveer!
    Lo que deseáis os lo habría de traer
        a buen seguro si eso pudiese existir.
    Cristo de la tristeza intensa os ha de proteger
        pues al fin ya sí que me consigo despedir.